国家自然科学基金（71903002）
安徽省自然科学基金（1908085QG309）

GUJIA BENGPAN

XINGZHI, GUIYIN
JI YINGDUI YANJIU

股价崩盘
性质、归因及应对研究

徐 飞◎著

中国财经出版传媒集团

经济科学出版社
Economic Science Press

图书在版编目（CIP）数据

股价崩盘性质、归因及应对研究／徐飞著．--北京：
经济科学出版社，2022.10
ISBN 978 - 7 - 5218 - 4159 - 6

Ⅰ.①股… Ⅱ.①徐… Ⅲ.①股票价格 - 研究 Ⅳ.
①F830.91

中国版本图书馆 CIP 数据核字（2022）第 198919 号

责任编辑：侯晓霞
责任校对：刘　娅
责任印制：张佳裕

股价崩盘性质、归因及应对研究
徐　飞　著
经济科学出版社出版、发行　新华书店经销
社址：北京市海淀区阜成路甲 28 号　邮编：100142
教材分社电话：010 - 88191345　发行部电话：010 - 88191522
网址：www. esp. com. cn
电子邮箱：houxiaoxia@ esp. com. cn
天猫网店：经济科学出版社旗舰店
网址：http://jjkxcbs. tmall. com
北京密兴印刷有限公司印装
710×1000　16 开　13.75 印张　200000 字
2022 年 12 月第 1 版　2022 年 12 月第 1 次印刷
ISBN 978 - 7 - 5218 - 4159 - 6　定价：56.00 元
（图书出现印装问题，本社负责调换。电话：010 - 88191510）
（版权所有　侵权必究　打击盗版　举报热线：010 - 88191661
QQ：2242791300　营销中心电话：010 - 88191537
电子邮箱：dbts@ esp. com. cn）

前　言

　　股价崩盘事件时有发生，对资本市场和实体经济造成严重不良影响，包括资源错配、干扰实体经济、引发投资者恐慌等。全球资本市场历次崩盘事件表明，崩盘一旦发生会在全球主要资本市场传染开来，造成多米诺骨牌效应，甚至引起系统性金融危机。随着经济全球化加深，投资者全球化、信息覆盖全球化、跨国经营等，造成资本市场内在关联加强，也为股价崩盘传染创造了条件，股价崩盘负面影响愈发严重。

　　学者们对于股价崩盘实证研究可以追溯到1987年美国股灾，先后提出了"杠杆效应假说""波动率补偿假说""信息过冲效应假说""股价泡沫假说""高管信息隐藏假说"等，极大地丰富了股价崩盘理论与实证研究。本书主要在以下两方面进一步拓展股价崩盘领域研究：

　　其一，将股价崩盘识别延伸至股价崩盘前端窗口，有利于完整识别股价崩盘形态以及服务于股价崩盘预警。当前股价崩盘识别关注股价暴跌倾向和暴跌事实，忽视崩盘前股价波动形态分析，未将崩盘前和崩盘后的股价波动特征联系起来。不同理论假说对应的股价崩盘形态也存在着明显异质性，譬如，"杠杆效应假说"对应于股价由缓跌转崩盘，"信息过冲效应假说"对应于股价由上涨转崩盘，"高管信息隐藏假说"对应于毫无征兆崩盘。由于当前股价崩盘识别的同质化，模糊了各理论适用边界，不利于进一步股价崩盘研究。更重要的是，防御股价崩盘必须走到股价崩盘前端，通过分析股价崩盘前端股价波动特征，才有可能为防御股价崩盘提供经验证据。为此，本书基于股价崩盘前端股价波动数据，进一步提出了股价崩盘完整形态的识别模型，将股价崩盘进一步细分为缓跌转崩盘、上涨转崩盘和骤然崩盘三大类，以推进股价崩盘理论研究。

其二，构建包含投资者理性预期和流动性约束的股价崩盘传染模型，并开展丰富的股价崩盘传染实证研究。微观经济冲击向系统性风险转换过程中，危机传染是必然途径。对于股价崩盘而言，传染性是其三大基本特征之一，其危机传染后果十分严重。然而，目前学者对于股价崩盘传染性研究匮乏，难以指导股价崩盘传染理论及实证研究。为此，本书首先通过构建两阶段理性预期模型，提出了股价崩盘传染的两大理论机制，即投资者预期与流动性约束。在理论模型指导下，本书开展了基于供应链网络、基金共持网络、高管连锁网络的股价崩盘传染性研究，并基于公司治理开展了股价崩盘传染防御研究，以服务于股价崩盘传染性实证研究。

本书是作者股价崩盘领域研究的成果，本书得到了国家自然科学基金（71903002）和安徽省自然科学基金（1908085QG309）支持。

徐飞

2022 年 4 月

目　录

第一章 股价崩盘理论内涵

股价崩盘研究历来是学者和实务界关注的焦点。20 世纪中后期，学者们专注于资本市场层面崩盘成因和机制研究。自陈等（Chen et al., 2001）构建股价崩盘风险测度指标开始，学者们转而关注公司层面股价崩盘研究。金和迈尔斯（Jin & Myers, 2006）提出了著名的"高管信息隐藏假说"，进一步发展了高管行为与公司股价崩盘关系研究。自此，股价崩盘研究在各领域全面展开。表 1 - 1 是 1987 年至今的股价崩盘阶段性研究成果的概览。

表 1 - 1　　　　　　　　股价崩盘阶段性研究成果概览

学者	来源	文献名称	关键结论
席勒 （Shiller, 1987）	*NBER*	Investor Behavior in the 1987 - 10 Stock Market Crash：Survey Evidence	对 1987 年股价崩盘现象进行问卷调查
陈 （Chen, 2001）	*JFE*	Forecasting Crashes：Trading Volume, Past Returns, and Conditional Skewness in Stock Prices	提出股价崩盘风险测度指标
袁 （Yuan, 2005）	*JFE*	Asymmetric Price Movements and Borrowing Constraints：A Rational Expectations Equilibrium Model of Crises, Contagion, and Confusion	概括股价崩盘三大特征
金和迈尔斯 （Jin & Myers, 2006）	*JFE*	R² Around the World：New Theory and New Tests	提出高管信息隐藏假说
马林和奥利维尔 （Marin & Olivier, 2006）	*JF*	The Dog That Did Not Bark：Insider Trading and Crashes	提出股价崩盘模型
赫顿 （Hutton, 2009）	*JFE*	Investor Behavior in the 1987 - 10 Stock Market Crash：Survey Evidence	验证高管信息隐藏假说

第一节　股价崩盘成因

一、市场因素与股价崩盘

学者们对资本市场层面股价崩盘研究可分为基于"有效市场"框架和"非有效市场"框架研究。其中，前者基于投资者完全理性假设，后者基于投资者非完全理性假设，先后提出"杠杆效应假说""波动率反馈假说""理性泡沫假说"等。

（一）杠杆效应假说

布莱克（Black，1976）和克里斯蒂（Christie，1982）基于公司财务杠杆和经营杠杆分析股价崩盘成因，提出股票价格下跌导致公司经营杠杆和财务杠杆上升，而经营杠杆、财务杠杆上升会反过来增加股票收益波动。"杠杆效应假说"认为杠杆效应会受股价下跌影响，并不会受到股价上涨影响，这种不对称性一定程度上解释了资本市场暴涨、暴跌的不对称性。

（二）波动率反馈假说

坎贝尔和亨切尔（Campbell & Hentschel，1992）提出"波动率反馈假说"，由于股价波动率增加投资者要求的风险回报，从而降低公司股价。同时，资本市场上消息是陆续到达，只要上市公司发布信息就会增加公司未来预期股价波动率，从而投资者要求额外"波动率反馈"而降低公司股价。无论该消息是好消息还是坏消息，反而无消息才是好消息，并且波动率补偿效应会放大坏消息对股价的影响，这进一步解释了股价波动不对称性。但波特伯和萨默斯（Poterba & Summers，1986）研究发现市场外生因素对波动率冲击的持续性很短，一般低于 6 个月，特殊情形下甚至低于 1 个月，且外生冲击波动率对股票价格影响很有限，大多在 −3% ~ −2%。因此，"波动率反馈假说"对于股价崩盘解释力有限。

（三）理性泡沫假说

随着行为金融学不断发展，基于投资者行为的股价崩盘研究不断深入。市场有效性理论认为投资完全理性下，股票价格应该等于其内在价值，任何偏离或者"从众行为"都是投资者非理性表现。布兰查德和沃森（Blanchard & Watson，1982）则指出经济学家们夸大了理性效应，理性投资者也不一定完全按照股票内在价值进行投资，同时会存在理性偏离和理性泡沫。布兰查德等进一步分析可能产生"理性泡沫"的因素，指出那些基础资产容易定价的资产发生"理性泡沫"可能性较小，比如蓝筹股和永续年金；而那些难以估计的资产发生"理性泡沫"可能性较高，比如黄金。正如席勒（Shiller，1987）关于1987年股价崩盘投资者问卷调查结果显示，67.5%的个人投资者和64%的机构投资者认为投资者心理因素是造成股价崩盘的原因，由于心理作用他们依然会持有自己认为被高估的股票。

（四）异质信念假说

市场上存在着异质信念投资者，包括看涨和看跌投资者。当二者不一致很高的时候，看跌投资者更有可能陷入困境，因为他们的信息在价格中不能完全反映出来，正是看跌投资者掌握的负面信息被隐藏，就设定随后交易中负偏态分布（Chen，2001；Hong et al.，2003）。股价上行时市场反映看涨投资者持有的信息，然而股价下跌看涨投资者退出市场，当看跌投资者进入市场并且释放累积的负面消息，最终导致股价崩盘。安和张（An & Zhang，2013）将机构股东进一步分类为交易策略投资者和稳定策略投资者，进一步研究发现，稳定策略机构投资者有助于降低公司股价崩盘风险，交易策略机构投资者会增加公司股价崩盘风险。投资者异质信念反映投资者意见分歧程度，投资者异质信念会增加投机性交易可能，从而增加投机性泡沫风险（张峥和刘力，2006）。当限制卖空市场中投资者异质信念增大，乐观投资者占优而导致股价高估（陈国进等，2009；汪卢俊等，2014），股市泡沫与投资者过于乐观也是相吻合的，过度乐观的错误定价随着股价暴跌而纠正（Mohamed et al.，2011）。

（五）市场流动性假说

流动性是指金融资产变现能力，反映了金融市场活跃程度，股票流动性高表明市场对投资者的内在约束较低、知情交易多（张强等，2013）。流动性情况较差表明投资者交易不够活跃、股票更容易发生大幅价格变化，流动性指标某种程度上反映着未来价格走势（万谍等，2016）。格罗斯曼（Grossman，1998）构建的流动性不足模型显示，市场中由于信息不对称、短期投资者缺乏对冲信息，在对冲基金卖出股票时没有对应的短期投资者承接，造成市场暂时性流动性不足，流动性不足达到一定程度就会引发股价崩盘。吉诺特和利兰（Gennotte & Leland，1990）以1987年全球股价崩盘为研究背景，基于市场上知情投资者和非知情投资者价格预期方式不同，流动性较小的冲击会改变非知情投资者预期，下调价格预期，不愿意承接新增的流动性，导致股价大幅下跌甚至崩盘。阿米哈德（Amihud，1990）以美国股市为例考察1987年全球股价崩盘，发现资金会从流动性差的个股转移到流动性好的个股，导致流动性差的股票投资者要求的流动性溢价更高，股价将进一步下跌。佩尔绍德（Persaud，2002）从市场流动性研究股价崩盘，卖方极端抛售导致价格骤然暴跌。黄和王（Huang & Wang，2009）基于代理人交易成本的资本市场流动性匹配模型，研究显示由于存在交易成本，可能造成代理人之间交易需求不同步性，进而造成内生流动性不足，这种内生流动性不足往往是单边的、巨大的，足以引发股价崩盘。股票流动性通过信息不对称、风险溢价水平作用于股价，进而影响股票价格暴跌风险，是股票价格暴跌风险发生的主要外在机制（邹萍，2016）。

二、管理因素与股价崩盘

金和迈尔斯（2006）首次从管理层层面提出股价崩盘解释，在信息不对称现实背景下，管理层基于自身利益考量而倾向于披露利好消息，隐藏或延迟披露负面消息；如果累积的负面消息达到顶峰，会被管理层集中释放，最终导致股价毫无征兆的崩盘。赫顿等（Hutton et al.，2009）基于盈余管理指标测度财务报告信息透明度对于股价崩盘影响，检验结果显示应计盈余管理程度与股价崩盘显著正相关，进一步支持了金和迈尔斯（2006）提出的"高管信息隐藏假说"。

自此，"高管信息隐藏假说"成为学者检验股价崩盘的重要理论基础。例如，公司税收规避行为增加了管理层利益寻租和隐藏负面信息动机和可能性，隐藏的负面信息积累到顶峰就会造成股价崩盘（Kim et al.，2015）；过度自信CEO会选择性忽视投资活动中的负面事件，随着负面信息的积累最终导致股价崩盘（Kim et al.，2016）；高管通过收入平滑会计处理来掩盖其低收益项目、资源转移、无效风险控制（Khurana et al.，2017），导致投资者、董事会不能采取及时措施和清算不良投资，随着不良投资持续存在，其负面业绩越积越大，最终导致股价崩盘（Kim et al.，2015）；自愿采纳 Dodd Frank 法案的公司通过增加盈余管理和提供难以理解的会计数据而掩盖内部信息，最终增加股价崩盘风险（Bao et al.，2018）；在信息不透明程度高的公司，两权分离度会增加委托代理问题而增加股价崩盘风险，并且这种关系会被国家投资者保护、公司外部监督、控制权私利成本削弱（Hong et al.，2017）；李和詹（Li & Zhan，2018）发现产品市场竞争压力导致公司隐瞒负面信息，当负面信息积累到顶点时，集中释放导致股价崩盘。

会计信息是管理层隐藏行为的工具和表现，因此会计信息质量也会成为影响公司股价崩盘风险的因素。例如管理层通过增加应计收入确认来囤积坏消息（Dechow et al.，2011；Richardson et al.，2006；Zhu，2016），一旦囤积坏消息达到顶点就会导致股价崩盘。赫顿等（2009）以公司前三年操纵性应计盈余管理测度会计信息质量，研究显示公司会计信息不透明度会增加公司股价崩盘风险，并且 2002 年萨班斯奥克斯利（Sarbanes-Oxley）法案实施后，公司会计信息质量提高显著降低股价崩盘风险。谨慎性会计处理原则要求及时确认可能的损失，而严格确认可能的收益（Kim & Zhang，2016），这与管理层倾向于披露利好消息、隐藏不利消息的做法正好相反（赫顿等，2009），从而有助于降低公司股价崩盘风险。会计信息可比性会降低投资者进行公司间会计数据比较的加工和处理成本，减少财务报告中调整计算和主观判断数据，投资者能通过公司会计信息比较获得更多的信息（Kim，2013），包括好消息和坏消息，同时增加管理层囤积坏消息成本，最终降低公司股价崩盘风险（Kim，2016）。除了谨慎性和可比性外，基姆等（Kim et al.，2015）、德丰等（Defond et al.，2015）还研究表明会计信息可理解性、透明度、额外披露有助于降低公司股价崩盘风险。库拉纳等（Khurana et al.，2018）研究发现高管通过收入平滑会计处理来掩盖其低收益项目、资源转移、无效风险控制，最终导致股价崩盘。

国内学者研究发现，机构投资者的羊群行为降低了公司信息披露的透明度，从而增大股价崩盘风险（许年行等，2013）；会计信息质量透明度有助于降低我国上市公司股价崩盘风险（施先旺等，2014）；管理层税收激进程度与公司股价崩盘风险正相关（江轩宇，2013）；媒体报道、证券分析师关注起到很好的监督作用，降低了信息不对称程度和股价崩盘风险（罗进辉和杜兴强，2014）；证券分析师乐观偏差增加股价崩盘风险（许年行等，2012；叶康涛等，2018）；审计行业专长降低投资者信息不确定性，降低股价崩盘风险（江轩宇和伊志宏，2013）；风险投资持股通过抑制管理层信息披露操纵倾向降低股价崩盘风险（权小锋和尹洪英，2017）；中国国有企业是一个封闭的金字塔形劳动力市场，国有企业管理层对于负面事件厌恶度增加，有助于降低公司股价崩盘风险，随着高管级别提升他们转换职业积极性下降（陈冬华等，2017）；公司投资者保护能够抑制股价崩盘风险（张宏亮和王靖宇，2018）；社交媒体条件下投资者信息能力的提高能够显著降低股价崩盘风险（丁慧等，2018）；卖空交易通过提升公司信息透明度和改善公司治理，从而降低了股价崩盘风险（孟庆斌等，2018）；较高地位的财务总监能够降低崩盘风险（蒋德权等，2018）；中国上市公司"脱实向虚"

过程中，隐藏负面信息而持有金融资产会提升企业股价崩盘的概率（彭俞超等，2018）。

第 二 节 股 价 崩 盘 特 征

袁（2005）指出资本市场价格异常波动有三个显著特征：一是金融资产价格暴跌往往事先没有任何征兆（Culter et al.，1989）；二是金融资产倾向于暴跌而不是暴涨，具有不对称性（Pindyck，1984；French，1987；Bekaert，2000）；三是金融资产价格暴跌具有明显传染性。

一、股价崩盘突发性

股价崩盘往往是毫无征兆突然发生，学者们分别从信息不对称、高管行为、流动性等角度进行解释。其中，信息不对称理论认为，市场上投资者并非完全知情交易者，由于知情交易者与非知情交易者的不对称性，知情交易者决定着市场价格融入的私有信息，非知情交易者只能依据外部信息预测价格波动和交易决策（Gennotte & Leland，1990；Caplin，1994），一旦隐藏的负面消息集中暴露出来，就会导致股价骤然暴跌。另外，由于市场价格反映的是达成交易的投资者预期，比如股价 100 元，买入者的预期都是大于 100 元，然而其他看跌投资者并未参与本次交易，因此当前股价未能反映看跌投资者预期，陈（2001）等称之为"看跌投资者困境"。如果市场价格下跌，看涨投资者退出离场，市场被看跌投资者主导，导致股价暴跌。袁（2005）从知情交易者融资约束出发，发现由于融资约束，知情交易者向市场传递信息能力受股票价格限制，非知情投资者会认为知情投资者在限制向市场传递消息，非知情投资者会要求"信息弱势"补偿而加剧股价下跌，即使基础资产没有发生实质变动也会导致危机发生。黄和王（2009）认为投资者交易成本导致投资者之间交易不同步，会导致内生流动性不足，一旦发生就会导致股价突然崩盘。管理层隐藏信息也是股价突然暴跌的内在解释，由于管理层囤积大量负面信息达到顶峰时候集中释放，导致市场急速崩盘(Jin & Myers，2006)。

二、股价异常波动非对称性

布莱克（1976）和克里斯蒂（1982）从公司财务杠杆效应解释股价波动非对称性，由于债权人安全条款存在，如果公司价值下跌直至债权价值边界，债权人会通过履行安全条款要求公司破产清算、重组等，从而对公司股价下跌产生显著影响。布兰查德和沃森（1982）提出的"理性泡沫假说"认为，理性泡沫破裂是造成股价波动不对称性的原因。坎贝尔和亨切尔（1992）提出的"波动率补偿假说"，认为无论好消息还是坏消息都会增加公司股价波动，导致股价下跌，但是市场对于坏消息反应更大，造成股价波动不对称。袁（2005）认为知情交易者融资约束的存在，导致知情交易者与非知情交易者信息不对称增加，因此，资产价格上涨时非知情交易者认为知情交易者发出了更积极的信息而增加交易积极性，相反资产价格下跌导致非知情交易者感觉"信息弱势"而要求补偿，导致股价进一步下跌。

三、股价崩盘传染性

资本市场、股票价格不是简单的基本面关联，在危机发生时关联关系显著增加而发生传染（Robert，2003；Billio，2005）。股市崩盘作为市场极端事件，会打破市场平衡，导致股市崩盘同样会在关联市场、关联股票间传染。例如，查和瑟昆（Cha & Sekyung，1999）验证1987年美国股灾以及1997年亚洲金融危机对其他国家资本市场产生显著传染效应。杨（2008）检验1987年10月股市崩盘传染性，发现本次全球股市崩盘起始国是美国，最终传染至全球其他发达资本市场，即使这些地区之间基本经济面存在显著差异，验证了股市崩盘跨市场传染效应。弗朗西斯科（Francisco，2011）基于滤波技术检验了2008年美国股指崩盘对全球资本市场传染效应，检验结果显示NYSE指数暴跌两个交易日内传染至墨西哥、秘鲁、加拿大、德国、捷克、奥地利，

8 个交易日后全球 21 个国家和地区受到显著冲击。另外，金融风险传染具有不对称性，即资产暴跌传染性大于资产暴涨传染性（Ang & Che，2002；Connolly，2003）。本书结合已有文献，提出以下两个股价崩盘传染可能的解释。

（一）投资者理性预期与股价崩盘传染

理性预期理论是解释人们决策形成机制理论，其观点为人们基于可获得全部消息做出有利于自身效用决策，由于资本市场公开机制，投资者获得信息量和获得成本相差不大，因此投资者容易形成一致性预期。由于投资者一致性预期，会导致理性泡沫和一致性偏离，如失控的资产价格和股价崩盘等现象与理性泡沫是一致的（Blanchard & Watsonl，1982）。当市场发生重大事件，如股价崩盘事件，理性投资者可能形成一致性预期，从其他市场变化信息去预测目标证券价格，导致市场信息会在不同市场间传递（King & Wadhwani，1990；Mishkin，1996）。例如，学者研究发现个人投资者互动交流、邻居之间信息交流会对个人和家庭投资行为产生积极影响（Shiller et al.，1986；Hong et al.，2009；Ivkovic et al.，2007）；机构投资者商业联系、同城关系会影响基金经理投资偏好和投资组合（Kuhnen，2009；Hong et al.，2005）。

另外，随着资本市场加速发展、信息技术升级，投资者获取信息方式和获取信息成本趋近一致，再加上分析师、专家容易借助这些渠道传播同质性信息，进一步促进投资者投资信念、风险偏好、热点关注趋同，在市场发生波动下更容易形成一致性预期，引发市场震荡和系统性风险（张晓朴，2010；乔海曙和杨蕾，2016）。

（二）投资者流动性约束与股价崩盘传染

流动性是指金融资产变现能力，反映了金融市场活跃程度，股票流动性高表明市场对投资者的内在约束较低、知情交易多（张强等，2013）。流动性情况较差表明投资者交易不够活跃、股票更容易发生大幅价格变化，流动性指标某种程度上反映着未来价格走势（万谍等，2016）。根据巴尔贝里斯（2005）关联分类理论，投资者会将资金配置在具有特定关系的证券资产，如果投资的其他证券发生流动性不足，投资者投资目标证券行为可能会受到限制，比如遭到基金份额巨额赎回、追加保证金和抵押融资受限等。因此，流动性不足除了造成自身崩盘外，可能导致崩盘在关联市场、关联股票发生传染。

例如，袁（2005）基于信息不对称和借贷约束因素分析危机传染，指出当金融资产价格暴跌时，机构投资者面临的融资约束越强，限制其抓住市场机会。戈德加恩（Goldgajn，1995）认为当关联国家发生资本市场崩盘时，造成整个市场流动性不足，跨国机构不得不调整其他国家资本市场投资来改善流动性，进而导致市场危机传导至其他国家。杰耶奇（Jayech，2015）指出跨国投资者出于投资组合平衡需要，当投资的其他市场发生崩盘事件，由于追加保证金和投资者赎回导致跨国投资者面临更强流动性约束，最终导致股价崩盘在不同市场间传染。美国第二大对冲基金公司老虎证券在 1998～1999 年资产规模从 20 亿元跌至 8 亿元，就是由于被短期市场惨淡引起恐慌的投资者赎回造成的，从而导致危机发生传染。刘晓蕾等（2017）验证 2015 年 A 股崩盘下，由于中国特有的价格涨跌停机制、停牌机制，导致崩盘股票由于停牌制度而人为"流动性不足"，机构投资者只能通过处置持有的其他股票维持平衡，从而导致流动性不足传染和危机传染。

第三节　股价崩盘测度

股价崩盘主要通过股票价格、股票指数收益率及其波动率为基础进行计量，总体上可分为股价崩盘风险定量测度和股价崩盘事件定性测度两大类。

一、股价崩盘风险定量测度

陈等（2001）构建基于日收益率的股价崩盘风险指标：负收益偏态系数（*NCSKEW*）和上下波动比例（*DUVOL*）。负收益偏态系数测度股票负向波动倾向程度，上下波动率反映股价正向波动率与负向波动率比值，二者越大代表崩盘可能性越大。具体测度公式如下：

$$NCSKEW_{i,T} = -\left[n_{i,T}(n_{i,T}-1)^{3/2} \sum R_{i,t}^3 \right] / \left[(n_{i,T}-1)(n_{i,T}-2)\left(\sum R_{i,t}^2 \right)^{3/2} \right]$$
$$(1-1)$$

$$DUVOL_{i,T} = \ln\left\{ \left[(n_{i,T,Up}-1) \sum R_{i,t,Down}^2 \right] / \left[(n_{i,T,Down}-1) \sum R_{i,t,Up}^2 \right] \right\}$$
$$(1-2)$$

其中，$n_{i,T}$ 为公司 i 在第 T 年交易次数，$n_{i,T,Up}$ 为公司 i 在第 T 年周收益率高于年度平均周收益率次数，$n_{i,T,Down}$ 为公司 i 在第 T 年周收益率低于年度平均周收益率次数，$NCSKEW_{i,T}$ 和 $DUVOL_{i,T}$ 越大表明公司 i 在 T 年度股价崩盘风险越大，t 代表 T 年第 t 周，$R_{i,t}$ 为公司 i 在第 t 周收益率，$R_{i,t,Down}$ 为低于平均收益率的 t 周收益率，$R_{i,t,Up}$ 为高于平均收益率的 t 周收益率。

基姆等（2014）基于相同基础金融资产的看跌期权波动率大于看涨期权波动率差异，构建基于期权隐含波动率差异的预期股价崩盘风险测度指标 IV-$SKEW$。计量公式如下：

$$IV\text{-}SKEW_{i,T} = IV_{i,T}^{OTM} - IV_{i,T}^{ATM} \qquad (1-3)$$

其中，$IV_{i,T}$ 为以股票 i 为标的期权隐含波动率，OTM 和 ATM 分别代表看跌期权和看涨期权，看跌期权与看涨期权隐含波动率差值 IV-$SKEW$ 越大，表明投资者预期崩盘风险越大。

二、股价崩盘事件定性测度

由于股价崩盘事件属于极端尾部事件属性，学者们分别以股价极端负值定义为股价崩盘事件，股票收益率小于临界点，则表示股票发生崩盘。马林和奥利维尔（2008）、赫顿等（2009）、基姆等（2011）使用该类变量度量股价崩盘风险。例如，马林等（Mavin et al.，2008）构建如下市场崩盘模型：

$$Crash_{i,t} = \begin{cases} 1\,, \text{if } R_{i,t} \leqslant Average(R_{i,T}) - 2\sigma_{i,T} \\ 0\,, \text{otherwise} \end{cases} \qquad (1-4)$$

其中，$R_{i,t}$ 为股票 i 在 t 周收益率，$Average(R_{i,T})$ 为 T 年股票周收益率平均值，$\sigma_{i,T}$ 为 T 年股票周收益率标准差，即如果股票收益率低于平均值的两倍标准差以下，视为发生崩盘事件，记为 1。为剔除市场整体趋势影响，马林等（2008）按照以下公式测度公司 i 在 t 周特有收益率 $R_{i,t}$：

$$R_{i,t} = \frac{P_{i,t} - P_{i,t-1}}{P_{i,t-1}} - R_{M,t} \qquad (1-5)$$

其中，$P_{i,t}$ 为公司 i 在 t 周收盘价格，$R_{M,t}$ 为 t 周大盘收益率。

第四节　股价崩盘相关治理

根据行为金融学分析框架，投资者信息获取与信息处理会对股价崩盘现象产生影响（Hong & Stein，2003）。因此，提高信息透明度是降低上市公司股价崩盘风险的有效方式（丁慧等，2018）。基于此，学者们分别从内部机制和外部机制探讨了应对股价崩盘机制。

一、内部因素应对股价崩盘

根据杨棉之等（2017），良好的公司治理会通过以下两方面防御股价崩盘风险：第一，公司治理有助于压缩管理层"坏消息"隐藏空间、提高管理层隐藏"坏消息"成本，避免隐藏的坏消息不断累积而造成的股价崩盘；第二，公司治理会提高公司信息透明度和信息治理，激励投资者依据公司基本面信息进行中长期价值投资，降低短期投机行为和信息不对称，降低股价崩盘。因此，完善的公司治理能够提高企业内部监督能力和信息透明度，进而降低股价崩盘风险（佟孟华，2017）。

例如，基姆和张（2016）提出会计稳健性能够有效约束管理层盈余管理动机和能力，限制管理层隐藏坏消息能力，进而降低股价崩盘风险；同时，当信息不对称程度越高时，会计稳健性对股价崩盘风险的抑制作用更明显。德丰等（2015）检验了 IFRS 的实施对股价崩盘风险的影响，发现非金融类公司在实施 IFRS 后，会计信息质量提升进而降低股价崩盘风险。王化成等（2015）研究发现大股东持股比例增加会增强大股东治理的积极性，从而降低公司股价崩盘风险。叶康涛等（2015）则从内部控制角度分析股价崩盘，指出有效内部控制治理有助于降低公司与投资者信息不对称性，抑制公司股价崩盘风险。梁权熙和曾海舰（2016）研究发现，独立董事能够称职地发挥"管家"的作用，则公司内部人隐藏坏消息预期成本越高，其隐藏坏消息的激励和能力就越弱，股价发生崩盘的风险越低。周军等（2018）研究发现处于董事网络中心的董事越能够有效发挥监督职能，降低公司股价崩盘风险。

李小荣和刘行（2012）关注了高管的性别对于股价崩盘的影响，发现女性 CEO 可以显著降低股价崩盘风险。蒋德权等（2018）发现 CFO 处于较高地位时，有能力加强企业的经营管理，进而提高会计信息质量，降低信息不对称程度，进而降低股价崩盘发生的可能（Ball et al.，2012）。基姆等（2014）发现企业社会责任承担增加了财务报告的透明度，从而有助于缓解股价崩盘风险。宋献中等（2017）进一步揭示了企业社会责任的信息效应和声誉保险效应，有助于降低企业股价崩盘风险。叶康涛等（2015）从企业内部控制出发，发现加强企业内部控制体系建设，显然能够降低企业隐含风险，从而抑制未来股价崩盘风险。孟庆斌等（2017）检验了管理层讨论与分析阐述对于股价崩盘风险的影响，发现管理层讨论与分析有助于降低上市公司与投资者之间的信息不对称挤出股票价格中的泡沫，从而降低上市公司的股价崩盘风险。

二、外部因素应对股价崩盘

除了公司内部治理外，学者们还检验公司外部治理对于股价崩盘影响，先后关注了交易所监管、宗教氛围、审计监督、分析师跟踪等企业外部因素对于降低公司股价崩盘风险的作用。

例如，罗进辉和杜兴强（2014）发现，媒体对上市公司的频繁报道显著降低了股价崩盘风险，发挥了积极的信息中介和公共监督作用。王化成等（2015）则发现，大股东持股通过发挥监督效应和减少掏空行为，降低了公司股价未来崩盘的风险。林乐和郑登津（2016）发现退市新规带来的股价崩盘风险的降低主要是通过业绩的提升实现的。方和凯伦（Fang & Callen，2015）、曾爱民和魏志华（2017）先后验证宗教氛围可降低股价崩盘风险。曾爱民和魏志华（2017）将其机制概括为：宗教氛围能提升个体道德和伦理标准，增强管理层自律性，从源头上减少和消除坏消息，从而降低股价崩盘风险。赵静等（2018）基于高铁开通事件，发现高铁开通加快了信息流动与传播，降低了信息不对称和监管成本，股价崩盘风险得以降低。孟庆斌等（2018）发现卖空交易通过提升公司信息透明度和改善公司治理，从而降低了股价崩盘风险。

李小荣等（2014）则从债务契约探讨股价崩盘应对机制，发现债务契约可以监督和约束管理层，保证公司信息的透明度，从而能降低股价崩盘风险。袁振超和代冰彬（2017）研究发现分析师跟踪数目越多，越有助于降低信息不对称，进而降低股价崩盘风险。郭芳婷等（2017）发现被投资者高度关注的公司往往更加注重公司声誉和形象，从而更愿意披露更多的信息，降低市场的信息不对称程度，防止由于负面信息积累导致股价崩盘。张俊生等（2018）发现交易所年报问询函能够显著降低公司股价崩盘风险，在信息透明度较低的公司中的效果更为明显。褚剑和方军雄（2016）发现大客户所拥有的议价能力能够帮助其促使公司及时披露各种负面信息，从而降低负面信息累积集中释放的可能性，最终导致股价崩盘风险的下降。

从审计监督视角，吴克平和黎来芳（2016）发现上市公司聘请的审计师声誉较高，有助于减少公司管理层负面信息的隐藏，提高会计信息质量，降低股价未来崩盘风险。熊家财（2015）发现会计师事务所的行业专长有助于审计师发现并抑制管理层操纵信息、隐藏坏消息的机会主义行为，迫使企业及时披露坏消息，进而降低未来的股价崩盘风险。田昆儒和孙瑜（2015）研究表明高质量的独立审计能够提高信息透明度，协助外部投资者及时发现高管自利行为，降低股价崩盘的可能。

第二章 股价崩盘形态识别及预警

第一节 引 言

股价崩盘识别是股价崩盘实证研究的前提。当前股价崩盘识别关注股价暴跌倾向和暴跌事实，忽视崩盘前股价波动形态分析，未将崩盘前和崩盘后的股价波动特征联系起来，以探寻不同类型股价崩盘差异及其背后的成因，从而为预测和应对崩盘提供支持。当前股价崩盘识别需要进一步考虑崩盘前股价信息。

一、崩盘前股价波动形态蕴含重要信息

学者们相继验证股市暴跌前存在着可识别的波动形态，蕴含着需要辨认的重要信息。例如，洛什和雅拉莫瓦（Los & Yalamova，2004）对美国股市多重分形谱模式进行分析时，便发现股市在暴跌前存在着可辨认的变化模式。西奥基斯（Siokis，2013）利用多重分形技术分析道琼斯指数（DJIA）波动特征时，也发现道琼斯指数暴跌前存在明显的多重分形特征。周孝华等（2006）、胡长安（2010）、王鹏和黄迅（2018）在分析中国股市异常波动时，发现中国股市暴跌前同样存在可识别的多重分形特征。

图 2-1 中的（a）、（b）、（c）是三种不同的 A 股上市公司股价崩盘形态图。如果仅考虑股价暴跌事实，忽视崩盘前股价波动形态，得出的结论是：这 3 次上市公司股价崩盘极为相似，均为一周内股价极端暴跌。

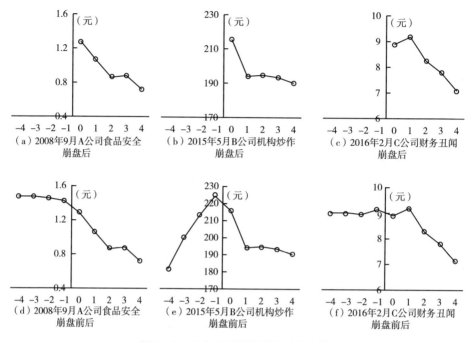

图 2 - 1　上市公司股价崩盘形态比较

注：x 轴为事件进度，0 为事件当日，1~4 为事件后 1~4 个交易日，-4 ~ -1 为事件前 1~4 个交易日。

然而，在考虑股价暴跌前的股价波动形态后，发现这 3 次股价崩盘过程存在着明显差异，图 2 - 1 中的（d）、（e）、（f）分别为"缓跌转暴跌""急涨转暴跌""骤然暴跌"。因此，只关注股价暴跌倾向和暴跌程度，造成股价崩盘识别"同质化"，掩盖了崩盘现象的异质性。

上述分析表明，股价崩盘识别需要关注崩盘前股价波动形态，以提高股价崩盘识别完整性，避免遗漏重要信息。

二、不同原因诱发的股价崩盘过程不同

当前股价崩盘研究中并未进一步区分所识别的股价崩盘事件，不同原因诱发的股价崩盘过程可能不同，各理论所解释的股价崩盘现象也有区别（见表 2 - 1）。

表 2 – 1　　　　　　　　不同理论假说与可能股价崩盘形态对照

理论假说	崩盘特征	代表学者	可能形态
高管信息隐藏假说	骤然崩盘	金和迈尔斯（2006）	
信息过冲假说	繁荣到崩盘	蔡拉（1999）	
杠杆效应假说	缓跌到崩盘	布莱克（1976）	

　　例如，从信息经济学角度，金和迈尔斯（Jim & Myers，2006）提出的"高管信息隐藏假说"认为由于信息不对称，高管隐藏了负面消息，一旦达到顶峰就会集中释放，导致毫无征兆的暴跌。因此，"高管信息隐藏假说"导致的股价崩盘过程应该为"无明显异常波动到崩盘"。从行为金融学角度，蔡拉（Zeira，1999）等提出的"信息过冲假说"认为基本面变化导致投资者过度反应，股市必然经历繁荣到暴跌的过程，进而导致股价崩盘。因此，"信息过冲假说"导致的股价崩盘过程应该为"由繁荣到崩盘"。从有效市场角度，布莱克（Black，1976）等提出的"杠杆效应假说"则认为公司杠杆结构会对股价下跌产生反作用，加剧股价下跌甚至引发崩盘，而公司杠杆结构对于股价上涨没有反应。因此，"杠杆效应假说"导致的股价崩盘过程应该为"缓跌到崩盘"。

　　上述分析表明，不同成因诱发的股价崩盘过程可能不同，因此，有必要对于股价崩盘完整过程进行识别，以提高理论解释效力。

三、股价崩盘形态识别的理论意义

　　股价崩盘经过 40 多年研究历程，形成了丰富的理论成果如表 2 – 2 所示，包括基于"市场因素"的股价崩盘假说、基于"公司因素"的股价崩盘假说和基于"管理因素"的股价崩盘假说等。

表 2 - 2　　　　　　　　　　　　　典型股价崩盘理论假说汇总

影响因素	基本内容	代表学者
投资者异质信念	看涨预期与看跌预期的投资者不一致导致未来暴跌	陈（2001）
投资者"羊群行为"	机构投资者的"羊群行为"降低了公司信息披露的透明度	许年行等（2013）
公司杠杆效应	公司财务杠杆的存在，对股价下跌反应更明显	克里斯蒂（1982）
会计信息质量	会计操纵以隐藏公司负面信息，导致股价崩盘	赫顿等（2009）
高管信息隐藏	高管由于委托代理问题隐藏坏消息，集中释放导致暴跌	金和迈尔斯（2006）
高管过度自信	自信高管会倾向于高风险项目	基姆等（2016）

　　然而，当前需要明确各理论解释适用边界，即何种形态股价崩盘才能适用特定理论解释，否则就可能出现一套理论解释所有股价崩盘现象。其后果是弱化了理论解释的效力和信度。关键原因是股价崩盘识别的同质化，未对股价崩盘本身进行次级分类，测度出来的"股价崩盘"是同质的。

　　本书通过向前延伸，根据股价崩盘前置形态，提出识别股价崩盘完整过程，区分不同股价崩盘模式，以开展股价崩盘分类归因分析，提高股价崩盘理论解释有效性。此外，股价崩盘形态识别有助于将崩盘成因和崩盘预警思想结合在一起，有助于构建同时考虑股价崩盘形态和股价崩盘成因的联合预警机制，以提高股价崩盘预警效力，服务于防范系统性金融风险。

四、股价崩盘形态识别的现实意义

　　防御股价崩盘也必须走到股价崩盘前端，通过分析股价崩盘前端股价波动特征，才可能为防御股价崩盘提供经验证据。就股价崩盘而言，学者们分别从股价崩盘成因和股价波动形态出发预警股价崩盘风险。

　　视角 1：学者基于各类非股价形态因子预期股价崩盘风险。例如王文姣等（2017）基于会计功能和金融安全视角，研究企业并购形成的会计商誉对资本市场中股价崩盘风险的预警作用，研究表明在商誉未减值的上市公司中，商誉资产对股价崩盘风险具有信号作用。洪等（Hong et al.，2017）研究显示，在信息透明程度不高的公司，两权分离度会增加股价崩盘风险。

　　视角 2：学者从股价波动形态出发预警股价崩盘风险。例如，王鹏和黄迅

（2018）等运用多分形分析方法提取能够刻画金融资产价格波动的多重分形特征参数，界定出金融市场正常与关注状态，符合我国股市经历严重风险危机的阶段，具有股市风险预测性能。

以上学者分别从各自专业背景出发构建股价崩盘预警，各视角利弊如表 2－3 所示。

表 2－3　　　　　　　　　两类已有股价崩盘预警视角比较

类型	优点	缺点
视角 1	科学性较高，具有丰富理论基础	时效性较低，难以预测崩盘发生阶段
视角 2	时效性较高，及时识别股价崩盘	科学性较低，缺乏强有力的理论基础

由表 2－3 可知，视角 1 的优点是具有理论支持，但缺乏时效性；视角 2 的优点是具有时效性，但缺乏强有力的理论解释。因此，有必要将基于股价成因预警方法（视角 1）和股价波动形态预测方法（视角 2）结合起来，以继承两种方法的理论基础，综合二者的优点，提高崩盘预警的有效性。

第二节　股价崩盘前置形态识别与统计

一、股价崩盘前置形态识别

第一步，计算特有周收益率。本书按照基姆等（2016），通过以下市场收益调整模型计算个股特有周收益率：

$$R_{i,t} = a + \beta_1 R_{m,t-2} + \beta_2 R_{m,t-1} + \beta_3 R_{m,t} + \beta_4 R_{m,t+1} + \beta_5 R_{m,t+2} + \varepsilon_{i,t} \quad （2－1）$$

其中，$R_{i,t}$ 为公司 t 周收益率；$R_{m,t}$ 为市场 t 周收益率；$\varepsilon_{i,t}$ 为不能被市场解释的周特有收益。进一步使用 $W_{i,t} = \ln(1 + \varepsilon_{i,t})$ 测度公司特有周收益率，t 代表 t 周。

第二步，识别股价崩盘事件。由于股价崩盘事件属于极端尾部事件，学者们分别以股价低于极端负值定义股价崩盘事件。因此，本书进一步构建如下股价崩盘事件定性指标：

$$Crash_{i,t} = 1 \quad if \ W_{i,t,} \leqslant E(W_{i,t}) - 3.09\sigma_{i,t} \qquad (2-2)$$

其中，$E(W_{i,t})$ 为公司年度平均特有收益率；$\sigma_{i,t}$ 为公司年度特有收益率标准差。如果当年发生特有收益率低于年度平均收益率的 3.09 倍标准差，视为公司当年发生股价崩盘，则 $Crash_{i,t}$ 记为 1，否则记为 0。

第三步，确定股价崩盘前形态。识别出股价崩盘事件后，本章以崩盘前一周的特有周收益率高低来确定股价崩盘前置形态。为简化处理，本章选择以全部样本公司特有周收益率的 25% 分位值、75% 分位值将股价崩盘前置形态分类为下跌形态（Down）、平稳形态（Stable）和上涨形态（Up）三大类，可进一步将上市公司股价崩盘按照崩盘前的股价形态划分为如下三类：

$$CrasPattern_{i,t} = \begin{cases} DownCrash_{i,t} & if \ W_{i,t-1} < -1.78\% \\ StableCrash_{i,t} & if \ -1.78\% \leqslant W_{i,t-1} \leqslant 3.90\% \\ UpCrash_{i,t} & if \ W_{i,t-1} > 3.90\% \end{cases} \qquad (2-3)$$

其中，$CrashPattern$ 为 i 公司 t 周股价崩盘形态进一步分类，包括下跌至崩盘形态（DownCrash）、骤然崩盘形态（StableCrash）和上涨至崩盘形态（UpCrash）三大类。$W_{i,t-1}$ 为公司崩盘前一周的特有收益率，−1.78% 和 3.90% 分别对应样本公司特有周收益率的 25% 分位值、75% 分位值。如果崩盘前一周特有收益率 $W_{i,t-1}$ 低于 −1.78%，即为下跌至崩盘形态，如果崩盘前一周特有收益率 $W_{i,t-1}$ 高于 3.90%，即为上涨至崩盘形态，其他为骤然崩盘形态。

二、股价崩盘前置形态统计

表 2-4 为样本公司股价崩盘形态的行业统计。其中，样本公司平均发生过 0.28 次的股价崩盘事件，商业贸易、食品饮料、休闲服务三个行业发生股价崩盘（Crash）频率更高，平均为 0.44 次、0.45 次和 0.49 次。从股价崩盘形态看，样本公司平均发生过 0.10 次上涨至崩盘（UpCrash）事件，平均发生过 0.05 次下跌至崩盘（DownCrash）事件，平均发生过 0.13 次骤然崩盘

（*StableCrash*）事件。从行业分布看，食品饮料、纺织服装、商业贸易、房地产发生的上涨至崩盘（*UpCrash*）事件频率更高，休闲服务、国防军工、家用电器、食品饮料、轻工制造发生的下跌至崩盘（*DownCrash*）事件频率更高，休闲服务、商业贸易、通信发生的骤然崩盘（*StableCrash*）事件频率更高。

表 2－4　　　　　　　　　股价崩盘形态行业分组统计

行业分组		*Crash*	*UpCrash*	*DownCrash*	*StableCrash*
行业名称	行业代码				
农林牧渔	801010	0.33	0.12	0.06	0.14
采掘	801020	0.16	0.09	0.02	0.05
化工	801030	0.26	0.10	0.05	0.11
钢铁	801040	0.12	0.05	0.03	0.05
有色金属	801050	0.24	0.10	0.03	0.10
电子	801080	0.25	0.11	0.05	0.09
家用电器	801110	0.30	0.08	0.08	0.14
食品饮料	801120	0.45	0.19	0.05	0.18
纺织服装	801130	0.36	0.15	0.03	0.18
轻工制造	801140	0.39	0.13	0.08	0.18
医药生物	801150	0.34	0.11	0.05	0.18
公用事业	801160	0.26	0.09	0.03	0.18
交通运输	801170	0.27	0.10	0.03	0.15
房地产	801180	0.31	0.14	0.04	0.13
商业贸易	801200	0.44	0.15	0.07	0.22
休闲服务	801210	0.49	0.12	0.11	0.26
综合	801230	0.39	0.14	0.08	0.17
建筑材料	801710	0.26	0.10	0.02	0.14
建筑装饰	801720	0.24	0.06	0.04	0.14
电气设备	801730	0.30	0.10	0.07	0.13
国防军工	801740	0.23	0.08	0.09	0.06
计算机	801750	0.22	0.07	0.05	0.10
传媒	801760	0.24	0.09	0.04	0.10

续表

行业分组		Crash	UpCrash	DownCrash	StableCrash
行业名称	行业代码				
通信	801770	0.35	0.13	0.03	0.19
银行	801780	0.13	0.06	0.02	0.04
非银金融	801790	0.18	0.05	0.04	0.09
汽车	801880	0.26	0.10	0.04	0.12
机械设备	801890	0.25	0.09	0.05	0.11
合计		0.28	0.10	0.05	0.13

表2-5为样本公司股价崩盘形态的财务分组统计。其中，高资产规模、高资产负债率、高资产周转率、低总资产报酬率、低税负成本的上市公司发生股价崩盘的频率平均更高。从股价崩盘形态看，高资产规模、高资产负债率、高资产周转率、低总资产报酬率、低税负成本、低管理销售费用率、高盈余管理的上市公司发生上涨至崩盘事件的频率平均更高，低总资产报酬率、高盈余管理的上市公司发生下跌至崩盘事件的频率平均更高，高资产规模、高资产负债率、高资产周转率、低总资产报酬率、低税负成本的上市公司发生骤然崩盘事件的频率平均更高。

表2-5　　　　　　　　　　股价崩盘形态财务分组统计

财务分组		Crash	UpCrash	DownCrash	StableCrash
财务指标	分类				
资产规模	低	0.24	0.09	0.05	0.10
	高	0.32	0.11	0.05	0.16
资产负债率	低	0.25	0.10	0.05	0.11
	高	0.31	0.11	0.05	0.15
资产周转率	低	0.27	0.10	0.05	0.12
	高	0.29	0.11	0.05	0.14
总资产报酬率	低	0.29	0.11	0.05	0.13
	高	0.27	0.10	0.04	0.12

财务分组		Crash	UpCrash	DownCrash	StableCrash
财务指标	分类				
税负成本	低	0.29	0.11	0.05	0.13
	高	0.26	0.09	0.05	0.12
管理销售费用率	低	0.28	0.11	0.04	0.13
	高	0.28	0.09	0.06	0.13
盈余管理	低	0.28	0.10	0.05	0.13
	高	0.28	0.11	0.05	0.13

表2-6为样本公司股价崩盘形态的治理分组统计。其中，董事人数多、独董比例低、非两职合一、男性 CEO、大股东持股比例低的上市公司发生股价崩盘的频率平均更高。从股价崩盘形态看，董事人数多、独董比例低、两职合一、男性 CEO、低学历 CEO、大股东持股比例低的上市公司发生上涨至崩盘事件的频率平均更高，两职合一、大股东持股比例低的上市公司发生下跌至崩盘事件的频率平均更高，董事人数多、独董比例低、非两职合一、男性 CEO、高学历 CEO、大股东持股比例低的上市公司发生骤然崩盘事件的频率平均更高。

表2-6　　　　　　　　股价崩盘形态治理特征分组统计

治理分组		Crash	UpCrash	DownCrash	StableCrash
治理指标	分类				
董事人数	低	0.26	0.09	0.05	0.12
	高	0.30	0.11	0.05	0.13
独董比例	低	0.29	0.11	0.05	0.13
	高	0.26	0.09	0.05	0.12
两职合一	否	0.30	0.11	0.05	0.14
	是	0.31	0.12	0.06	0.13
CEO 性别	女	0.24	0.09	0.05	0.10
	男	0.31	0.11	0.05	0.14

治理分组		Crash	UpCrash	DownCrash	StableCrash
治理指标	分类				
CEO 学历	低	0.30	0.12	0.05	0.13
	高	0.30	0.11	0.05	0.14
大股东持股比例	低	0.32	0.12	0.06	0.14
	高	0.25	0.09	0.04	0.12

表2-7为样本公司股价崩盘形态的市场表现分组统计。其中，低特有收益率波动率、高平均特有收益率、高托宾 Q、低 P/E 比例的上市公司发生股价崩盘的频率平均更高。从股价崩盘形态看，低特有收益率波动率、高平均特有收益率、高托宾 Q、低账面市值比、低 P/E 比例的上市公司发生上涨至崩盘事件的频率平均更高，低特有收益率波动率、高平均特有收益率、低 P/E 比例的上市公司发生骤然崩盘事件的频率平均更高。

表2-7 **股价崩盘形态市场表现分组统计**

市场表现分组		Crash	UpCrash	DownCrash	StableCrash
市场指标	分类				
特有收益率波动率	低	0.33	0.12	0.05	0.15
	高	0.27	0.10	0.05	0.12
平均特有收益率	低	0.26	0.10	0.05	0.12
	高	0.32	0.11	0.05	0.15
托宾 Q	低	0.28	0.10	0.05	0.13
	高	0.29	0.11	0.05	0.13
账面市值比	低	0.28	0.11	0.05	0.13
	高	0.28	0.10	0.05	0.13
P/E 比例	低	0.29	0.11	0.05	0.13
	高	0.27	0.10	0.05	0.12

第三节　基于股价崩盘前置形态预警

为开展基于股价崩盘前置形态的预警工作，本节进一步基于 2007 ~ 2017 年样本公司数据，构建如下股价崩盘形态概率预测模型：

$$Probit(UpCrash)_{i,T} = c + \rho M_{i,T} + \mu F_{i,T} + \tau G_{i,T} + \varepsilon \qquad (2-4)$$

$$Probit(StableCrash)_{i,T} = c + \rho M_{i,T} + \mu F_{i,T} + \tau G_{i,T} + \varepsilon \qquad (2-5)$$

$$Probit(DownCrash)_{i,T} = c + \rho M_{i,T} + \mu F_{i,T} + \tau G_{i,T} + \varepsilon \qquad (2-6)$$

其中，$Probit(UpCrash)_{i,T}$、$Probit(StableCrash)_{i,T}$、$Probit(DownCrash)_{i,T}$分别为公司发生上涨至崩盘、下跌至崩盘、骤然崩盘事件的频率，M、F、G分别对应上市公司市场表现指标、财务指标和公司治理指标，具体包括特有收益率波动率（$Sigma$）、平均特有收益率（Ret）、账面市值比（Btm）、资产规模对数（$Size$）、资产负债率（Lev）、操纵性应计盈余程度（$Absda$）、总资产周转率（$Turn$）、管理销售费用率（Fee）、税负成本率（Tax）、总资产报酬率（Roa）、第一大股东持股比例（$First$）、董事会规模（$Board$）、董事会独立性（$Independ$）、CEO 性别（$Gender$）、CEO 学历层次（$Degree$）、CEO 两职合一（$Dual$）、前三名高管薪酬比（$Salary$）、上市年限（Age）、东部地区（$Eastern$）、产权属性（$State$），ε 为回归残差项。根据 2007 ~ 2017 年样本公司回归确定模型系数 c、ρ 和 τ，进而代入上市公司市场表现指标、财务指标和公司治理指标，预测公司 2007 ~ 2019 年发生股价崩盘概率，记为 p_1。表 2 - 8 报告了股价崩盘形态发生概率模型回归结果。

表 2 - 8　　　　　　　　　不同形态股价崩盘概率预测检验

变量	$UpCrash_{i,T}$ （1）	$DownCrash_{i,T}$ （2）	$StableCrash_{i,T}$ （3）
$Sigma_{i,T}$	38. 2354 *** （6. 4518）	24. 3814 *** （3. 4506）	7. 9210 （1. 3479）
$Ret_{i,T}$	641. 0203 *** （6. 0134）	368. 8919 *** （3. 0409）	326. 8083 *** （2. 8928）

变量	$UpCrash_{i,T}$ （1）	$DownCrash_{i,T}$ （2）	$StableCrash_{i,T}$ （3）
$Btm_{i,T}$	0. 6123 *** （5. 4342）	0. 2473 * （1. 6972）	0. 1736 （1. 5498）
$Lev_{i,T}$	− 0. 4576 *** （− 3. 7551）	− 0. 2100 （− 1. 3934）	0. 1550 （1. 3179）
$Size_{i,T}$	− 0. 0665 *** （− 2. 9597）	− 0. 0545 * （− 1. 8531）	− 0. 0612 *** （− 2. 8058）
$Absda_{i,T}$	− 0. 0210 （− 0. 0711）	− 0. 3878 （− 0. 9623）	0. 3421 （1. 1829）
$Turn_{i,T}$	0. 0958 * （1. 9422）	0. 0387 （0. 5856）	− 0. 0448 （− 0. 8503）
$Fee_{i,T}$	− 0. 1365 （− 0. 7825）	− 0. 0301 （− 0. 1428）	0. 3619 ** （2. 2854）
$Tax_{i,T}$	0. 8456 （1. 5761）	0. 3910 （0. 5485）	− 0. 8585 （− 1. 5078）
$Roa_{i,T}$	− 0. 5126 （− 1. 2719）	− 0. 4116 （− 0. 8299）	0. 8360 ** （2. 0572）
$First_{i,T}$	0. 0018 （1. 3143）	− 0. 0027 （− 1. 4779）	0. 0005 （0. 3999）
$Board_{i,T}$	0. 0280 ** （2. 1743）	− 0. 0119 （− 0. 6716）	0. 0024 （0. 1863）
$Gender_{i,T}$	− 0. 0845 （− 1. 1138）	0. 0774 （0. 7057）	0. 0898 （1. 0743）
$Degree_{i,T}$	0. 0139 （0. 2543）	0. 1761 ** （2. 2218）	0. 0087 （0. 1571）
$Dual_{i,T}$	0. 0279 （0. 6146）	0. 0622 （1. 0841）	0. 0133 （0. 2938）
$Salary_{i,T}$	− 0. 0019 （− 1. 0523）	0. 0014 （0. 6164）	− 0. 0005 （− 0. 2902）

续表

变量	$UpCrash_{i,T}$ （1）	$DownCrash_{i,T}$ （2）	$StableCrash_{i,T}$ （3）
$Independ_{i,T}$	0.1080 （0.2712）	0.9752 ** （2.0144）	0.3495 （0.9107）
$Age_{i,T}$	0.0538 * （1.7678）	0.0694 * （1.7292）	0.0325 （1.0594）
$Eastern_{i,T}$	0.0466 （1.1301）	− 0.0131 （− 0.2459）	0.0116 （0.2860）
$State_{i,T}$	− 0.0452 （− 0.9322）	− 0.0281 （− 0.4415）	− 0.0051 （− 0.1082）
C	− 1.9157 *** （− 3.6228）	− 2.2753 *** （− 3.3051）	− 0.9890 * （− 1.9203）
N	15 980	15 980	15 980
$Pseudo\ R^2$	0.02	0.02	0.02

注：括号内为 t 值；***、**、*分别表示1%、5%、10%的显著性水平。

本节进一步根据周特有收益率形态和预测发生三类崩盘概率的联合发出崩盘预警。以下跌至崩盘事件预警为例，预警过程如下：

第一步，当公司在 t 周特有收益率处于下跌形态时，启动针对 $t+1$ 周发生下跌至股价崩盘事件的预警工作。在本节中，全部样本周特有收益率25%分位值以内视为进入下跌形态，即特有收益率低于 − 1.78% 时。

第二步，基于股价崩盘形态概率预测模型预测的公司发生下跌至股价崩盘概率 p_1 发出预警。操作过程为：对于各上市公司在各交易周生成 [0, 1] 区间内随机数，如果预测公司发生下跌至股价崩盘概率 p_1 高于随机数时，则发出下一周发生股价崩盘预警，否则不发出预警。

第三步，比较 t 周特有收益率处于下跌形态的上市公司，在 $t+1$ 周实际发生崩盘概率 p_2，以及按照概率模型发出预警后实际发生股价崩盘概率 p_3，如果预警崩盘准确率 p_3 大于实际发生崩盘概率 p_2，验证本预警模型能够提高股价崩盘预警有效性。

表2-9统计了上涨至崩盘预警有效性结果。其中，全部上涨形态公司中，下一周发生股价崩盘的次数是133次，占比0.4167%。本模型发出预警1 261次，预警准确6次，预警准确率为0.4758%，比实际崩盘概率超出14.18%，表明本模型预警有效性较高。

表2-9   **上涨至崩盘预警有效性分析**

实际崩盘	发出预警		总计
	0	1	
0	30 527	1 255	31 782
1	127	6（0.4758%）	133（0.4167%）
总计	30 654	1 261	31 915

表2-10统计了下跌至崩盘预警有效性结果。其中，全部下跌形态公司中，下一周发生股价崩盘的次数是135次，占比0.1879%。本模型发出预警1 388次，预警准确7次，预警准确率为0.5043%，比实际崩盘概率超出168.38%，表明本模型预警有效性较高。

表2-10   **下跌至崩盘预警有效性分析**

实际崩盘	发出预警		总计
	0	1	
0	70 347	1 381	71 728
1	128	7（0.5043%）	135（0.1879%）
总计	70 475	1 388	71 863

表2-11统计了骤然崩盘预警有效性结果。其中，股价平稳的公司中，下一周发生股价崩盘的次数是263次，占比0.2248%。本模型发出预警4 777次，预警准确14次，预警准确率为0.2931%，比实际崩盘概率超出30.38%，表明本模型预警有效性较高。

表 2 – 11 　　　　　　　　　　骤然崩盘预警有效性分析

实际崩盘	发出预警		总计
	0	1	
0	111 949	4 763	116 712
1	249	14 （0.2931%）	263 （0.2248%）
总计	112 198	4 777 （0.2931%）	116 975 （0.2248%）

第三章 股价崩盘传染特性

第一节 引 言

股价崩盘不仅对崩盘个体造成不良后果，更重要的是崩盘传染性进一步加剧崩盘负面影响。20世纪90年代以来全球金融危机表现出传染速度快、传染范围广、传染渠道多元等特性，对全球金融市场产生巨大冲击（李立等，2015）。袁（Yuan，2005）指出资本市场价格异常波动有三个显著特征：一是金融资产价格暴跌往往毫无征兆；二是金融资产倾向于暴跌而不是暴涨，具有不对称性；三是金融资产价格暴跌具有明显传染性。股价崩盘传染性作为崩盘三大基本特征之一，已经在理论界形成共识。关于股价崩盘传染研究，科多尔（Kodres，2002）、袁（2005）分别基于跨市场投资者平衡、投资者融资约束角度，进行股价崩盘传染理论框架构建；比利奥（Billio，2005）、简（Jian，2008）、杰耶奇（Jayech，2016）分别基于1987年美股崩盘、2008年美股崩盘和2011年全球股价崩盘事件，实证检验股价崩盘传染性。证监会前主席肖钢在2016年工作报告中专门指出"2015年A股崩盘像多米诺骨牌效应那样，跨产品、跨机构、跨市场传染，酿成系统性风险"。

既有的资本市场传染理论框架，缺乏关于投资者行为直接作用机制分析，包括投资者主观意志和客观约束。例如，科多尔等（2002）构建的三市场传染模型，直接假定三市场存在共同外部因素导致市场间传染，未界定共同外部因素内容，以及未分析投资者行为的内在传染机制。在袁（2005）模型中，关联证券价格信息只影响知情交易者决策，不影响非知情交易者决策，这与现实情况不完全一致，因为关联证券价格信息作为公开信息，理性的知情交易者和非知情交易者都有可能基于关联证券价格信息修正其对目标证券预期。袁（2005）进行仿真时，假定关联证券价格冲击是外生给定的，没有分析关联证券价格冲击内在投资者行为作用机制。

因此，本章主要通过投资者主观预期和客观流动性约束出发探讨股价崩盘传染机制以期为股价崩盘传染理论研究和监管处置提供经验借鉴。

第二节　理论模型构建及均衡分析

一、基准模型

本节借鉴袁（2005）构建两阶段理性预期均衡模型（REE-Model）。其中，基期记为 0，预测期记为 1。投资者完全理性，基于其拥有的全部信息在基期制定交易策略，并在预测期完成交易。

模型同时包括以下基本假定：（1）市场中拥有两类投资者，分别为知情交易者和非知情交易者，二者比重记为 w_i 和 w_{ui}；（2）市场中包含两类资产，分别为无风险资产和有风险证券资产，前者理解为银行存款，后者为股票；（3）无风险资产收益率或资金成本率记为 R；（4）有风险资产均衡价格记为 $\tilde{P}$；（5）基期投资者分别配置 W_0 单位无风险资产和 D 单位股票。

投资者 k 在基期资产配置结构与预测期财富如下：

$$\tilde{W}_{1,i} = W_{0,i}R + D_i(\tilde{s} + \tilde{v} - P_0R) \qquad (3-1)$$

$$\tilde{W}_{1,ui} = W_{0,ui}R + D_{ui}(\tilde{v} - P_0R) \qquad (3-2)$$

其中，$\tilde{W}_{1,i}$ 和 $\tilde{W}_{1,ui}$ 分别为知情交易者和非知情交易者预期财富分布，D_i 和 D_{ui} 分别为知情交易者和非知情交易者基期股票配置数量，R 为无风险资产收益率或资金成本率，$W_{0,i}$ 和 $W_{0,ui}$ 分别为知情交易者和非知情交易者基期无风险资产配置金额。知情交易者和非知情交易者基于公开市场和历史信息对股票价格共同预期分布为 $\tilde{v}$，知情交易者额外获得的关于股票价格内幕

信息为 $\tilde{s}$。

本节借鉴袁（2005），市场上股票供应量为存在"噪声"的随机分布 $\tilde{M}$。进一步假定知情交易者与非知情交易者共享的公开信息 $\tilde{v}$ 和知情交易者内幕信息 $\tilde{s}$，以及股票供应量 $\tilde{M}$ 分别服从均值为 $[E(\tilde{v}), E(\tilde{s}), E(\tilde{M})]$ 和方差为 $(\sigma_v^2, \sigma_s^2, \sigma_m^2)$ 的独立正态分布。

假定投资者是风险厌恶的，知情交易者和非知情交易者风险厌恶系数记为 $\theta > 0$。投资者效用函数采用常数绝对风险厌恶效用函数（CARA）形式，记为：

$$U_k = -e^{-\theta \tilde{W}_{1,k}} \qquad (3-3)$$

其中，k 代表知情交易者和不知情交易者，θ 是常数风险厌恶系数。

市场均衡条件下市场实现出清，均衡条件如下：

$$w_i \tilde{D}_i + w_{ui} \tilde{D}_{ui} = \tilde{M} \qquad (3-4)$$

其中，M 是市场总供给量，即投资者需求量 D 与市场供给量 M 匹配。

二、基于投资者理性预期拓展

（一）理论依据

理性预期理论是解释人们决策形成机制理论，其观点为人们基于可获得全部消息做出有利于自身效用决策，由于资本市场公开机制，投资者获得信息量和获得成本相差不大，因此投资者容易形成一致性预期。由于投资者一致性预期，会导致理性泡沫和一致性偏离，如失控的资产价格和股价崩盘等现象与理性泡沫是一致的（Blanchard et al.，1982）。当市场发生重大事件，如股价崩盘事件，理性投资者可能形成一致性预期，从其他市场变化信息去预测目标证券价格，导致市场信息会在不同市场间传递（King & Wadhwani，1990；Mishkin，1996）。例如，学者研究发现个人投资者互动交流、邻居之间信息交流会对个人和家庭投资行为产生积极影响（Shiller et al.，1986；Ivkovic et al.，2007）；机构投资者商业联系、同城关系会影响基金经理投资偏好和投资组合（Kuhnen，2009）。

另外，随着资本市场加速发展、信息技术升级，投资者获取信息方式和获取信息成本趋近一致，再加上分析师、专家容易借助这些渠道传播同质性信息，进一步促进投资者投资信念、风险偏好、热点关注趋同，在市场发生波动下更容易形成一致性预期，引发市场震荡和系统性风险（张晓朴，2010；乔海曙和杨蕾，2016）。特别是在中国这样的转轨经济新兴市场中，投资者受政策预期主导，决策与行为趋同明显，客观上强化了股价冲击传导的动态作用机制，整个市场表现为板块联动、齐涨同跌现象显著（陈梦根和曹凤岐，2005）。

综上所述，理性投资者由于一致性预期，可能根据关联证券价格波动对目标证券价格预期形成一致性预期，从而导致危机传染。因此，本书首先将关联证券崩盘信号引入投资者决策模型，分析投资者预期修正的股价崩盘传染机制。

（二）投资者预期修正

如前所述，理性投资者会从其他证券价格变化去推测目标证券相关信息，导致关联证券价格变动信息会传递到其他证券（King & Wadhwani，1990）。因此，本章在两阶段理性预期均衡模型中引入关联证券价格变动信息，其他假定不变。投资者预测期财富 W 分别为：

$$\widetilde{W}_{1,i} = W_{0,i}R + D_i \left[\ \widetilde{s} + \widetilde{v}(v \mid \Gamma_2) - P_0 R \right] \tag{3-5}$$

$$\widetilde{W}_{1,ui} = W_{0,ui}R + D_{ui} \left[\ \widetilde{v}(v \mid \Gamma_2) - P_0 R \right] \tag{3-6}$$

其中，$\widetilde{W}_{1,i}$ 和 $\widetilde{W}_{1,ui}$ 分别为知情交易者和非知情交易者预期财富分布，D_i 和 D_{ui} 分别为知情交易者和非知情交易者基期股票配置数量。关联证券价格变动信息 Γ_2 是公共信息，知情交易者和非知情交易者基于关联证券价格变动信息 Γ_2 对目标证券价格预期分布进行修正，即 $\widetilde{v}(v \mid \Gamma_2)$。本节假设 Γ_2 服从 $N[\Gamma_2, \sigma_\Gamma]$ 分布，其他变量与基准模型一致。

（三）投资者决策过程

由于假定投资者完全理性，知情交易者和非知情交易者基于自有信息做最大化个人效用决策。因此，投资者决策目标函数分别如下：

$$\max_{\widetilde{D}_i} E[\,U_i[\ \widetilde{s}\,,\ \widetilde{v}\,,\ \widetilde{D}_i\,]\mid J_i\,]$$

$$\text{s. t.}\begin{cases}\widetilde{W}_{1,i}=W_{0,i}R+D_i(\ \widetilde{s}+\widetilde{v}(v\mid\varGamma_2)-P_0R)\\U_i=-e^{-\theta\,\widetilde{W}_{1,i}}\end{cases}\quad(3-7)$$

$$\max_{\widetilde{D}_{ui}} E[\,U_{ui}(\ \widetilde{v}\,,\ \widetilde{D}_{ui}\,)\mid J_{ui}\,]$$

$$\text{s. t.}\begin{cases}\widetilde{W}_{1,ui}=W_{0,ui}R+D_{ui}(\ \widetilde{v}(v\mid\varGamma_2)-P_0R)\\U_i=-e^{-\theta\,\widetilde{W}_{1,ui}}\end{cases}\quad(3-8)$$

为求解上述最优规划，以下分别对目标函数求其特征函数，知情交易者和非知情交易者决策目标函数转化为：

$$\max_{\widetilde{D}_i} E(\,-e^{-\theta\,\widetilde{W}_{1,i}})=\max_{\widetilde{D}_i}-e^{-\theta E}(\ \widetilde{W}_{1,i}\mid\widetilde{s}\,,\widetilde{v}\,)+\frac{\theta^2}{2}\text{Var}(\ \widetilde{W}_{1,i}\mid\widetilde{s}\,,\widetilde{v}\,)\quad(3-9)$$

$$\max_{\widetilde{D}_{ui}} E(\,-e^{-\theta\,\widetilde{W}_{1,ui}})=\max_{\widetilde{D}_{ui}}-e^{-\theta E}(\ \widetilde{W}_{1,ui}\mid\widetilde{v}\,)+\frac{\theta^2}{2}\text{Var}(\ \widetilde{W}_{1,ui}\mid\widetilde{v}\,)\quad(3-10)$$

求解目标函数特征函数，知情交易者和不知情交易者决策目标函数简化为：

$$\max_{\widetilde{D}_i}\left\{W_{0,i}R\theta+D_i\times[\,E(\ \widetilde{s}\,)+E\,\widetilde{v}(v\mid\varGamma_2)-P_0R]\theta-\frac{\theta^2D_i^2}{2}(\sigma_s^2+\sigma_{\widetilde{v}(v\mid\varGamma_2)}^2)\right\}$$

$$(3-11)$$

$$\max_{\widetilde{D}_{ui}}\left\{W_{0,ui}R\theta+D_{ui}\times[\,E\,\widetilde{v}(v\mid\varGamma_2)-P_0R]\theta-\frac{\theta^2D_{ui}^2}{2}\sigma_{\widetilde{v}(v\mid\varGamma_2)}^2\right\}\quad(3-12)$$

根据饶（Rao，1973）联合正态分布引理，如果：

$$\begin{pmatrix}x_1\\x_2\end{pmatrix}\sim N\left[\begin{pmatrix}\overline{x}_1\\\overline{x}_2\end{pmatrix},\begin{pmatrix}\sigma_{11}^2&\sigma_{12}^2\\\sigma_{21}^2&\sigma_{22}^2\end{pmatrix}\right]\quad(3-13)$$

则：

$$(x_2 \mid x_1) \sim N\left(\overline{x}_2 + \rho\sigma_{22}\frac{x_1 - \overline{x}_1}{\sigma_{11}}, \sigma_{22}^2(1-\rho^2) \right) \tag{3-14}$$

根据上述引理 $\tilde{v}(v \mid \Gamma_2)$ 分布存在以下特征：

$$E\tilde{v}(v \mid \Gamma_2) = E(\tilde{v}) + \rho\sigma_v \frac{\Gamma_2 - \overline{\Gamma_2}}{\sigma_\Gamma} \tag{3-15}$$

$$\sigma_{\tilde{v}(v \mid \Gamma_2)} = \sigma_v^2(1-\rho^2) \tag{3-16}$$

其中，E 表示分布期望值，σ 表示分布方差，ρ 为投资者将关联证券价格波动信号纳入对目标证券需求预期的强度，定义为投资者关联预期强度。将上述公式分别代入简化目标函数，最终，知情交易者和非知情交易者决策目标函数简化为：

$$\max_{\tilde{D}_i}\left\{ W_{0,i}R\theta + D_i \times \left[E(\tilde{s}) + E(\tilde{v}) + \rho\sigma_v\frac{\Gamma_2 - \overline{\Gamma_2}}{\sigma_\Gamma} - P_0R \right]\theta - \frac{\theta^2 D_i^2}{2}\left[\sigma_s^2 + \sigma_v^2(1-\rho^2) \right] \right\}$$

$$\tag{3-17}$$

$$\max_{\tilde{D}_{ui}}\left\{ W_{0,ui}R\theta + D_{ui} \times \left[E(\tilde{v}) + \rho\sigma_v\frac{\Gamma_2 - \overline{\Gamma_2}}{\sigma_\Gamma} - P_0R \right]\theta - \frac{\theta^2 D_{ui}^2}{2}\sigma_v^2(1-\rho^2) \right\}$$

$$\tag{3-18}$$

进一步对知情交易者和不知情交易者决策目标函数对股票配置了 D 求一阶导数，最优决策转为：

$$\left[E(\tilde{s}) + E(\tilde{v}) + \rho\sigma_v\frac{\Gamma_2 - \overline{\Gamma_2}}{\sigma_\Gamma} - P_0R \right]\theta - \theta^2 D_i\left[\sigma_s^2 + \sigma_v^2(1-\rho^2) \right] = 0$$

$$\tag{3-19}$$

$$\left[E(\tilde{v}) + \rho\sigma_v\frac{\Gamma_2 - \overline{\Gamma_2}}{\sigma_\Gamma} - P_0R \right]\theta - \theta^2 D_{ui}\sigma_v^2(1-\rho^2) = 0 \tag{3-20}$$

求解上述最优化方程，可得：

$$\tilde{D}_i = \frac{E(\tilde{s}) + E(\tilde{v}) + \rho\sigma_v \dfrac{\Gamma_2 - \overline{\Gamma_2}}{\sigma_\Gamma} - P_0 R}{\theta[\sigma_s^2 + \sigma_v^2(1-\rho^2)]} \tag{3-21}$$

$$\tilde{D}_{ui} = \frac{E(\tilde{v}) + \rho\sigma_v \dfrac{\Gamma_2 - \overline{\Gamma_2}}{\sigma_\Gamma} - P_0 R}{\theta\sigma_v^2(1-\rho^2)} \tag{3-22}$$

其中，知情交易者和非知情交易者目标股票最优配置数量分别为 D_i 和 D_{ui}。

（四）市场均衡分析

市场均衡条件下市场实现出清，即投资者需求量 D 与市场供给量 M 匹配，即：

$$w_i \tilde{D}_i + w_{ui} \tilde{D}_{ui} = \tilde{M} \tag{3-23}$$

分别代入知情交易者最优配置数量 $\tilde{D}_i$ 和非知情交易者最优配置数量 $\tilde{D}_{ui}$，公式转为：

$$w_i \frac{E(\tilde{s}) + E(\tilde{v}) + \rho\sigma_v \dfrac{\Gamma_2 - \overline{\Gamma_2}}{\sigma_\Gamma} - P_0 R}{\theta[\sigma_s^2 + \sigma_v^2(1-\rho^2)]} + w_{ui} \frac{E(\tilde{v}) + \rho\sigma_v \dfrac{\Gamma_2 - \overline{\Gamma_2}}{\sigma_\Gamma} - P_0 R}{\theta\sigma_v^2(1-\rho^2)} = \tilde{M} \tag{3-24}$$

计算可得市场出清下均衡价格和需求量为：

$$\begin{cases} \tilde{P} = \dfrac{\Phi_1 - \Phi_2\,\theta\tilde{M}}{\Phi_3} \\[3mm] \tilde{D}_i = \dfrac{E(\tilde{s}) + \Phi_4 \dfrac{\Phi_1 - \Phi_2\,\theta\tilde{M}}{\Phi_3} R}{\theta[\sigma_s^2 + \sigma_v^2(1-\rho^2)]} \\[3mm] \tilde{D}_{ui} = \dfrac{\Phi_4 - \dfrac{\Phi_1 - \Phi_2\,\theta\tilde{M}}{\Phi_3} R}{\theta\sigma_v^2(1-\rho^2)} \end{cases} \tag{3-25}$$

其中，

$$\begin{cases} \varPhi_1 = w_{ui}E(\ \tilde{v}\ )\sigma_s^2 + w_iE(\ \tilde{s}\ )\sigma_v^2(1-\rho^2) + \left[E(\ \tilde{v}\ ) + \rho\sigma_v\dfrac{\varGamma_2 - \overline{\varGamma_2}}{\sigma_\varGamma}\right]\sigma_v^2(1-\rho^2) \\[2mm] \varPhi_2 = (1-\rho^2)\sigma_v^2[\ \sigma_s^2 + \sigma_v^2(1-\rho^2)\ ] \\[2mm] \varPhi_3 = [\ w_{ui}\sigma_s^2 + \sigma_v^2(1-\rho^2)\ ]R \\[2mm] \varPhi_4 = E(\ \tilde{v}\ ) + \rho\sigma_v\dfrac{\varGamma_2 - \overline{\varGamma_2}}{\sigma_\varGamma} \end{cases}$$

$$(3-26)$$

根据均衡分析结果，考虑投资者理性预期下目标证券价格决定函数形式表示如下：

$$\tilde{P} = F_1(w_i, w_{ui}, \tilde{s}, \tilde{v}, \tilde{M}, \theta, R) + F_2(\rho\varGamma_2) \qquad (3-27)$$

其中，等式左边为目标证券价格，F_1 为目标证券内在价格决定因子，F_2 为关联证券价格变动通过影响投资者预期产生的影响，主要受关联证券价格变动 $\varGamma_2$ 以及投资者关联预期强度 ρ 共同作用。

根据证券价格决定函数，在投资者一致性预期下，关联证券资产价格严重偏离均值，即发生崩盘时，投资者对目标证券定价也会降低，甚至导致股价崩盘传染。

综上分析，关联证券股价暴跌作为公开信号会影响投资者对于目标证券预期，从而导致危机发生传染。因此，本章提出如下推论：

推论 3.1：股价崩盘通过引起投资者预期变化而发生崩盘传染。

三、基于投资者流动性约束拓展

（一）理论依据

流动性是指金融资产变现能力，反映了金融市场活跃程度，股票流动性高表明市场对投资者的内在约束较低、知情交易多（张强等，2013）。流动性情况较差表明投资者交易不够活跃、股票更容易发生大幅价格变化，流动性指标某种程度上反映着未来价格走势（万谍等，2016）。根据巴尔贝里斯（2005）关联分类理论，投资者会将资金配置在具有特定关系的证券资产上，如果投资的其他证券发生流动性不足，投资者投资目标证券行为可能会受到限制，比如遭到基金份额巨额赎回、追加保证金和抵押融资受限等。因此，流动性不足除了造成自身崩盘外，还可能导致崩盘在关联市场、关联股票发生传染。

例如，袁（2005）基于信息不对称和借贷约束因素分析危机传染，指出当金融资产价格暴跌时，机构投资者面临的融资约束越强，越限制其抓住市场机会。戈德费恩（Goldfajn，1997）认为当关联国家发生资本市场崩盘时，造成整个市场流动性不足，跨国机构不得不调整其他投资以改善其流动性，进而导致市场危机传导至其他国家。杰耶奇（2015）指出跨国投资者出于投资组合平衡需要，当投资的其他市场发生崩盘事件，由于追加保证金和投资者赎回导致跨国投资者面临更强流动性约束，最终导致股价崩盘在不同市场间传染。美国第二大对冲基金公司老虎证券在 1998 ~ 1999 年资产规模从 20 亿美元跌至 8 亿美元，就是由于被短期市场惨淡引起恐慌的投资者赎回造成的，从而导致危机发生传染。晓雷（Xiaolei，2017）研究发现：2015 年 A 股崩盘下机构投资者遭遇投资者巨额赎回，由于崩盘下机构投资者持有其他股票政策性涨跌停、主动停牌等导致流动性不足，机构投资者会通过减持持有的其他公司股票维持流动性进而发生危机传染。

因此，本章进一步在模型中考虑关联证券崩盘导致投资者流动性约束增加的经济后果，分析投资者流动性约束的股价崩盘传染机制。

（二）投资者流动性约束修正

本章假定知情交易者受关联证券流动性约束，如果关联证券流动性不足，知情投资者、机构投资者可能面临资金出借者停止借贷资金用于购置目标证券，甚至遭遇赎回资金（Yuan，2005；Xiaolei et al.，2017）。在这种情况下，知情交易者如果要筹集资金购置目标证券以抓住其掌握的内幕消息，就要增加资金成本，比如增加资金抵押、提高资金成本等。本书将其定义为由于关联证券流动性不足增加的流动性约束成本，计量公式如下：

$$\pi = \omega \tilde{L}_2 D_i P_0 \qquad (3-28)$$

其中，π 为知情交易者由于关联证券流动性不足而增加的融资成本，该指标与流动性不足的溢价成本 ω、关联证券流动性不足程度 $\tilde{L}_2$、融资需求额度 $D_i P_0$ 共同影响。本章假定关联证券流动性不足程度 $\tilde{L}_2$ 服从 $N[E(\tilde{L}_2), \sigma_L^2]$ 正态分布。进一步构建如下投资者预测期财富 W 函数：

$$\tilde{W}_{1,i} = W_{0,i}R + D_i[\ \tilde{s} + \tilde{v}(v \mid \Gamma_2) - P_0R] - \omega \tilde{L}_2 D_i P_0 \qquad (3-29)$$

$$\tilde{W}_{1,ui} = W_{0,ui}R + D_{ui}[\ \tilde{v}(v \mid \Gamma_2) - P_0R] \qquad (3-30)$$

其中，$W_{1,i}$ 和 $W_{1,ui}$ 分别为知情交易者和非知情交易者预期财富分布，D_i 和 D_{ui} 分别为知情交易者和非知情交易者基期股票配置数量。进一步假定关联证券流动性不足程度 $\tilde{L}_2$、知情交易者与非知情交易者共享的公开信息 $\tilde{v}$、知情交易者内幕信息 $\tilde{s}$，以及股票供应量 $\tilde{M}$ 服从独立正态分布。其他变量定义与基本模型一致。

（三）投资者决策过程

由于假定投资者完全理性，知情交易者和非知情交易者基于自有信息做最大化个人效用决策。因此，投资者决策目标函数分别如下：

$$\max_{\tilde{D}_i} E[\ U_i(\ \tilde{s}, \tilde{v}, \tilde{L}_2, \tilde{D}_i) \mid J_i]$$

$$\text{s. t.} \begin{cases} \tilde{W}_{1,i} = W_{0,i}R + D_i[\ \tilde{s} + \tilde{v}(v \mid \Gamma_2) - P_0R] - \omega \tilde{L}_2 D_i P_0 \\ U_i = -e^{-\theta \tilde{W}_{1,i}} \end{cases} \qquad (3-31)$$

$$\max_{\widetilde{D}_{ui}} E\big[\, U_{ui}\big[\ \widetilde{v}\,,\ \widetilde{D}_{ui}\ \big] \mid J_{ui}\big]$$

$$\text{s. t.} \begin{cases} \widetilde{W}_{1,ui} = W_{0,ui}R + D_{ui}\big[\ \widetilde{v}(v \mid \Gamma_2) - P_0 R\ \big] \\[4pt] U_i = -e^{-\theta \widetilde{W}_{1,ui}} \end{cases} \quad (3-32)$$

为求解上述最优规划，以下分别对目标函数求其特征函数，知情交易者和不知情交易者决策目标函数转化为：

$$E(\,-e^{-\theta \widetilde{W}_{1,i}}) = -e^{-\theta E}(\,\widetilde{W}_{1,i} \mid \widetilde{s},\ \widetilde{v},\ \widetilde{L}_2) + \frac{\theta^2}{2}\mathrm{Var}(\,\widetilde{W}_{1,i} \mid \widetilde{s},\ \widetilde{v},\ \widetilde{L}_2)$$

$$(3-33)$$

$$E(\,-e^{-\theta \widetilde{W}_{1,ui}}) = -e^{-\theta E}(\,\widetilde{W}_{1,ui} \mid \widetilde{v}) + \frac{\theta^2}{2}\mathrm{Var}(\,\widetilde{W}_{1,ui} \mid \widetilde{v}) \quad (3-34)$$

最终，知情交易者和不知情交易者决策目标函数简化为：

$$\max_{\widetilde{D}_i} \Big\{ W_{0,i}R\theta + \theta D_i\big[E(\,\widetilde{s}\,) + E\,\widetilde{v}(v \mid \Gamma_2) - P_0 R\big] - \theta\omega E(\,\widetilde{L}_2)D_i P_0$$

$$- \frac{\theta^2 D_i^2}{2}(\sigma_{\widetilde{s}}^2 + \sigma_{\widetilde{v}(v \mid \Gamma_2)}^2 + \sigma_L^2) \Big\} \quad (3-35)$$

$$\max_{\widetilde{D}_{ui}} \Big\{ W_{0,ui}R\theta + \theta D_{ui}\big[E\,\widetilde{v}(v \mid \Gamma_2) - P_0 R\big] - \frac{\theta^2 D_{ui}^2}{2}\sigma_{\widetilde{v}(v \mid \Gamma_2)}^2 \Big\} \quad (3-36)$$

根据饶（1973）联合正态分布引理，知情交易者和非知情交易者决策目标函数简化为：

$$\max_{\widetilde{D}_i} \Big\{ W_{0,i}R\theta + \theta D_i\Big[E(\,\widetilde{s}\,) + E(\,\widetilde{v}\,) + \rho\sigma_v \frac{\Gamma_2 - \overline{\Gamma_2}}{\sigma_\Gamma} - P_0 R\Big] - \theta\omega E(\,\widetilde{L}_2)D_i P_0$$

$$- \frac{\theta^2 D_i^2}{2}\big[\sigma_s^2 + \sigma_v^2(1-\rho^2) + \sigma_L^2 \big] \Big\} \quad (3-37)$$

$$\max_{\widetilde{D}_{ui}} \Big\{ W_{0,ui}R\theta + \theta D_{ui}\Big[E(\,\widetilde{v}\,) + \rho\sigma_v \frac{\Gamma_2 - \overline{\Gamma_2}}{\sigma_\Gamma} - P_0 R\Big] - \frac{\theta^2 D_{ui}^2}{2}\sigma_v^2(1-\rho^2) \Big\}$$

$$(3-38)$$

进一步对知情交易者和不知情交易者决策目标函数对股票配置 D 求一阶导数，最优决策转为：

$$\left[E(\tilde{s}) + E(\tilde{v}) + \rho\sigma_v \frac{\Gamma_2 - \overline{\Gamma_2}}{\sigma_\Gamma} - P_0 R \right]\theta - \theta\omega E(\tilde{L}_2)P_0$$

$$- \theta^2 D_i [\sigma_s^2 + \sigma_v^2(1-\rho^2) + \sigma_L^2] = 0 \qquad (3-39)$$

$$\left[E(\tilde{v}) + \rho\sigma_v \frac{\Gamma_2 - \overline{\Gamma_2}}{\sigma_\Gamma} - P_0 R \right]\theta - \theta^2 D_{ui}\sigma_v^2(1-\rho^2) = 0 \qquad (3-40)$$

求解上述最优化方程，可得知情交易者和不知情交易者证券最优配置数量分别为：

$$\tilde{D}_i = \frac{E(\tilde{s}) + E(\tilde{v}) + \rho\sigma_v \dfrac{\Gamma_2 - \overline{\Gamma_2}}{\sigma_\Gamma} - P_0 R - \omega E(\tilde{L}_2)P_0}{\theta[\sigma_s^2 + \sigma_v^2(1-\rho^2) + \sigma_L^2]} \qquad (3-41)$$

$$\tilde{D}_{ui} = \frac{E(\tilde{v}) + \rho\sigma_v \dfrac{\Gamma_2 - \overline{\Gamma_2}}{\sigma_\Gamma} - P_0 R}{\theta\sigma_v^2(1-\rho^2)} \qquad (3-42)$$

（四）市场均衡分析

市场出清下，知情交易者和不知情交易者证券配置数量等于市场总供给数量，即：

$$w_i\tilde{D}_i + w_{ui}\tilde{D}_{ui} = \tilde{M} \qquad (3-43)$$

分别代入知情交易者和不知情交易者最优配置数量，公式转为：

$$w_i \frac{E(\tilde{s}) + E(\tilde{v}) + \rho\sigma_v \dfrac{\Gamma_2 - \overline{\Gamma_2}}{\sigma_\Gamma} - P_0 R - \omega E(\tilde{L}_2)P_0}{\theta[\sigma_s^2 + \sigma_v^2(1-\rho^2) + \sigma_L^2]}$$

$$+ w_{ui} \frac{E(\tilde{v}) + \rho\sigma_v \dfrac{\Gamma_2 - \overline{\Gamma_2}}{\sigma_\Gamma} - P_0 R}{\theta\sigma_v^2(1-\rho^2)} = \tilde{M} \qquad (3-44)$$

计算可得市场出清下均衡价格和需求量为：

$$
\begin{cases}
\tilde{P} = \dfrac{w_i \Phi_2 \Phi_3 + w_{ui} \Phi_1 \Phi_4 - \Phi_1 \Phi_2 \, \theta \tilde{M}}{w_i \Phi_2 [\, R + \omega E(\tilde{L}_2)\,] + w_{ui} \Phi_1 R} \\[4mm]
\tilde{D}_i = \dfrac{\Phi_3 - [\, R + \omega E(\tilde{L}_2)\,] \dfrac{w_i \Phi_2 \Phi_3 + w_{ui} \Phi_1 \Phi_4 - \Phi_1 \Phi_2 \, \theta \tilde{M}}{w_i \Phi_2 [\, R + \omega E(\tilde{L}_2)\,] + w_{ui} \Phi_1 R}}{\Phi_1} \\[6mm]
\tilde{D}_{ui} = \dfrac{\Phi_4 \dfrac{w_i \Phi_2 \Phi_3 + w_{ui} \Phi_1 \Phi_4 - \Phi_1 \Phi_2 \, \theta \tilde{M}}{w_i \Phi_2 [\, R + \omega E(\tilde{L}_2)\,] + w_{ui} \Phi_1 R} R}{\Phi_2}
\end{cases}
\tag{3-45}
$$

其中，

$$
\begin{cases}
\Phi_1 = [\, \sigma_s^2 + \sigma_v^2(1 - \rho^2) + \sigma_L^2\,] \\[2mm]
\Phi_2 = \sigma_v^2(1 - \rho^2) \\[2mm]
\Phi_3 = E(\tilde{s}) + E(\tilde{v}) + \rho \sigma_v \dfrac{\Gamma_2 - \overline{\Gamma_2}}{\sigma_\Gamma} \\[4mm]
\Phi_4 = E(\tilde{v}) + \rho \sigma_v \dfrac{\Gamma_2 - \overline{\Gamma_2}}{\sigma_\Gamma}
\end{cases}
\tag{3-46}
$$

根据均衡结果，考虑投资者流动性约束下目标证券价格决定函数形式表示如下：

$$
\tilde{P} = F_1(w_i, w_{ui}, \tilde{s}, \tilde{v}, \tilde{M}, \theta, R) + F_2(\rho \Gamma_2) + F_3\left(\dfrac{1}{\omega L_2}\right)
\tag{3-47}
$$

其中，等式左边为目标证券价格，F_1、F_2 与前述含义一致，F_3 为关联证券价格波动增加知情投资者流动性约束而产生的影响，主要受关联证券流动性约束程度 L_2 和知情投资者流动性约束成本 ω 共同影响。

根据市场均衡价格公式，关联证券流动性不足与目标证券价格负相关，即关联证券流动性不足会增加目标证券股价暴跌概率。

综上分析，关联证券股价暴跌通过增加投资者流动性约束成本，从而影响其对目标证券需求函数，最终导致危机发生传染。因此，本章提出如下推论：

推论 3.2：股价崩盘通过增加目标证券流动性约束而发生崩盘传染。

第三节 股价崩盘传染模型拓展

一、静态分析框架拓展

（一）基于投资者异质信念拓展

市场上存在着异质信念投资者，包括看涨者和看跌投资者，二者不一致很高的时候，就设定随后交易中崩盘风险（Chen，2001；Hong et al.，2003）。投资者异质信念反映投资者意见分歧测度，投资者异质信念会增加投机性交易可能，从而增加投机性泡沫风险（张峥和刘力，2006）。在静态模型中，投资者除信息差异外均为同质信念，本章进一步放松投资者同质信念假设（陆静等，2011），在基本框架中引入投资者异质信念，拓展理论模型如下：

$$
\begin{cases}
\widetilde{W}_{1,i}^{UP} = W_{0,i}^{UP}R + D_i^{UP}\left[\widetilde{s^{UP}}(s) + \widetilde{v_1^{UP}}(v_1 \mid \Gamma_2) - P_0R\right] - \omega\Gamma_2 \\
\widetilde{W}_{1,i}^{ST} = W_{0,i}^{ST}R + D_i^{ST}\left[\widetilde{s^{ST}}(s) + \widetilde{v_1^{ST}}(v_1 \mid \Gamma_2) - P_0R\right] - \omega\Gamma_2 \\
\widetilde{W}_{1,i}^{DOWN} = W_{0,i}^{DOWN}R + D_i^{DOWN}\left[\widetilde{s}^{DOWN}(s) + \widetilde{v}_1^{DOWN}(v_1 \mid \Gamma_2) - P_0R\right] - \omega\Gamma_2 \\
\widetilde{W}_{1,ui} = W_{0,ui}R + D_{ui}\left[\widetilde{v}_1(v_1 \mid \Gamma_2) - P_0R\right] \\
U_k = -e^{-\theta\widetilde{W}_{1,k}}
\end{cases}
$$

$$(3-48)$$

根据博斯维克（Boswijk，2007）和陆静等（2011）进一步将市场上投资者划分成看涨投资者 *UP*、看平投资者 *ST* 和看跌投资者 *DOWN*，不同信念投资者受关联证券价格变动 Γ_2 冲击不一致。看跌投资者受关联证券价格暴跌冲击最大，其次是看平投资者，最后是看涨投资者。

（二）基于投资者认知偏差拓展

基准模型是基于投资者完全理性预期假设，然而现实中投资者由于各种原因而偏离理性预期，包括情绪控制能力、个性不足、偏好等（吴玉桐，2008），而产生各异的认知偏差（张谊浩和陈柳钦，2004）。因此，本章进一步考虑投资者认知偏差因素对上述理性预期均衡模型进行修正，包括投资者损失厌恶偏差、群体心理压力偏差、"羊群行为"等。以下以损失厌恶偏差举例：

$$\begin{cases} \widetilde{W}_{1,i} = W_{0,i}R + D_i[\ \tilde{s}(s) + \tilde{v}_1(v_1 \mid \Gamma_2) + \tilde{v}_1(v_1 \mid \Gamma_2^-) - P_0R\ ] - \omega \widetilde{L}_2 \\ \widetilde{W}_{1,ui} = W_{0,ui}R + D_{ui}[\ \tilde{v}_1(v_1 \mid \Gamma_2) + \tilde{v}_1(v_1 \mid \Gamma_2^-) - P_0R\ ] \\ U_k = -e^{-\theta \widetilde{W}_{1,k}} \end{cases}$$

$$(3-49)$$

进一步根据关联证券价格变动方向进行修正预期，如果关联证券价格是负向变动（标识为 Γ_2^-），投资者由于损失厌恶心理偏差，会比同等幅度正向价格变动（标识为 Γ_2^+）额外产生冲击 $\tilde{v}_1(v_1 \mid \Gamma_2^-)$，进而放大股价暴跌传染性，可以解释暴跌传染与暴涨传染不对称性。

二、动态分析框架构建

（一）研究背景

根据霍默斯等（Hommes et al.，2009）提出的投资者自适应理论，市场中投资者会依据市场变化修正自己的决策。以 2015 年 A 股暴跌为例，投资者行为存在明显动态演化过程（见图 3-1），表现为：前期投资者加杠杆和积极交易、中期投资者去杠杆和消极交易、后期投资者加杠杆和积极交易。然而，静态分析框架是基于代表性投资者间股价崩盘传染静态机制，忽视传染进程中投资者动态演化。因此，本章进一步研究完整股价崩盘传染进程背后投资者行为动态演化机制。

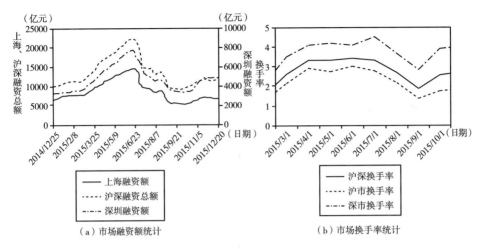

（a）市场融资额统计　　　　　　　（b）市场换手率统计

图 3－1　2015 年 A 股暴跌背景下投资者行为自适应演化过程

本章基于 Multi-Agent 建模的人工股市模型是一类研究股市投资者行为、股价波动的重要方法（吴江，2016）。本章借鉴何建敏（2017）结合 Multi-Agent 建模和 SIR 传染病动力学方法，构建股价崩盘传染 Multi-Agent 动力学模型。

基本假定如下：（1）一个股票市场上共有 N 个交易代理人 Agent；（2）股票市场中 Agent 具有三种不同类型，分别是崩盘易感染节点（记为 S）、崩盘感染节点（记为 I）和崩盘免疫节点（记为 R）；（3）崩盘易感染节点 S 接受崩盘感染节点 I 信号后按照一定概率受感染；（4）崩盘感染节点 I 认清崩盘本质或退出离场，以一定概率转变为免疫节点 R；（5）崩盘易感染节点 S 以一定概率转变为免疫节点 R。

（二）基本 Multi-Agent 传染动力学拓展

假设市场上自带免疫投资者 R 比例为 p，主要与资本市场健全程度有关；崩盘感染节点 I 发出崩盘信号概率为 a，主要受崩盘危机重要性影响；崩盘易感染节点 S 接收信号后按照 X_1 概率接受感染，主要受普通投资者素质影响；崩盘事件后危机处理及时有效，会促使被感染者认清崩盘本质、退出离场，

以概率 X_2 转变为免疫节点 R；崩盘危机发生后，监管部门及时发布澄清消息，帮助未受感染崩盘易感染节点 S 看透危机本质，以概率 X_3 转为免疫者 R。系统动力学过程如图 3-2 所示：

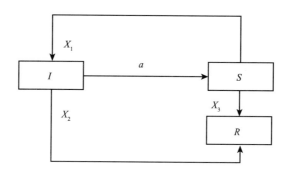

图 3-2　基本股价崩盘传染动态 SIR 模型

基本崩盘传染系统动力学可以用以下微分方程组表示：

$$\begin{cases} \dfrac{\mathrm{d}S(t)}{\mathrm{d}t} = -aX_1 S(t)I(t) - X_3 S(t) \\[2mm] \dfrac{\mathrm{d}I(t)}{\mathrm{d}t} = aX_1 s(t)i(t) - X_2 I(t) \\[2mm] \dfrac{\mathrm{d}R(t)}{\mathrm{d}t} = X_2 I(t) + X_3 S(t) \end{cases} \quad (3-50)$$

微分方程组总共包括 3 个微分方程，依次反映了崩盘易感染节点 S、崩盘感染节点 I 和崩盘免疫节点 R 随着时间的变化率，通过仿真拟合分析各因子对股价崩盘传染影响。

（三）投资者杠杆融资动态演化机制

假设市场上崩盘易感染节点 S 进一步分为低融资杠杆节点 S_{Low} 和高融资杠杆节点 S_{High}。高融资杠杆节点 S_{High} 由于存在去杠杆压力，从而更容易被崩盘感染节点 I 传染；低融资杠杆节点 S_{Low} 由于存在加杠杆动力，加杠杆过程会抵消崩盘感染节点 I 传染性，降低传染概率。系统动力学过程如图 3-3 所示。

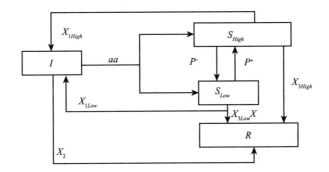

图 3 – 3　基于杠杆融资修正的股价崩盘传染动态 SIR 模型

传染系统动力学可以用以下微分方程组表示：

$$\begin{cases}
\dfrac{\mathrm{d}S_{High}(t)}{\mathrm{d}t} = -aX_{1High}S_{High}(t)I(t) - X_{3High}S(t) - P^{-}S_{High}(t) + P^{+}S_{Low}(t) \\[2mm]
\dfrac{\mathrm{d}S_{Low}(t)}{\mathrm{d}t} = -aX_{1Low}S_{Low}(t)I(t) - X_{3Low}S(t) + P^{-}S_{Low}(t) - P^{+}S_{High}(t) \\[2mm]
\dfrac{\mathrm{d}I(t)}{\mathrm{d}t} = aX_{1High}S_{High}(t)I(t) + aX_{1Low}S_{Low}(t)I(t) - X_{2}I(t) \\[2mm]
\dfrac{\mathrm{d}R(t)}{\mathrm{d}t} = X_{2}I(t) + X_{3High}S(t) + X_{3Low}S(t)
\end{cases}$$

$$(3-51)$$

微分方程组总共包括 4 个微分方程，依次反映了低融资杠杆节点 S_{Low}、高融资杠杆节点 S_{High}、崩盘感染节点 I 和崩盘免疫节点 R 随着时间变化率，通过仿真拟合分析各因子对于股价崩盘传染进程的影响。

（四）投资者异质信念动态演化机制

假设市场上崩盘易感染节点 S 进一步分为看涨节点 S_{Call} 和看跌节点 S_{Put}。看跌节点 S_{Put} 由于持看跌信念，从而容易被崩盘感染节点 I 传染；而看涨节点 S_{Call} 由于持看涨信念，不会被感染节点 I 直接传染，但是传染进程中看涨投资者和看跌投资者相互演化转变，看涨投资者演化为看跌投资者概率为 P，看跌投资者演化为看涨投资者概率为 C，市场上看涨节点有助于降低看跌投资者受传染概率。系统动力学过程如图 3－4 所示。

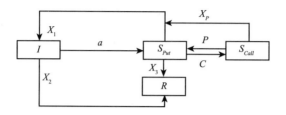

图 3－4　基于异质信念修正的股价崩盘传染动态 SIR 模型

构造如下系统动力学微分方程组：

$$\begin{cases} \dfrac{\mathrm{d}S_{Put}(t)}{\mathrm{d}t} = -aX_{1Put}X_PS_{Put}(t)S_{Call}(t)I(t) - X_{3Put}S(t) - CS_{Put}(t) + PS_{Call}(t) \\[3mm] \dfrac{\mathrm{d}S_{Call}(t)}{\mathrm{d}t} = CS_{Put}(t) - PS_{Call}(t) \\[3mm] \dfrac{\mathrm{d}I(t)}{\mathrm{d}t} = aX_{1Put}X_PS_{Put}(t)S_{Call}(t)I(t) - X_2I(t) \\[3mm] \dfrac{\mathrm{d}R(t)}{\mathrm{d}t} = X_2I(t) + X_3S_{Put}(t) \end{cases}$$

$$(3-52)$$

微分方程组总共包括 4 个微分方程，依次反映了看涨节点 S_{Call}、看跌节点 S_{Put}、崩盘感染节点 I 和崩盘免疫节点 R 随着时间变化率，通过仿真拟合分析各因子对于股价崩盘传染进程的影响。

第四章 分析师乐观评级与股价崩盘

第一节 引　　言

　　证券分析师是资本市场重要信息的中介，具备信息挖掘和信息分析能力。分析师通过发布评价报告向市场公开传递信息，进而改善公司信息环境、提高市场信息效率。贝耶等（Beyer et al.，2010）的研究表明，作为重要的市场信息中介，财务分析师关于上市公司的盈余预测提供了22%的会计信息。中国作为新兴资本市场，分析师众多，对于资本市场影响更突出。

　　除信息挖掘能力外，学者研究表明分析师发布评级时，存在严重选择性评级现象，表现为倾向于发布乐观预测与评级，忽视负面信息。这是由于评级报告使用者为不特定公众，与分析师不存在直接契约关系，使得分析师没有义务完整披露所掌握的信息，从而为分析师选择性评级提供法律空间。

　　图4-1为2007~2017年中国上市公司平均分析师评级等次统计图。可以看出，中国资本市场证券分析师评级存在显著"买入"倾向和规避"卖出"倾向。其中，分析师发布卖出评级和减持评级占比不足1%，而买入评级和增持评级占比超过80%。即使在2008年金融危机期间和2015年A股千股跌停期间，分析师发布卖出评级和减持评级占比也不足1%，而买入评级和增持评级占比仍超过80%，表明分析师评级背离市场基本行情，存在显著选择性评级现象。

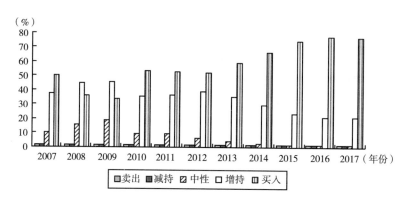

图 4 - 1 2007 ~ 2017 年中国上市公司平均分析师评级等次分布

就中国资本市场而言，2010 年试点融资融券业务前，我国严格限制卖空，融资融券制度实施标志着我国"单边市"正式结束，部分证券卖空渠道打开。中国融资融券制度的实施，为本章检验放松卖空管制对于分析师评级、股价崩盘风险影响提供政策实验证据。本章研究表明，在卖空管制背景下，分析师乐观评级会增加股价崩盘风险，而中国实施融资融券业务有助于降低分析师乐观评级的股价崩盘后果。机制检验表明，分析师乐观评级会通过增加投资者买入积极性而影响上市公司股价崩盘风险。

第二节 文献回顾与假设提出

一、分析师选择性评级动因

关于分析师选择性评级的原因，学者发现部分分析师出于佣金收入考虑，倾向于发布买入评级、规避看空评级，并且这种选择性披露利好消息、隐藏利空消息在限制卖空下变得更明显。因此，卖空限制可能是造成分析师乐观评级的重要制度诱因，进而导致分析师这一资本市场信息中介未能有效发挥应有作用，甚至发挥负面作用。

为阐释卖空管制与分析师评级及其后果的关系，本书构建的分析框架见图4-2。

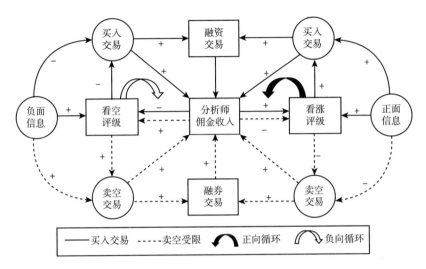

图4-2　卖空管制下分析师评级与投资者行为框架

图4-2中，在限制卖空下，分析师看空评级只会抑制买入交易，不会导致任何卖空交易，进而只会抑制分析师佣金收入，最终形成分析师看空评级和买入佣金收入的负向抑制循环。相反，分析师看涨评级只会增加买入交易，不会抑制任何卖空交易，因此只会增加分析师佣金收入，不会对分析师佣金收入带来任何负面冲击，最终形成分析师看涨评级和买入佣金收入正向促进循环。然而，在放松卖空管制下，分析师发布看空评级会增加卖空交易佣金收入，以弥补买入佣金收入损失；分析师发布看涨评级会减少卖空交易佣金收入，以抵消买入佣金收入增加。

因此，在卖空管制下，分析师出于佣金考虑，会倾向于发布看涨评级、规避看跌评级。由于分析师评级直接影响投资者行为，从而对整个资本市场造成影响。根据金和迈尔斯（Jin & Myers，2006）提出的"高管信息隐藏假说"，卖空管制背景下分析师选择性乐观评级，导致公司负面消息难以及时公开，当这些负面消息累积到一定程度而集中释放时便引发崩盘。

二、分析师评级与股价崩盘风险

股价崩盘是指股票价格大幅度、连续性暴跌，股价崩盘是实务界和监管部门关心的热点问题。根据金和迈尔斯提出的"高管信息隐藏假说"，由于信息不对称性和委托代理问题，高管倾向于隐藏负面消息，然而随着隐藏负面消息的集中释放，就会导致毫无征兆的暴跌。赫顿（Hutton，2009）等相继验证了"高管信息隐藏假说"。

分析师是资本市场的重要信息媒介，分析师增加了投资者可获得的信息集，提高了企业的信息披露质量，进而提升市场资源配置效率。分析师通过一系列挖掘和解读上市公司信息行为，可以起到降低市场信息不对称的作用。李志生等研究表明，由于分析师不承担信托责任，使得分析师没有义务完整、真实地披露所掌握的信息，为分析师有偏差的披露信息提供法律空间。最终，分析师出于交易佣金考虑，不仅倾向于发布买入评级、规避看空评级，并且这种选择性披露利好消息、隐藏利空消息在限制卖空下变得更明显。例如，考恩等（Cowen et al.，2006）指出，分析师通过发布乐观预测来促进买入交易，以获取更多交易佣金。分析师可能隐藏负面信息，以维护管理层利益，反而加剧上市公司股价崩盘风险。

因此，由于分析师可能存在的选择性乐观评级行为，进而导致乐观评级反而加剧股价崩盘风险。为此，本章提出如下竞争性假设：

假设4.1a：分析师乐观评级程度越高，上市公司股价崩盘风险越低。

假设4.1b：分析师乐观评级程度越高，上市公司股价崩盘风险越高。

三、放松卖空管制与分析师评级

卖空管制会改变投资者交易行为，进而影响资本市场信息效率。其中，众多学者研究表明，卖空管制会降低市场信息效率。从投资者异质信念角度，学者认为当市场存在卖空管制时，看空投资者无法开展卖空交易，造成股票价格不能反映看跌投资者负面信念，导致资本市场信息效率降低。

相应地，学者们相继验证放松卖空管制有利于提升资本市场信息效率。例如，位豪强等（2020）研究发现，引入卖空机制有利于提高市场吸纳负面信息速度，从而提高信息效率；萨菲和西古尔德森（Saffi & Sigurdsson，2011）发现，通过收益率相关性、价格延迟度和收益率方差比衡量有效性，发现卖空管制程度小的股票具有较高的市场效率。

关于我国股市放松卖空管制与资本市场效率研究，学者们得出类似结论。例如，肖浩和孔爱国（2014）研究显示，放松卖空管制有助于降低噪声交易、盈余管理和信息不对称，提高 A 股市场信息效率；李志生（2015）指出，融资融券通过为投资者创造做空机制，有利于市场对负面信息的吸收，使得股票价格更充分地反映市场情绪。

卖空管制也可能对证券分析师的行为产生进一步影响，进而影响市场信息来源和信息质量。卖空管制会改变分析师佣金收入结构，即只有发布乐观评级以获得买入佣金收入，而无法通过发布负面评级获得卖空佣金收入。因此，出于交易佣金考虑，卖空管制下分析师更可能进行选择乐观评级以获得更多买入交易佣金。因此，卖空管制可能会加剧分析师选择性评级行为。

然而，在放松卖空管制下，卖空者便可以基于利空消息进行卖空交易。这会增加分析师从发布利空信息中获得交易佣金可能性，以纠正分析师交易佣金收入的不对称性，进而缓解分析师选择性评级对资本市场的负面影响。融资融券业务作为我国放松卖空管制的重要制度，会降低分析师对发布看涨评级报告以获得交易佣金收入的依赖，最终融入更多公司负面信息，使投资者能利用正负两方面信息进行交易，有效促进股价向内在价值回归，提高市场定价效率，避免负面信息被隐藏而引发的崩盘风险。因此，本章进一步提出如下假设：

假设 4.2：放松卖空管制可以降低分析师乐观评级对股价崩盘风险的影响。

第三节　实证研究设计

一、样本与数据来源

本章选取 2007～2018 年沪深两市非金融业、非 ST/PT 上市公司为研究对象，数据来自 CSMAR 数据库。为排除异常值影响，本章对连续变量进行上下 1% 缩尾处理。分析师股票评级数据也来自 CSMAR 数据库，根据数据库给出的标准化评级，将分析师评级分为"买入""增持""中性""减持""卖出"五类评级。

二、主要变量测度

（一）股价崩盘风险

本章借鉴杨国成和王智敏（2021）、徐虹和朱文婷（2019），以剔除市场收益率后公司特有周收益率测度公司股价崩盘风险，包括负收益偏态系数（$NCSKEW$）和上下波动比例（$DUVOL$）指标。首先，为剔除市场因素对个股收益率的影响时，通过以下市场收益调整模型计算个股特有周收益率：

$$R_{i,t} = a + \beta_1 R_{m,t-2} + \beta_2 R_{m,t-1} + \beta_3 R_{m,t} + \beta_4 R_{m,t+1} + \beta_5 R_{m,t+2} + \varepsilon_{i,t} \quad (4-1)$$

其中，$R_{i,t}$ 为公司 t 周收益率，$R_{m,t}$ 为市场 t 周收益率，$\varepsilon_{i,t}$ 为不能被市场解释的特有收益部分，进一步使用 $W_{i,t} = \ln(1 + R_{i,t})$ 测度公司特有周收益率。

其次，基于特有收益率计算如下股价崩盘风险指标：

$$NCSKEW_{i,T} = -\left[n_{i,T}(n_{i,T}-1)^{3/2} \sum W_{i,t}^3 \right] / \left[(n_{i,T}-1)(n_{i,T}-2)\left(\sum W_{i,t}^2 \right)^{3/2} \right]$$

$$(4-2)$$

$$DUVOL_{i,T} = \ln\left\{ \left[(n_{i,T,Up}-1) \sum W_{i,t,Down}^2 \right] / \left[(n_{i,T,Down}-1) \sum W_{i,t,Up}^2 \right] \right\}$$

$$(4-3)$$

其中，$n_{i,T}$ 为公司 i 在第 T 年交易周数，$n_{i,T,Up}$ 为公司 i 在第 T 年收益率高于平均特有周收益率频数，$n_{i,T,Down}$ 为公司 i 在第 T 年收益率低于平均收益率频数。$NCSKEW_{i,T}$ 和 $DUVOL_{i,T}$ 越大表明公司 i 在 T 年股价崩盘风险越大。

（二）分析师评级

本章首先借鉴龙文和魏明海（2019）等，将分析师评级分为五大类并予以赋值，赋值 1～5 分别对应卖出、减持、中性、增持、买入五大评级。其次，借鉴罗衍等（2017），以上市公司年度内所有分析师评级的均值衡量公司总体分析师评级指标，记为 $ANLYS$，该指标越大表明分析师乐观评级程度越高。

（三）放松卖空管制

本章借鉴黄俊等（2018），以上市公司是否进入融券标的定义放松卖空管制变量 $SHORT$，且当年可卖空时间不短于 3 个月取值为 1，否则为 0。

三、模型设定

首先，为检验分析师评级对股价崩盘风险的影响，本书构建如下检验模型：

$$NCSKEW_{i,T+1} \text{ or } DUVOL_{i,T+1} = c + a_1 ANLYS_{i,T} + aX_{i,T} + \mu + FE + \varepsilon \qquad (4-4)$$

其中，$NCSKEW_{i,T+1}$ 和 $DUVOL_{i,T+1}$ 为股价崩盘风险指标，$ANLYS_{i,T}$ 为分析师乐观评级程度。$X_{i,T}$ 为其他影响资本市场效率控制变量，包括分析师评级分歧度（$Disanlys_{i,t}$）、平均特有周收益率（Ret）、特有周收益率波动率（$Sigma$）、资产规模对数（$Size$）、资产负债率（Lev）、总资产利润率（Roa）、应计盈余程度（$Absda$）、董事会规模（$Board$）、有形资产比重（Ppe）、成立年限（Age）等。μ 和 FE 分别为年度固定效应和个体固定效应，ε 为回归残差项。如果 a_1 显著大于 0，则表明分析师乐观评级与股价崩盘风险正相关。

其次，为检验放松卖空管制对于分析师评级、股价崩盘风险进一步的影响，构建如下检验模型：

$$NCSKEW_{i,T+1} \text{ or } DUVOL_{i,T+1} = c + m_1 SHORT_{i,T} \times ANLYS_{i,T} + m_2 ANLYS_{i,T}$$
$$+ mX_{i,T} + \mu + FE + \varepsilon \qquad (4-5)$$

其中，$SHORT_{i,T}$ 为放松卖空管制变量，如果模型中 m_1 显著小于 0，表明放松卖空管制会降低分析师乐观评级对公司股价崩盘风险的影响。为提高检验结果稳健性，本书对被解释变量均采取滞后一期处理，并报告稳健标准误以控制异方差。本章主要变量说明如表 4-1 所示。

表 4-1 本章主要变量说明

类型	名称	代码	说明
被解释变量	负偏态指数	NCSKEW	特有周收益率负收益偏态系数
	上下波动率	DUVOL	特有周收益率上下波动比例
解释变量	分析师评级	ANLYS	年度平均分析师评级
	投资者持股变化	PBUY	机构投资者年度持股变化
	投资者持股策略	DBUY	机构投资者年度持股策略
	并购商誉占比	GooDWILL	商誉占总资产比例
	商誉规模对数	lnGooDWILL	商誉规模对数
	放松卖空管制	SHORT	进入融券标的名单，且当年不短于 3 个月为 1，否则为 0
	双融政策	YEAR	2010 年以后为 1，否则为 0
控制变量	平均特有收益率	Ret	平均特有收益率
	分析师评级分歧	Disanlys	年度分析师评级标准差
	特有收益波动率	Sigma	年度周特有收益率标准差
	资产规模	Size	总资产自然对数
	资产负债率	Lev	总负债除以总资产
	总资产报酬率	Roa	总资产净利率
	应计盈余程度	Absda	修正琼斯模型计算操纵应计利润绝对值
	董事会规模	Board	董事会人数
	有形资产比例	Ppe	固定资产占总资产比
	成立年限	Age	成立年限

第四节　实证检验结果及分析

一、描述性统计与单变量检验

表 4 - 2 为主要变量描述性统计结果。其中，样本公司平均 *NCSKEW* 和 *DUVOL* 分别为 - 0.237 和 - 0.160，标准差分别为 0.638 和 0.462。分析师对样本公司发布的平均评级为 4.203，表明总体评级略高于增持水平、低于买入水平，总体上倾向于发布看涨评级。

表 4 - 2　　　　　　　　　　　　　**主要变量描述性统计**

变量	均值	标准差	最小值	最大值
NCSKEW	- 0.237	0.638	- 2.150	1.366
DUVOL	- 0.160	0.462	- 1.278	0.982
ANLYS	4.203	0.536	1.000	5.000
Disanlys	0.378	0.266	0.000	1.035

表 4 - 3 根据样本公司分析师评级是否高于平均评级，将样本划分为高分析师评级组和低分析师评级组，进行单变量分组检验。其中，高分析师评级组公司股价崩盘风险 *NCSKEW* 和 *DUVOL* 在 1% 水平上显著高于低分析师评级组，表明分析师看涨评级可能增加上市公司股价崩盘风险。

表 4 - 3　　　　　　　　　　　　　**单变量分组检验结果**

变量	分组 T 均值检验			分组 Wilxcon 秩和检验		
	高	低	T	高	低	Z
NCSKEW	- 0.206	- 0.275	- 8.092 ***	11 162	10 476	- 7.696 ***
DUVOL	- 0.149	- 0.184	- 5.508 ***	11 081	10 585	- 5.738 ***

注：*** 表示在 1% 水平上显著。

二、分析师评级与股价崩盘风险

表 4 - 4 为分析师评级与股价崩盘风险多元回归检验。检验结果显示，分

析师评级与上市公司股价崩盘风险在 1% 水平上显著正相关，表明分析师乐观评级会增加公司股价崩盘风险。根据本书理论分析，分析师出于佣金收入考虑，倾向于发布买入评级、规避看空评级，并且这种选择性披露利好消息、隐藏利空消息在限制卖空下变得更明显。分析师选择性发布买入评级，一方面拉升看涨投资者买入需求；另一方面卖空需求和利空消息由于卖空管制被隐藏，无法通过卖空行为平抑股价，最终导致股价乐观偏离。随着看涨投资者买入势力衰退，看跌投资者进入市场，集中释放被分析师隐藏的利空消息，最终导致股价骤然崩盘。假设 4.1b 得以验证。

表 4 – 4 分析师评级与股价崩盘风险多元回归检验

变量	$NCSKEW_{i,T+1}$		$DUVOL_{i,T+1}$	
	(1)	(2)	(3)	(4)
$ANLYS_{i,T}$	0. 1148 ***	0. 0569 ***	0. 0707 ***	0. 0309 ***
	(8. 765)	(3. 554)	(7. 800)	(2. 711)
$Disanlys_{i,T}$	0. 0728 ***	− 0. 0100	0. 0444 ***	− 0. 0038
	(3. 180)	(− 0. 369)	(2. 756)	(− 0. 194)
$Return_{i,T}$	107. 9958 ***	69. 6414 **	74. 2797 ***	42. 9222 **
	(4. 342)	(2. 431)	(4. 239)	(2. 115)
$Sigma_{i,T}$	6. 9959 ***	6. 2873 ***	4. 7154 ***	3. 9479 ***
	(4. 782)	(3. 810)	(4. 574)	(3. 399)
$Size_{i,T}$	− 0. 0678 ***	− 0. 0419 **	− 0. 0533 ***	− 0. 0385 ***
	(− 12. 465)	(− 2. 253)	(− 13. 596)	(− 2. 821)
$Lev_{i,T}$	0. 0387	− 0. 0125	0. 0302	− 0. 0246
	(0. 894)	(− 0. 145)	(0. 982)	(− 0. 403)
$Roa_{i,T}$	0. 6075 ***	0. 2964 *	0. 4440 ***	0. 2648 **
	(5. 125)	(1. 686)	(5. 145)	(2. 005)
$Absda_{i,T}$	− 0. 0261	0. 1546 *	− 0. 0496	0. 0674
	(− 0. 357)	(1. 784)	(− 0. 963)	(1. 108)
$Board_{i,T}$	− 0. 0055 *	− 0. 0220 ***	− 0. 0033	− 0. 0143 ***
	(− 1. 751)	(− 3. 353)	(− 1. 491)	(− 2. 979)
$Ppe_{i,T}$	− 0. 0646 *	− 0. 0723	− 0. 0417 *	− 0. 0205
	(− 1. 881)	(− 0. 883)	(− 1. 704)	(− 0. 339)

续表

变量	$NCSKEW_{i,T+1}$		$DUVOL_{i,T+1}$	
	（1）	（2）	（3）	（4）
$Age_{i,T}$	-0.0037^{***}	0.0429^{***}	-0.0032^{***}	0.0329^{***}
	(-3.333)	(8.930)	(-4.018)	(9.208)
C	0.3915^{***}	-0.1830	0.4251^{***}	0.0497
	(2.917)	(-0.482)	(4.429)	(0.179)
个体固定效应	$\times$	$\checkmark$	$\times$	$\checkmark$
年度固定效应	$\checkmark$	$\checkmark$	$\checkmark$	$\checkmark$
样本数	13 670	13 670	13 670	13 670
调整 R^2	0.08	0.06	0.08	0.06

注：$***$、$**$ 和 $*$ 分别表示在 1%、5% 和 10% 水平上显著。

三、融资融券政策效应检验

2010 年 3 月 31 日，中国开始试点融资融券业务，标志着我国正式启动卖空机制，为本书检验放松卖空管制对于分析师评级效应影响提供经验证据。为此，表 4 - 5 进一步检验放松卖空管制对于分析师评级和股价崩盘风险的影响。结果显示，分析师评级与上市公司股价崩盘风险依然在 1% 水平上显著正相关，表明分析师乐观评级会增加公司股价崩盘风险。然而，考虑放松卖空管制后，放松卖空管制与分析师评级交互项系数显著为负，表明放松卖空管制会显著降低分析师乐观评级对于股价崩盘风险的影响，验证放松卖空管制对于分析师评级、股价崩盘风险影响的削弱作用。假设 4.2 得以验证。

表 4 - 5　　　　　　　　　　**基于融资融券政策效应检验**

变量	$NCSKEW_{i,T+1}$		$DUVOL_{i,T+1}$	
	（1）	（2）	（3）	（4）
$ANLYS_{i,T}$	0.1142^{***}	0.0665^{***}	0.0719^{***}	0.0380^{***}
	(8.072)	(3.853)	(7.343)	(3.102)
$YEAR_{i,T} \times SHORT_{i,T} \times ANLYS_{i,T}$	-0.0023	-0.0690^{*}	-0.0136	-0.0514^{**}
	(-0.068)	(-1.917)	(-0.604)	(-2.019)

变量	$NCSKEW_{i,T+1}$		$DUVOL_{i,T+1}$	
	（1）	（2）	（3）	（4）
$SHORT_{i,T}$	-0.0132 （-0.090）	0.2754 * （1.733）	0.0385 （0.390）	0.2045 * （1.830）
$YEAR_{i,T}$	0.4252 *** （13.936）	-0.4093 * （-1.785）	0.3214 *** （14.425）	0.1568 （0.916）
C	0.3233 ** （2.244）	-0.7318 （-1.617）	0.3584 *** （3.507）	0.1261 （0.375）
个体固定效应	×	√	×	√
年度固定效应	√	√	√	√
控制变量	√	√	√	√
样本数	13 670	13 670	13 670	13 670
调整 R^2	0.08	0.06	0.08	0.06

注：*** 、** 和 * 分别表示在 1% 、5% 和 10% 水平上显著。

四、异质性检验

国有企业是我国市场经济的重要主体，肩负着国计民生和经济发展双重责任。但是，国有企业也存在明显问题，最为突出的是国有企业高管聘任不完全依赖于外部经理人市场，组织任命和上级委派是国有企业高管主要的聘任方式，组织任命造成国有企业高管处于封闭的金字塔，对负面事件厌恶度更大。为了规避职业风险，迎合市场预期和绩效考核目标，国有企业高管更有可能实施盈余管理。最终，增加分析师信息搜集难度，加大分析乐观评级分析和股价崩盘风险。因此，产权属性可能会对分析师评级、股价崩盘风险关系产生进一步影响，为此，表4-6进一步进行基于产权属性的分组检验。

表4–6　　　　　　　　　　　基于产权属性分组检验

变量	国有企业检验		非国有企业检验	
	$NCKEW_{T+1}$	$DUVOL_{T+1}$	$NCKEW_{T+1}$	$DUVOL_{T+1}$
	（1）	（2）	（3）	（4）
$ANLYS_{i,T}$	0. 1003 ***	0. 0545 ***	0. 0344	0. 0223
	（3. 895）	（3. 047）	（1. 496）	（1. 334）
$YEAR_{i,T} \times SHORT_{i,T} \times ANLYS_{i,T}$	− 0. 0669	− 0. 0395	− 0. 0895	− 0. 0871 *
	（− 1. 517）	（− 1. 233）	（− 1. 334）	（− 1. 961）
$SHORT_{i,T}$	0. 3138	0. 1764	0. 3079	0. 3308 *
	（1. 624）	（1. 264）	（1. 031）	（1. 678）
$YEAR_{i,T}$	− 0. 4498	0. 1328	− 0. 3662	0. 1797
	（− 1. 227）	（0. 491）	（− 1. 240）	（0. 809）
C	− 1. 1409	− 0. 3478	− 0. 9503	0. 0574
	（− 1. 562）	（− 0. 634）	（− 1. 610）	（0. 134）
个体固定效应	×	√	×	√
年度固定效应	√	√	√	√
控制变量	√	√	√	√
样本数	5 841	5 841	7 829	7 829
调整 R^2	0. 07	0. 06	0. 06	0. 07

注：*** 和 * 分别表示在1%和10%水平上显著。

检验结果显示，在国有企业样本中，分析师评级与上市公司股价崩盘风险依然在1%水平上显著正相关，表明分析师乐观评级会显著增加国有上市公司股价崩盘风险。但是，在非国有企业样本中，分析师评级与上市公司股价崩盘风险不存在显著相关关系。

近年来，控股股东股权质押风险逐渐显现，加剧了上市公司股价崩盘风险。控股股东股权质押风险也吸引了分析师关注，通过发布客观的评价报告以揭示控股股东股权质押潜在风险。因此，控股股东股权质押作为公开的风险事件，可能会降低分析师乐观评级程度，提高分析师评级有效性。因此，控股股东股权质押事件可能会对分析师评级、股价崩盘风险关系产生进一步影响，为此，表4-7进一步基于是否存在控股股东股权质押的分组进行检验。结果显示，在控股股东未进行股权质押样本中，分析师评级与上市公司股价崩盘风险依然在1%水平上显著正相关，表明分析师乐观评级会显著增加控股股东未质押公司股价崩盘风险。然而，在控股股东未质押样本中，分析师评级与上市公司股价崩盘风险不存在显著相关关系。

表4-7   **基于控股股东质押事件分组检验**

变量	控股股东未质押		控股股东质押	
	$NCKEW_{T+1}$	$DUVOL_{T+1}$	$NCKEW_{T+1}$	$DUVOL_{T+1}$
	(1)	(2)	(3)	(4)
$ANLYS_{i,T}$	0.0700 ***	0.0446 ***	0.0463	0.0232
	(3.193)	(2.911)	(1.404)	(0.994)
$YEAR_{i,T} \times SHORT_{i,T} \times ANLYS_{i,T}$	-0.1111 **	-0.0929 ***	0.0411	0.0355
	(-2.540)	(-3.039)	(0.504)	(0.666)
$SHORT_{i,T}$	0.4717 **	0.3880 ***	-0.2858	-0.2237
	(2.444)	(2.896)	(-0.786)	(-0.950)
$YEAR_{i,T}$	-0.5600	0.0597	-0.4284	0.2301
	(-1.592)	(0.228)	(-1.321)	(0.945)
C	-0.6522	0.0999	-1.7043 **	-0.6952
	(-0.975)	(0.199)	(-2.333)	(-1.281)
个体固定效应	×	√	×	√
年度固定效应	√	√	√	√
控制变量	√	√	√	√
样本数	8 810	8 810	4 860	4 860
调整 R^2	0.07	0.07	0.05	0.05

注：*** 和 ** 分别表示在1%和5%水平上显著。

第五节　机制分析与稳健性检验

一、作用机制分析

机构投资者作为证券市场最重要的参与者，具备较高信息搜集和处理能力，进而通过投资交易向市场传递信息。机构投资者优势在于：其一，机构投资者相较于普通投资者具有明显规模优势，其交易行为足以影响股价波动；其二，机构投资者是重要分析师报告使用者，与分析师存在直接利益关系，比普通投资者具有明显信息优势。

因此本章借鉴许年行等（2013），以机构投资者持股变动衡量投资者交易行为，识别分析师评级可能通过影响投资者交易行为而影响股价崩盘风险。

本章测度全部机构投资者当年增持公司 i 股权比例，以衡量机构投资者买入强度，记为 $PBUY_{i,T}$。同时，构建机构投资者买入策略指标（$DBUY_{i,T}$），如果买入强度大于 0，则 $DBUY_{i,T}$ 记为 1，如果买入强度等于 0，则 $DBUY_{i,T}$ 记为 0，如果买入强度（$PBUY_{i,T}$）小于 0，则 $DBUY_{i,T}$ 记为 -1，分别代表增持、维持和减持策略。

表 4 - 8 为分析师评级、机构投资者持股行为与股价崩盘风险关系检验。检验结果显示，分析师评级与机构投资者增持策略和买入强度在 1% 水平上显著正相关，表明分析师买入评级会显著增加机构投资者买入积极性和买入强度，与前述理论分析一致。许年行等（2013）指出，机构投资者是分析师研究报告的最主要客户，分析师对机构投资者重仓持有股票跟踪的频率更高，机构投资者会依据分析师评级作出买入决策。进一步地，机构投资者增持策略和买入强度与上市公司股价崩盘风险在 1% 水平上显著正相关，表明机构投资者买入积极性会加剧公司股价崩盘风险。正如，吴晓晖等（2019）指出，机构投资者持股比例越高，机构"退出"动机被削弱，降低对于管理层负面消息隐藏的监督效应，并且机构投资者更加恐惧股价下跌，最终加剧股价崩盘风险。索贝尔、阿罗安和古德曼检验显示，机构投资者持股对于分析师评

级加剧股价崩盘风险发挥着显著中介效应。综上分析，分析师评级会通过影响机构投资者交易行为而加剧股价崩盘风险。

表 4 - 8　　　分析师评级、机构投资者持股与股价崩盘风险多元回归检验

变量	$DBUY_{i,T+1}$	$NCKEW_{i,T+1}$	$DUVOL_{i,T+1}$	$PBUY_{i,T+1}$	$NCKEW_{i,T+1}$	$DUVOL_{i,T+1}$
	(1)	(2)	(3)	(4)	(5)	(6)
$DBUY_{i,T+1}$		0.0230 ***	0.0142 ***			
		(3.845)	(3.274)			
$PBUY_{i,T+1}$					0.0080 ***	0.0047 ***
					(4.550)	(3.699)
$ANLYS_{i,T}$	0.0868 ***	0.1267 ***	0.0825 ***	0.3568 ***	0.1259 ***	0.0821 ***
	(4.257)	(8.631)	(8.064)	(5.330)	(8.585)	(8.025)
$YEAR_{i,T} \times SHORT_{i,T} \times$ $ANLYS_{i,T}$	− 0.1135 **	− 0.0304	− 0.0336	− 0.4586 ***	− 0.0296	− 0.0332
	(− 2.275)	(− 0.861)	(− 1.428)	(− 3.652)	(− 0.836)	(− 1.411)
$SHORT_{i,T}$	0.4064 *	0.1019	0.1168	1.7496 ***	0.0984	0.1151
	(1.873)	(0.663)	(1.142)	(3.215)	(0.639)	(1.124)
$YEAR_{i,T}$	0.0546	0.3491 ***	0.3188 ***	0.0196	0.3503 ***	0.3196 ***
	(1.184)	(11.807)	(14.709)	(0.117)	(11.860)	(14.760)
C	− 0.9191 ***	0.4231 ***	0.3777 ***	− 2.0361 ***	0.4187 ***	0.3745 ***
	(− 4.117)	(2.784)	(3.483)	(− 2.811)	(2.755)	(3.453)
年度固定效应	√	√	√	√	√	√
控制变量	√	√	√	√	√	√
Sobel test		3.8178 ***	3.7646 ***		3.4605 ***	3.0388 ***
Aroian test		3.7974 ***	3.7421 ***		3.4258 ***	3.0034 ***
Goodman test		3.8386 ***	3.7874 ***		3.4963 ***	3.0756 ***
样本数	12 440	12 177	12 177	12 440	12 177	12 177
调整 R^2	0.01	0.09	0.09	0.01	0.09	0.09

注：***、** 和 * 分别表示在 1%、5% 和 10% 水平上显著。

分析师过度乐观也会给公司管理层带来过多外部压力，迫使高管牺牲公司投资机会以获取短期盈余来达到分析师预期。特别地，分析师存在选择偏差行为，关注规模大的收购行为。分析师选择偏差又可能加剧内部人迎合动机，最终，企业进行并购活动所支付并购溢价越高。然而，高溢价并购又会造成上市公司资产泡沫，最终加剧上市公司股价崩盘风险。因此，分析师乐观评级会通过加剧上市公司溢价并购而加剧崩盘风险。

根据我国企业会计准则，商誉是非同一控制下企业合并的溢价部分，因此，本书借鉴高翀和孔德松（2020），以商誉占总资产比例（*GooDWILL*）和商誉规模对数（ln*GooDWILL*）测度溢价并购程度，识别分析师评级可能通过影响管理层溢价并购行为而影响股价崩盘风险。

表4-9为分析师评级、溢价并购行为与股价崩盘风险关系检验。检验结果显示，分析师评级与商誉占总资产比例和商誉规模对数在1%水平上显著正相关，表明分析师乐观评级会显著增加上市公司溢价并购行为。进一步地，商誉占总资产比例和商誉规模对数与上市公司股价崩盘风险存在显著正相关，表明溢价并购行为又会加剧公司股价崩盘风险。正如邓鸣茂和梅春（2019）指出，高溢价并购形成的巨额商誉并不能提升公司的业绩，而是成为上市公司重要股东进行伪市值管理、借机减持的工具，最终加剧股价崩盘风险。索贝尔、阿罗安和古德曼也检验显示，溢价并购对于分析师评级加剧股价崩盘风险发挥着显著中介效应。综上分析，分析师评级会通过影响公司溢价并购行为而加剧股价崩盘风险。

表4-9　　　　分析师评级、溢价并购与股价崩盘风险多元回归检验

变量	$GooDWILL_{i,T+1}$	$NCKEW_{i,T+1}$	$DUVOL_{i,T+1}$	$\ln GooDWILL_{i,T+1}$	$NCKEW_{i,T+1}$	$DUVOL_{i,T+1}$
	（1）	（2）	（3）	（4）	（5）	（6）
$GooDWILL_{i,T+1}$		0.3012 ***	0.1214 *			
		（3.319）	（1.767）			
$\ln GooDWILL_{i,T+1}$					0.0063 **	0.0030
					（2.003）	（1.319）
$ANLYS_{i,T}$	0.0082 ***	0.1176 ***	0.0740 ***	0.3722 ***	0.1165 ***	0.0786 ***
	（6.567）	（7.910）	（7.197）	（5.223）	（5.741）	（5.475）

变量	$GooDWILL_{i,T+1}$	$NCKEW_{i,T+1}$	$DUVOL_{i,T+1}$	$\ln GooDWILL_{i,T+1}$	$NCKEW_{i,T+1}$	$DUVOL_{i,T+1}$
	(1)	(2)	(3)	(4)	(5)	(6)
$YEAR_{i,T} \times$ $SHORT_{i,T} \times$ $ANLYS_{i,T}$	-0.0048 * (-1.743)	-0.0134 (-0.379)	-0.0140 (-0.578)	-0.1981 (-1.239)	-0.0227 (-0.524)	-0.0282 (-0.918)
$SHORT_{i,T}$	0.0052 (0.442)	0.0416 (0.269)	0.0427 (0.402)	0.6395 (0.903)	0.0739 (0.386)	0.1044 (0.771)
$YEAR_{i,T}$	0.0690 *** (20.289)	0.4077 *** (11.911)	0.3148 *** (12.632)	1.9838 *** (13.147)	0.4274 *** (10.017)	0.3106 *** (10.143)
C	0.0345 ** (2.545)	0.2480 (1.617)	0.3093 *** (2.863)	1.7480 ** (2.438)	0.2618 (1.348)	0.3644 *** (2.615)
年度固定效应	√	√	√	√	√	√
控制变量	√	√	√	√	√	√
Sobel test		2.9621 ***	1.7063 *		1.8701 *	1.2788
Aroian test		2.9351 ***	1.6881 *		1.8410 *	1.2573
Goodman test		2.9899 ***	1.7250 *		1.9008 *	1.3014
样本数	12 642	12 380	12 380	7 775	7 572	7 572
调整 R^2	0.22	0.08	0.08	0.21	0.08	0.08

注：***、** 和 * 分别表示在1%、5%和10%水平上显著。

二、稳健性检验

（一）控制遗漏因素检验

考虑到公司所在地区经营环境差异，如市场化程度、社会信任水平、宗教传统以及法制化程度等，可能对于公司股价崩盘风险造成影响。同时，公司所属行业经营特征差异，如业务复杂度、环境保护要求、行业竞争程度等，也可能对于公司股价崩盘风险造成影响。

为控制上述地区因素和行业因素可能的影响，本章借鉴吴超鹏等（2019），在模型（1）和模型（2）中加入省份虚拟变量和行业虚拟变量与时间的效应交互项，即省份×年度效应和行业×年度效应。表4-10报告控制随时间变化的省份和行业固定效应后的回归结果。模型（1）至模型（6）结果显示，在模型中加入随时间变化的省份和行业固定效应后，依然表明分析师买入评级显著增加机构投资者增持策略和买入强度，进而增加公司股价崩盘风险，并且放松卖空管制会削弱分析师评级影响，与前述研究结论一致。

表4-10　　　　　　　控制随时间变化的省份和行业固定效应回归结果

变量	$DBUY_{i,T+1}$	$GooDWILL_{i,T+1}$	$NCKEW_{i,T+1}$		$DUVOL_{i,T+1}$	
	（1）	（2）	（3）	（4）	（5）	（6）
$DBUY_{i,T+1}$			0.0231***		0.0146***	
			(3.824)		(3.325)	
$GooDWILL_{i,T+1}$				0.3066***		0.1259*
				(3.321)		(1.800)
$ANLYS_{i,T}$	0.0805***	0.0083***	0.1239***	0.1148***	0.0813***	0.0723***
	(3.885)	(6.525)	(8.377)	(7.660)	(7.862)	(6.974)
$YEAR_{i,T} \times SHORT_{i,T} \times$ $ANLYS_{i,T}$	-0.1086**	-0.0065**	-0.0335	-0.0153	-0.0356	-0.0161
	(-2.164)	(-2.306)	(-0.949)	(-0.430)	(-1.477)	(-0.644)
$SHORT_{i,T}$	0.3765*	0.0116	0.1160	0.0514	0.1242	0.0510
	(1.724)	(0.971)	(0.753)	(0.330)	(1.183)	(0.468)
$YEAR_{i,T}$	0.0181	0.0365***	0.2097	0.3673**	0.2153	0.2203
	(0.072)	(2.785)	(1.066)	(2.125)	(1.634)	(1.622)
C	-0.9353***	0.0482***	0.4009**	0.2249	0.4288***	0.3293**
	(-3.282)	(3.425)	(2.132)	(1.210)	(3.223)	(2.499)
年度固定效应	√	√	√	√	√	√
省份×年度效应	√	√	√	√	√	√
行业×年度效应	√	√	√	√	√	√
控制变量	√	√	√	√	√	√
样本数	12 440	12 642	12 177	12 380	12 177	12 380
调整 R^2	0.01	0.23	0.09	0.08	0.09	0.08

注：***、**和*分别表示在1%、5%和10%水平上显著。

（二）Heckman 两步法检验

考虑到上市公司是否进入融资融券标的具有一定的选择性偏误，即进入融资融券标的样本与非融资融券标的样本可能存在系统性差异，从而降低主检验可靠性。为此，本书进一步报告基于 Heckman 两步法稳健性检验结果，以控制样本选择性偏误。表 4 - 11 为基于 Heckman 两步法稳健性检验结果，依然显示分析师评级会显著增加公司股价崩盘风险，并且放松卖空管制会削弱分析师评级影响，与主检验结论一致。

表 4 - 11   **基于 Heckman 两步法稳健性检验**

变量	$NCKEW_{T+1}$		$DUVOL_{T+1}$	
	（1）	（2）	（3）	（4）
$ANLYS_{i,T}$	0.1123 ***	0.0672 ***	0.0706 ***	0.0380 ***
	（7.905）	（3.882）	（7.172）	（3.093）
$YEAR_{i,T} \times SHORT_{i,T} \times ANLYS_{i,T}$	- 0.0006	- 0.0702 *	- 0.0125	- 0.0514 **
	（- 0.019）	（- 1.944）	（- 0.553）	（- 2.018）
$SHORT_{i,T}$	- 0.0752	0.3145 *	- 0.0048	0.2057 *
	（- 0.490）	（1.831）	（- 0.047）	（1.708）
$YEAR_{i,T}$	0.4336 ***	- 0.4148 *	0.3273 ***	0.1566
	（13.884）	（- 1.807）	（14.355）	（0.915）
C	0.1601	- 0.6495	0.2444 *	0.1286
	（0.856）	（- 1.381）	（1.833）	（0.368）
个体固定效应	×	√	×	√
年度固定效应	√	√	√	√
逆米尔斯比例	√	√	√	√
控制变量	√	√	√	√
样本数	13 670	13 670	13 670	13 670
调整 R^2	0.08	0.06	0.08	0.06

注：***、** 和 * 分别表示在 1%、5% 和 10% 水平上显著。

（三）控制股价崩盘形态

学者们验证股市暴跌前存在着可识别的波动形态，蕴含着需要辨认的重要信息。苏族（Siokis，2013）研究发现，道琼斯指数暴跌前存在明显的多重分形特征。王鹏和黄迅（2018）在分析中国股市异常波动时，也发现中国股市暴跌前存在可识别的多重分形特征。

同时，根据学者提出的股价崩盘理论解释，不同原因诱发的股价崩盘过程也不同。例如，从信息经济学角度，金和迈尔斯（2006）提出的"高管信息隐藏假说"认为由于信息不对称，高管隐藏了负面消息，一旦达到顶峰就会集中释放，导致毫无征兆的暴跌。因此，"高管信息隐藏假说"导致的股价崩盘过程应该为"骤然崩盘"。从行为金融学角度，蔡拉（Zeira，1999）等提出的"信息过冲假说"则认为基本面变化导致投资者过度反应，股市必然经历繁荣到暴跌的过程，进而导致股价崩盘。因此，"信息过冲假说"导致的股价崩盘过程应该为"由上涨到崩盘"。从有效市场角度，布莱克等（Black et al.，1976）提出的"杠杆效应假说"则认为公司杠杆结构会对股价下跌产生反作用，加剧股价下跌甚至引发崩盘。因此，"杠杆效应假说"导致的股价崩盘过程为"缓跌到崩盘"。因此，在考虑股价暴跌前的股价波动形态后，股价崩盘可进一步区分为"缓跌转崩盘""上涨转崩盘""骤然崩盘"三类。本书揭示的分析师选择性乐观评级应该更倾向于导致股价乐观偏离，最终导致股价崩盘，这更符合"信息过冲假说"对应的"上涨转崩盘"形态。因此，为提高股价崩盘识别的稳健性，本章进一步统计公司年度发生的"缓跌转崩盘""上涨转崩盘""骤然崩盘"次数，分别记为 *DOWN-CRASH*、*UP-CRASH* 和 *STABLE-CRASH*。其中，"缓跌转崩盘"是指股价崩盘前一周公司特有收益率低于总样本的25%分位数，"上涨转崩盘"是指股价崩盘前一周公司特有收益率超过总样本的75%分位数，其他崩盘事件定义为"骤然崩盘"。

表4-12为区分股价崩盘形态的稳健性检验。模型（1）和模型（2）检验显示，分析师评级会显著增加公司发生上涨转崩盘的频率，模型（3）~（6）检

验显示，分析师评级对于其他股价崩盘类型影响不明显，检验结果进一步验证分析师选择性乐观评级会加剧公司股价从乐观偏离走向股价崩盘的风险。

表 4 – 12　　　　　　　基于股价崩盘形态稳健性检验

变量	$UP\text{-}CRASH_{i,T+1}$		$DOWN\text{-}CRASH_{i,T+1}$		$STABLE\text{-}CRASH_{i,T+1}$	
	（1）	（2）	（3）	（4）	（5）	（6）
$ANLYS_{i,T}$	0.0102 ** (2.239)	0.0089 * (1.676)	0.0025 (0.808)	0.0024 (0.609)	0.0037 (0.914)	0.0051 (0.986)
$YEAR_{i,T} \times SHORT_{i,T} \times$ $ANLYS_{i,T}$	− 0.0066 (− 0.871)	− 0.0083 (− 0.956)	0.0043 (0.837)	− 0.0027 (− 0.424)	− 0.0135 (− 1.277)	− 0.0102 (− 0.820)
$SHORT_{i,T}$	0.0135 (0.411)	0.0209 (0.548)	− 0.0221 (− 1.011)	0.0087 (0.323)	0.0638 (1.377)	0.0504 (0.922)
$YEAR_{i,T}$	0.0415 *** (4.637)	− 0.1350 * (− 1.890)	0.0339 *** (5.231)	− 0.0718 (− 1.197)	0.0532 *** (6.262)	− 0.0621 (− 0.707)
C	0.0978 ** (2.325)	− 0.2795 ** (− 2.023)	0.0650 ** (2.255)	− 0.2176 * (− 1.814)	0.0791 * (1.762)	− 0.1085 (− 0.668)
个体固定效应	×	√	×	√	×	√
年度固定效应	√	√	√	√	√	√
控制变量	√	√	√	√	√	√
样本数	13 670	13 670	13 670	13 670	13 670	13 670
调整 R^2	0.01	0.01	0.01	0.00	0.02	0.03

注： *** 、 ** 和 * 分别表示在 1% 、5% 和 10% 水平上显著。

第五章 并购溢价与股价崩盘

第一节 引 言

并购重组具有资源再配置功能，可实现规模经济和协同效应，最终提升市场竞争力（李腊生等，2017；王建新等，2021）。根据绝对优势理论和比较优势理论，企业通过并购实现优势互补、资源共享，并有助于资源配置、提升双方效率（陈少晖和陈平花，2020），最终帮助公司获得协同效应，有利于增加企业价值（Andrade et al.，2001；黄福广等，2020）。并购协同效应包括管理协同效应、经营协同效应和财务协同效应（Seth et al.，2002）。如果双方具有创新能力时，并购还有助于产生创新协同效应，有利于收购公司技术能力和研发水平提升，从而在市场上获得更高的长期回报（张学勇等，2017）。资源优化配置也是中国证监会并购重组审核的核心原则，根据《上市公司重大资产重组管理办法》，上市公司并购重组需要符合国家产业政策，且有利于上市公司持续经营能力。2015 年 8 月，证监会等四部委联合发布《关于鼓励上市公司兼并重组、现金分红及回购股份的通知》，掀起了中国资本市场并购潮。2020 年 9 月，党中央国有企业改革领导小组第四次会议进一步要求，继续推进国企、民企兼并重组和战略性组合。中国资本市场并购活动持续升温，无论交易数量还是规模均呈现明显增长趋势（Tang & Han，2018）。

然而，近年来并购套利在中国资本市场引发一系列乱象，严重扰乱中国资本市场秩序、损害中国资本市场社会声誉，并形成超过 1.58 万亿元并购商誉，成为高悬于中国资本市场的"达摩克斯之剑"（邓鸣茂和梅春，2019；安丽芬，2019；高嘉辉，2020）。

2018 年至今 A 股资本市场爆发了一系列由于商誉减值的暴雷风险，而且呈现愈演愈烈之趋势，李晶晶等（2020）称之为"事与愿违"。商誉减值本质上是并购套利造成的上市公司资产掏空风险暴露（潘红波等，2019），俨然已经成为严重威胁中国资本市场健康发展的"定时炸弹"（魏志华和朱彩云，2019），如图 5-1 所示。根本原因在于并购套利发起人与监管者和外部投资者存在利益不一致的状况，即并购套利发起人旨在通过高溢价并购谋取私利，而监管者和外部投资者预期并购会带来公司资源优化配置，从而导致并购套利乱象持续存在、愈演愈烈。

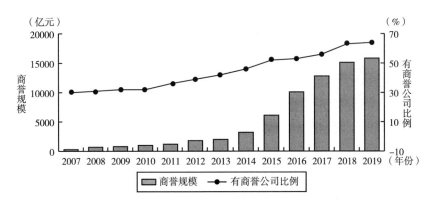

图 5 - 1　2007 ~ 2019 年 A 股上市公司并购商誉统计

因此，本章从国际国内比较分析基础上，深入探讨中国资本市场并购套利乱象的形成机理、经济后果和监管响应，以期从根本上揭示 A 股上市公司并购套利乱象成因并提出应对举措，以防范化解由并购套利引发的系统性金融风险。

第 二 节　相 关 研 究 回 顾

并购套利起源于 20 世纪 40 年代，是并购发起人和投资者利用并购行为获取溢价的过程（Rzakhanov & Jetley，2019）。由于中国资本市场的特殊性，并购套利在发达资本市场和中国资本市场存在明显差异（Kirchner，2017）。为此，本章分别概述发达资本市场和中国资本市场的并购套利研究。

学者们对于并购双方股价波动规律以及并购套利绩效进行了广泛研究。詹森和鲁贝克（Jensen & Ruback，1983）研究指出，并购双方尤其是标的公司的股价在并购公告后获得显著超额收益。贾雷尔等（Jarrell et al.，1988）研究显示，成功的要约收购能够将收购方与标的公司综合价值提升7.4%左右。杜克等（Duke et al.，1992）对美国并购案例分析发现，并购套利可带来约0.47%的日报酬率，年报酬率高达171%。贝克和萨瓦格（Baker & Savaog，2002）对近2 000个并购案例研究显示，并购套利策略确实有超额收益，风险调整后的年化超额报酬率约为7.5%。魏等（Wei et al.，2018）研究显示，在相同窗口期内，积极套利者的风险调整的累积异常回报为4.9%～5.4%，消极套利者收益为2.2%。基姆等（Kim et al.，2020）发现，并购谈判结果导致了直接的财富转移，收购者从较低的收购报价中获利。金德拉和沃金（Jindra & Walkiing，2004）进一步发现，若投资者在现金收购公告后买入标的公司股票并持有至并购结束，可以获得高达102%～115%的年化异常收益。除美国外，学者对其他发达资本市场也有相似结论。比如，卡罗利和香农（Karolyi & Shannon，1988）对加拿大市场的并购案例分析发现，利用并购套利策略可获得年化超额收益率约为33.9%。哈森和卡尼（Hutson & Kearney，2005）研究发现，澳大利亚企业发布并购公告后，标的公司股价波动率明显下降，意味着并购套利的低风险、高收益特征。霍尔等（Hall et al.，2013）同样以澳大利亚市场为研究对象，显示传统的并购套利策略仍能获得近30%的年化收益率。

从并购标的公司出发，并购套利是投资者试图从标的公司股票价格和收购报价之间的价差获利（Mitchell & Pulvino，2001；Rzakhanov & Jetley，2019）。在并购信息首次公告时，收购报价通常高于目标公司股价，意味着存在套利空间（Kirchner，2017），收购者从较低的标的公司报价中获利（Kim et al.，2020），标的公司的股价会向收购价靠近，但标的公司股价仍会低于并购公告的收购价，二者差值被称为"意外之财"或者套利价差（Greg & Karyn，2007）。套利价差是并购套利者收益的主要来源（Liu & Wu，2014；Officer，2007）。投资者可以通过提前买入标的公司股票，并在并购交易完成后卖出标的公司股票以赚取套利价差而完成并购套利（Baker & Savasoglu，2002）。

从收购公司角度出发，收购方股价在并购公告期间会受到明显的短期价格下行压力，会经历巨大的负回报（Mitchell et al.，2004）。因此，投资者可以通过卖空并购方股票进行并购套利，特别是当收购方使用股权融资收购时（Baker & Savasoglu，2002；Blau et al.，2015）。关于收购方价格下行压力，当前学者有两种不同的解释：其一是并购错误估值的纠正假说，即收购方用高估的货币来购买标的公司，当宣布这些并购交易时，市场会纠正该错误估值，从而导致收购方股价面临下行压力（Shleifer & Vishny，2003）；其二是并购套利卖空行为假说，即并购公告发布后，并购套利者会积极卖空收购方股票，从而增加了收购方股票供给，最终增加收购方股价下行压力（Liu & Wu，2014）。发达资本市场并购套利属于资本市场的价值发现功能的体现，也是套利行为的本质特征体现。无论是内部经理人还是投资者，都可以通过并购套利倒逼市场价格向标的资产真实价值回归，只要存在错误定价就会存在并购套利机会。如果并购方高估标的资产价格、转移上市公司利益，在并购公告发布后将遭到投资者卖空，以纠正上市公司错误并购行为。因此，价值发现是发达资本市场并购套利的重要特征，使得市场更加有效。

第三节　研究假设提出

中国鲜见前述发达市场的并购套利行为和并购套利基金（刘英团，2018）。团等（Tuan et al.，2007）基于中国上市公司并购案例研究发现，中国资本市场与发达资本市场不同，中国不存在并购套利机会，平均并购公告期间累积异常收益率为 - 4.14%。此外，团（2007）发现中国资本市场并购公告前的累积异常收益率显著为正，公告后的累积异常收益率却显著为负，表明中国资本市场在并购公告前可能存在内幕交易。基什内尔（Kirchner，2017）认为，由于中国资本市场存在特殊的规定，因此不具备正常的并购套利条件，只能进行特殊的并购套利行为。李增泉等（2005）最早提出中国资本市场并购的掏空特征，学者们逐步揭示了中国资本市场特殊的并购套利现象。

第一，监管套利特征。由于中国资本市场实行公开发行核准制为主，成功进入二级市场的资产估值水平高（安郁强和陈选娟，2019）。严格的发行和并购重组核准监管，一方面会造成一级市场和二级市场定价差距，导致并购发起人通过并购谋取"监管套利"（朱邦凌，2017；李小荣等，2019）；另一方面将导致上市公司资源紧缺，因此 A 股很少发生上市公司间的并购重组，上市公司并购非上市公司比例高达96.2%（安郁强和陈选娟，2019）。上市公司通过并购可以绕开 IPO 实现标的资产证券化，获得更高的二级市场估值。因此，上市公司热衷于并购重组，主要动力在于谋取"监管套利"，即谋取一级市场与二级市场之间的估值价差（朱邦凌，2017；李小荣等，2019）。

第二，政策套利特征。企业并购是实现跨行业发展和产业结构转型的重要途径（常嵘，2017），因此，证监会并购重组审核委的基本原则包含符合国家产业政策。然而，政府的产业政策可能会诱发上市公司政策套利行为，反而扰乱资本市场资源配置功能（邵敏和包群，2012；黄先海等，2015）。蔡庆丰和田霖（2019）研究显示，部分企业跨行业并购后并未将资源转移至新行业，表现出套取政府补贴的"政策套利"行为，且非国有企业通过跨行业并购实施"政策套利"动机更强。

第三，直接掏空特征。李增泉等（2005）最早用"大股东掏空"解释中国资本市场并购行为。其中，由于中国资本市场外部投资者参与管理能力弱，导致中国上市公司存在高度集中的所有权结构，上市公司可能并购劣质资产以获取控制权私利。近年来，发生的一系列巨额商誉减值事件，本质上都是并购套利造成的上市公司资产掏空风险暴露（潘红波等，2019）。内部人利用并购掏空侵害上市公司利益，违背了并购重组的资源整合目的（葛结根等，2015）。

第四，减持套现特征。在投资者非理性的情况下，并购是理性管理者利用外部投资者的非理性套利的一种手段（Rhodes-Kropf et al.，2005；Fu et al.，2013）。基于这种并购套利观，潘红波等（2019）研究发现，中国资本市场内部人通过并购推动股价高估，进而实施大规模减持套利。内部人减持证据表明，上市公司内部人的短视行为和自利主义会加剧并购套利。

综上，中国资本市场与发达资本市场并购套利相比，相同点在于都是通过并购事件赚取差价而获利，不同点在于，中国资本市场并购套利被内部人控制，表现为并购发起人以迎合监管部门产业政策导向和投资者资源配置预期，利用内部人优势，通过高溢价并购套取上市公司价值，或者通过并购概念操纵股价并配合减持套现而实施套利，外部人则无法分享并纠正内部人的并购套利行为。

结合金和迈尔斯（Jin & Myers，2006）提出的高管负面消息隐藏假说，内部人可能隐藏并购套利负面信息，最终加剧上市公司股价崩盘风险。为此，本章提出如下研究假设：

假设5.1：上市公司并购套利行为会加剧上市公司股价崩盘风险。

第四节　实证研究设计

一、变量测度

（一）股价崩盘风险

为衡量股价崩盘风险，本书借鉴德丰等（Defond et al.，2015），首先计算公司特有异常收益率：

$$R_{i,t} = a + \beta_1 R_{m,t-2} + \beta_2 R_{m,t-1} + \beta_3 R_{m,t} + \beta_4 R_{m,t+1} + \beta_5 R_{m,t+2} + \varepsilon_{i,t} \quad (5-1)$$

其中，$R_{i,t}$ 为公司 t 周收益，$R_{m,t}$ 为市场 t 周收益，$\varepsilon_{i,t}$ 为异常收益，即不能用市

场回报来解释的特有收益。

其次，公司特有周收益 $W_{i,t}$ 计算如下：

$$W_{i,t} = \ln(1 + \varepsilon_{i,t}) \tag{5-2}$$

最后，按照陈等（Chen et al.，2001）构造如下特有收益负偏态指数（*NCSKEW*）指标：

$$NCSKEW_{i,T} = -\left[n_{i,T}(n_{i,T} - 1)^{3/2} \sum W_{i,t}^3 \right] / \left[(n_{i,T} - 1)(n_{i,T} - 2)\left(\sum W_{i,t}^2 \right)^{3/2} \right]$$
$$\tag{5-3}$$

其中，$n_{i,T}$ 为 T 年 i 公司交易周数，$NCSKEW_{i,T}$ 越大，T 年 i 公司股价崩盘风险越大。

（二）并购套利

根据企业会计准则，并购溢价反映于商誉账户，因此，借鉴高翀和孔德松（2020），以商誉占总资产比例（$GooDWILL_{i,T}$）和商誉规模对数（$\ln GooDWILL_{i,T}$）测度溢价并购程度，开展稳健性检验。

二、模型设定

首先，为检验企业并购套利对股价崩盘风险的影响，本章构建如下检验模型：

$$NCSKEW_{i,T} = c + \rho GW_{i,T} + \beta Cvs_{i,T} + \mu + \chi + \tau + \varepsilon \tag{5-4}$$

其中，$NCSKEW_{i,T}$ 为股价崩盘风险指标，$GW_{i,T}$ 为公司并购套利指标，包括商誉占总资产比例（$GooDWILL_{i,T}$）和商誉规模对数（$\ln GooDWILL_{i,T}$）。如果回归系数 ρ 显著大于 0，则表明上市公司并购套利程度会加剧股价崩盘风险。

借鉴德丰等（2015），控制变量包括平均特有收益率（*Ret*）、特有收益波动率（*Sigma*）、账面市值比（*Btm*）、资产规模（*Size*）、资产负债率（*Lev*）、总资产周转率（*Turn*）、应计盈余程度（*Absda*）、CEO 性别（*Gender*）、CEO

学历（*Degree*）、CEO 两职合一（*Dual*）、董事会独立性（*Independ*）、前三名高管薪酬比（*Salary*）、上市年限（*Age*）、东部地区（*Eastern*）、产权属性（*State*）。μ、χ 和 τ 分别为年度固定效应、省份固定效应和行业固定效应，ε 为回归残差项。

本章主要变量说明如表 5 - 1 所示。

表 5 - 1　　　　　　　　　　　　　　本章主要变量定义

变量名称	变量代码	测度说明
负偏态指数	*NCSKEW*	特有周收益率负收益偏态系数
并购商誉占比	*GooDWILL*	商誉占总资产比例
并购商誉规模对数	ln*GooDWILL*	商誉规模对数
平均特有收益率	*Ret*	平均特有收益率×100
特有收益波动率	*Sigma*	年度周特有收益率标准差
账面市值比	*Btm*	资产账面价值与市场价值比
资产规模	*Size*	总资产自然对数
资产负债率	*Lev*	总负债除以总资产
总资产周转率	*Turn*	营业收入除以总资产
应计盈余程度	*Absda*	修正琼斯模型计算操纵应计利润绝对值
CEO 性别	*Gender*	男性 CEO 为 1，女性 CEO 为 0
CEO 学历	*Degree*	CEO 本科及以上学历为 1，否则为 0
CEO 两职合一	*Dual*	董事长兼任总经理
董事会独立性	*Independ*	独立董事占董事会比例
前三名高管薪酬比	*Salary*	前三名高管薪酬占高管薪酬比例×1 000
上市年限	*Age*	上市年限加 1 取对数
东部地区	*Eastern*	属于东部省市为 1，否则为 0
产权属性	*State*	国有控股企业为 1，否则为 0

第五节 实证检验及结果分析

一、描述性统计与基准分析

表 5 - 2 为主要变量描述性统计。其中，上市公司平均特有收益负偏分布（*NCSKEW*）为 - 0.241，并购商誉占比（*GooDWILL*）平均为 0.027，商誉规模对数（ln*GooDWILL*）平均为 17.491。

表 5 - 2　　　　　　　　　　　　主要变量描述性统计

变量	均值	标准差	最小值	最大值
NCSKEW	- 0.241	0.639	- 2.150	1.366
GooDWILL	0.027	0.068	0.000	0.381
ln*GooDWILL*	17.491	2.545	10.721	22.576
Ret	0.048	0.018	0.016	0.105
Sigma	- 0.001	0.001	- 0.006	0.000

表 5 - 3 为主要变量相关性检验结果。其中并购商誉占比（*GooDWILL*）与股价崩盘风险在 1% 水平上显著正相关，表明上市公司并购可能加剧股价崩盘。

表 5 - 3　　　　　　　　　　　　主要变量间相关性检验

变量	*NCSKEW*	*GooDWILL*	ln*GooDWILL*	*AR*	*Sigma*
NCSKEW	1.000				
GooDWILL	0.042 ***	1.000			
ln*GooDWILL*	0.002	0.608 ***	1.000		
AR	- 0.059 ***	0.038 ***	- 0.081 ***	1.000	
Sigma	0.079 ***	- 0.038 ***	0.066 ***	- 0.974	1.000

注：*** 表示 1% 的显著性水平。

表 5 - 4 为企业并购溢价与股价崩盘风险多元回归检验。检验结果显示，上市公司并购商誉占比（*GooDWILL*）、商誉规模对数（ln*GooDWILL*）与上市公司

股价崩盘风险均显著正相关，表明企业并购溢价并不能降低公司股价崩盘风险，反而会显著加剧公司股价崩盘风险。其中，上市公司并购商誉占比增加 1 单位会导致公司股价崩盘风险增加 13.77%，并购商誉规模增加 1 单位会导致公司股价崩盘风险增加 0.44%。检验结果意味着高溢价并购并没有改善企业资源配置效果，反而会由于并购套利加剧股价崩盘风险，假设 5.1 得以验证。

表 5 - 4   **上市公司并购溢价与股价崩盘风险多元回归检验**

变量	$NCSKEW_{i,T}$			
	（1）	（2）	（3）	（4）
$GooDWILL_{i,T}$	0.3047 *** (4.0754)		0.1377 ** (2.4853)	
$lnGooDWILL_{i,T}$		0.0089 *** (3.1541)		0.0044 ** (2.1586)
$Sigma_{i,T}$	3.0424 ** (2.4018)	2.0595 (1.2584)	1.5008 (1.6172)	0.5632 (0.4759)
$Ret_{i,T}$	177.7088 *** (8.3111)	148.0007 *** (5.2187)	109.7401 *** (6.9254)	86.1986 *** (4.1930)
$Lev_{i,T}$	0.0310 (1.0502)	0.0193 (0.4572)	0.0310 (1.4773)	0.0466 (1.5543)
$Size_{i,T}$	-0.0317 *** (-5.3349)	-0.0402 *** (-5.1535)	-0.0364 *** (-8.5000)	-0.0445 *** (-7.8433)
$Absda_{i,T}$	0.0586 (0.8353)	0.0370 (0.4033)	0.0303 (0.5891)	0.0249 (0.3713)
$Turn_{i,T}$	-0.0110 (-0.8019)	-0.0193 (-1.0819)	-0.0076 (-0.7691)	-0.0253 * (-1.9168)
$Btm_{i,T}$	-0.1513 *** (-4.6770)	-0.1063 *** (-2.6479)	-0.0354 (-1.5329)	-0.0094 (-0.3252)
$Gender_{i,T}$	0.0141 (0.7256)	-0.0045 (-0.1995)	0.0047 (0.3383)	-0.0032 (-0.1821)
$Degree_{i,T}$	0.0028 (0.2075)	-0.0248 (-1.3398)	0.0023 (0.2193)	-0.0097 (-0.6734)

续表

变量	$NCSKEW_{i,T}$			
	（1）	（2）	（3）	（4）
$Dual_{i,T}$	0.0127 （1.1422）	0.0052 （0.3780）	0.0118 （1.4854）	0.0075 （0.7519）
$Salary_{i,T}$	− 0.0000 （− 0.0719）	− 0.0005 （− 0.8579）	0.0001 （0.3763）	− 0.0002 （− 0.4845）
$Independ_{i,T}$	0.0113 （0.1195）	− 0.0292 （− 0.2408）	− 0.0122 （− 0.1816）	− 0.0104 （− 0.1233）
$Age_{i,T}$	− 0.0603 *** （− 7.2280）	− 0.0504 *** （− 4.8001）	− 0.0397 *** （− 6.8227）	− 0.0349 *** （− 4.7763）
$Eastern_{i,T}$	− 0.0115 （− 0.2045）	0.0557 （0.7017）	0.0013 （0.0417）	0.0520 （1.3238）
$State_{i,T}$	− 0.0272 ** （− 2.0318）	− 0.0417 ** （− 2.3166）	− 0.0255 *** （− 2.6853）	− 0.0288 ** （− 2.2189）
C	0.9244 *** （6.3732）	0.9940 *** （5.2884）	0.8703 *** （8.3269）	0.9633 *** （7.3189）
年份效应	×	×	√	√
行业效应	×	×	√	√
地区效应	×	×	√	√
样本数量	18 417	11 551	18 417	11 551
调整 R^2	0.0803	0.0686	0.0784	0.0691

注：***、** 和 * 分别表示 1%、5% 和 10% 的显著性水平，通过公司层面聚类稳健标准误控制异方差。

二、异质性检验

由于管理层隐藏负面消息能力和意愿是有限度的，管理层隐藏能力和意愿将影响股价崩盘风险大小。因此，本章进一步探讨产权属性、CEO 特征、董责险影响。

（一）产权属性异质性分析

国有控股企业受到严格的政府监管和公众监督，并且其重大投资决策需要经过主管部门、国资部门等审批同意，面临更为严厉的造成国有资产流失的行政处罚风险。同时，国有企业所有人是各级国资管理部门，追求私利而实施并购套利的动机相对更低。因此，国有企业发起的并购行为应该更为谨慎，实施并购套利而加剧股价崩盘风险可能性更小。为此，本章进一步按照国有企业和非国有企业进行分组检验，以识别产权属性对于溢价并购经济后果的影响。

表5-5为基于产权属性分组的调节效应回归检验。检验结果显示，上市公司并购商誉占比（GooDWILL）、商誉规模对数（lnGooDWILL）对于国有控股上市公司的股价崩盘风险不存在显著影响，而对于非国有控股上市公司的股价崩盘风险存在显著正向影响。检验结果表明，非国有控股企业的并购溢价更有可能是并购套利导致的，并加剧了企业股价崩盘风险，而国有控股企业由于受到严格行政管制，限制其通过溢价并购实施掏空动机，降低其并购溢价对于企业股价崩盘风险的不利影响。

表5-5　　　　　　　　　　产权属性调节效应检验

变量	$NCSKEW_{i,T}$			
	国有控股		其他公司	
	（1）	（2）	（3）	（4）
$GooDWILL_{i,T}$	0.2794 （1.1048）		0.3084 *** （3.8367）	
$lnGooDWILL_{i,T}$		0.0051 （0.9850）		0.0113 *** （3.3776）
$Sigma_{i,T}$	-0.1926 （-0.0882）	-3.1204 （-1.0330）	4.3707 *** （2.7468）	4.8025 ** （2.4172）
$Ret_{i,T}$	150.1297 *** （3.9979）	87.5652 （1.6463）	194.5755 *** （7.3250）	187.8886 *** （5.5179）
$Lev_{i,T}$	0.0986 ** （2.0058）	0.0756 （0.9372）	0.0235 （0.6435）	0.0255 （0.5120）

续表

变量	$NCSKEW_{i,T}$			
	国有控股		其他公司	
	（1）	（2）	（3）	（4）
$Size_{i,T}$	− 0. 0333 ***	− 0. 0439 ***	− 0. 0218 ***	− 0. 0234 **
	（ − 3. 6595）	（ − 3. 4964）	（ − 2. 7189）	（ − 2. 2280）
$Absda_{i,T}$	0. 0560	0. 0480	0. 0702	0. 0287
	（0. 4231）	（0. 2538）	（0. 8372）	（0. 2755）
$Turn_{i,T}$	0. 0038	− 0. 0093	− 0. 0285	− 0. 0360
	（0. 1884）	（ − 0. 3213）	（ − 1. 5622）	（ − 1. 5172）
$Btm_{i,T}$	− 0. 2660 ***	− 0. 2161 ***	− 0. 1143 ***	− 0. 0806
	（ − 4. 7746）	（ − 3. 0308）	（ − 2. 7896）	（ − 1. 6381）
$Gender_{i,T}$	0. 0266	− 0. 0725	0. 0204	0. 0167
	（0. 6182）	（ − 1. 6012）	（0. 9473）	（0. 6543）
$Degree_{i,T}$	− 0. 0086	− 0. 0235	0. 0102	− 0. 0158
	（ − 0. 3182）	（ − 0. 4890）	（0. 6455）	（ − 0. 7816）
$Dual_{i,T}$	0. 0586 **	0. 0048	− 0. 0035	− 0. 0006
	（2. 4038）	（0. 1479）	（ − 0. 2772）	（ − 0. 0384）
$Salary_{i,T}$	0. 0001	− 0. 0007	− 0. 0002	− 0. 0003
	（0. 1261）	（ − 0. 6603）	（ − 0. 3318）	（ − 0. 4819）
$Independ_{i,T}$	− 0. 0338	0. 0214	0. 0311	− 0. 0266
	（ − 0. 2092）	（0. 0986）	（0. 2766）	（ − 0. 1958）
$Age_{i,T}$	− 0. 0206	− 0. 0097	− 0. 0763 ***	− 0. 0734 ***
	（ − 1. 2796）	（ − 0. 4465）	（ − 7. 3428）	（ − 5. 5242）
$Eastern_{i,T}$	− 0. 0134	0. 1588	− 0. 0089	− 0. 0175
	（ − 0. 1706）	（1. 3511）	（ − 0. 1262）	（ − 0. 2121）
C	1. 0222 ***	1. 2871 ***	0. 6553 ***	0. 4712 *
	（4. 5253）	（4. 0214）	（3. 4202）	（1. 9499）
年份效应	√	√	√	√
行业效应	√	√	√	√
地区效应	√	√	√	√
样本数量	9 701	5 695	8 716	5 856
调整 R^2	0. 0932	0. 0842	0. 0660	0. 0570

注：***、** 和 * 分别表示1%、5%和10%的显著性水平，通过公司层面聚类稳健标准误控制异方差。

（二）CEO 性别异质性分析

已有研究表明男性 CEO 与女性 CEO 存在典型性差异。其中，女性 CEO 往往表现出更高的道德水平，自利动机更少（Skinner & Sloan，1999），女性 CEO 在进行投资决策时往往会更加谨慎，会更害怕承担投资过度带来的破产风险和离职风险（祝继高等，2012）。因此，女性 CEO 在决策重大并购事项可能更为谨慎，从而降低并购套利事件的发生，降低由于并购套利引发的股价崩盘风险。为此，本章进一步按照 CEO 性别进行分组检验，以识别 CEO 性别对于溢价并购经济后果的影响。

表 5-6 为基于 CEO 性别分组的调节效应回归检验。检验结果显示，上市公司并购商誉占比（GooDWILL）、商誉规模对数（lnGooDWILL）对于男性 CEO 所在上市公司的股价崩盘风险存在显著正向影响；而对于女性 CEO 所在上市公司的股价崩盘风险影响显著性水平降低，甚至消失。检验结果表明，女性 CEO 的自律特征能够缓解并购溢价对于企业股价崩盘风险的不利影响。

表 5-6   CEO 性别调节效应检验

变量	$NCSKEW_{i,T}$			
	男性 CEO		女性 CEO	
	（1）	（2）	（3）	（4）
$GooDWILL_{i,T}$	0.3118 *** (4.0161)		0.3131 (1.1126)	
$lnGooDWILL_{i,T}$		0.0089 *** (3.0557)		0.0324 ** (2.5903)
$Sigma_{i,T}$	3.1720 ** (2.4263)	2.0993 (1.2474)	0.3818 (0.0679)	3.7067 (0.4773)
$Ret_{i,T}$	178.8718 *** (8.0923)	147.8305 *** (5.0531)	152.8586 (1.6045)	184.0078 (1.3860)
$Lev_{i,T}$	0.0328 (1.0736)	0.0257 (0.5876)	-0.0418 (-0.3464)	-0.0737 (-0.4356)

续表

变量	$NCSKEW_{i,T}$			
	男性 CEO		女性 CEO	
	（1）	（2）	（3）	（4）
$Size_{i,T}$	-0.0332 ***	-0.0426 ***	-0.0098	-0.0478
	（-5.4090）	（-5.2347）	（-0.4153）	（-1.3590）
$Absda_{i,T}$	0.0795	0.0732	-0.3159	-0.5603
	（1.0808）	（0.7679）	（-1.3082）	（-1.5691）
$Turn_{i,T}$	-0.0059	-0.0125	-0.0497	-0.1047
	（-0.4196）	（-0.6880）	（-0.8592）	（-1.3206）
$Btm_{i,T}$	-0.1435 ***	-0.0912 **	-0.2985 **	-0.3398 **
	（-4.3217）	（-2.2034）	（-2.3251）	（-2.1476）
$Degree_{i,T}$	0.0089	-0.0167	-0.1284 **	-0.1361 **
	（0.6371）	（-0.8589）	（-2.3869）	（-2.1500）
$Dual_{i,T}$	0.0112	0.0034	0.0598	0.0580
	（0.9683）	（0.2373）	（1.1592）	（0.9515）
$Salary_{i,T}$	-0.0002	-0.0006	0.0005	-0.0019
	（-0.3684）	（-1.0020）	（0.3007）	（-0.7574）
$Independ_{i,T}$	-0.0291	-0.0893	0.4606	0.6820 **
	（-0.2915）	（-0.6976）	（1.5809）	（1.9729）
$Age_{i,T}$	-0.0613 ***	-0.0523 ***	-0.0497	-0.0221
	（-7.1415）	（-4.8449）	（-1.3761）	（-0.4611）
$Eastern_{i,T}$	0.0007	0.0811	-0.1117	-0.0462
	（0.0122）	（1.0193）	（-0.6228）	（-0.1639）
$State_{i,T}$	-0.0281 **	-0.0489 ***	-0.0136	0.1363
	（-2.0426）	（-2.6315）	（-0.2202）	（1.5949）
C	0.9714 ***	1.0361 ***	0.5440	0.4514
	（6.4623）	（5.3577）	（1.0492）	（0.6328）
年份效应	×	√	×	√
行业效应	×	√	×	√
样本数量	17 304	10 847	1 113	704
调整 R^2	0.0811	0.0690	0.0460	0.0464

注：*** 和 ** 分别表示1%和5%的显著性水平，通过公司层面聚类稳健标准误控制异方差。

（三）CEO 过度自信异质性分析

由于 CEO 受自身学历、地位、成就等各方面因素影响，更容易存在过度自信。汉布里克等（Hambrick et al.，1984）提出的"高阶梯队理论"认为，企业战略、投资行为等重大决策容易受到 CEO 特质影响，而过度自信作为典型 CEO 特质自然也会影响企业决策与绩效。并购溢价本质上是企业对于被并购标的乐观估值体现，因此，过度自信的 CEO 更可能接受高风险的溢价并购项目，加剧企业股价崩盘风险。为此，本章进一步按照 CEO 过度自信进行分组检验，以识别 CEO 过度自信对于溢价并购的股价崩盘风险影响。

表 5－7 为基于 CEO 过度自信分组的调节效应回归检验。检验结果显示，上市公司并购商誉占比（GooDWILL）、商誉规模对数（lnGooDWILL）对于过度自信 CEO 所在上市公司的股价崩盘风险存在显著正向影响，而对于非过度自信 CEO 所在上市公司的股价崩盘风险影响显著性水平降低。检验结果表明，CEO 过度自信特征会加剧并购溢价对于企业股价崩盘风险的不利影响。

表 5－7   **CEO 过度自信调节效应检验**

变量	$NCSKEW_{i,T}$			
	CEO 过度自信		CEO 非过度自信	
	（1）	（2）	（3）	（4）
$GooDWILL_{i,T}$	0.3973 *** (3.7235)		0.2519 ** (2.3352)	
$lnGooDWILL_{i,T}$		0.0131 *** (3.0451)		0.0066 * (1.8263)
$Sigma_{i,T}$	2.2321 (1.1454)	1.7089 (0.6646)	3.3000 ** (1.9844)	1.8253 (0.8602)
$Ret_{i,T}$	174.3956 *** (5.2814)	155.0492 *** (3.4702)	175.1764 *** (6.1930)	135.2064 *** (3.6451)
$Lev_{i,T}$	0.0723 * (1.6662)	0.0600 (0.9554)	0.0033 (0.0852)	0.0015 (0.0268)

续表

变量	$NCSKEW_{i,T}$			
	CEO 过度自信		CEO 非过度自信	
	（1）	（2）	（3）	（4）
$Size_{i,T}$	− 0. 0335 ***	− 0. 0432 ***	− 0. 0298 ***	− 0. 0395 ***
	（ − 3. 7407）	（ − 3. 4798）	（ − 3. 8879）	（ − 4. 0728）
$Absda_{i,T}$	0. 1441	− 0. 0673	− 0. 0065	0. 1388
	（1. 3584）	（ − 0. 4948）	（ − 0. 0687）	（1. 1020）
$Turn_{i,T}$	− 0. 0119	− 0. 0090	− 0. 0163	− 0. 0340
	（ − 0. 5730）	（ − 0. 3256）	（ − 0. 9307）	（ − 1. 4773）
$Btm_{i,T}$	− 0. 1473 ***	− 0. 0780	− 0. 1584 ***	− 0. 1390 ***
	（ − 2. 9188）	（ − 1. 2564）	（ − 3. 9050）	（ − 2. 7660）
$Gender_{i,T}$	0. 0263	0. 0120	0. 0006	− 0. 0218
	（0. 9092）	（0. 3482）	（0. 0224）	（ − 0. 6891）
$Degree_{i,T}$	0. 0040	− 0. 0205	0. 0020	− 0. 0284
	（0. 1958）	（ − 0. 7476）	（0. 1124）	（ − 1. 1384）
$Dual_{i,T}$	− 0. 0055	− 0. 0190	0. 0261 *	0. 0170
	（ − 0. 3256）	（ − 0. 9310）	（1. 7957）	（0. 9282）
$Salary_{i,T}$	0. 0009	− 0. 0001	0. 0007	− 0. 0004
	（0. 9947）	（ − 0. 0714）	（0. 6347）	（ − 0. 2898）
$Independ_{i,T}$	− 0. 0055	− 0. 0507	0. 0597	0. 0520
	（ − 0. 0398）	（ − 0. 2940）	（0. 4664）	（0. 3247）
$Age_{i,T}$	− 0. 0836 ***	− 0. 0916 ***	− 0. 0413 ***	− 0. 0191
	（ − 6. 6947）	（ − 5. 6116）	（ − 3. 8540）	（ − 1. 4241）
$Eastern_{i,T}$	− 0. 0489	− 0. 0146	0. 0235	0. 1106
	（ − 0. 6460）	（ − 0. 1576）	（0. 3281）	（1. 0038）
$State_{i,T}$	− 0. 0036	− 0. 0001	− 0. 0423 **	− 0. 0651 ***
	（ − 0. 1741）	（ − 0. 0026）	（ − 2. 5647）	（ − 2. 9961）
C	1. 0268 ***	1. 1429 ***	0. 7869 ***	0. 9182 ***
	（4. 7172）	（4. 0327）	（4. 1266）	（3. 7109）
年份效应	×	√	×	√
行业效应	×	√	×	√
样本数量	9 701	5 695	8 716	5 856
调整 R^2	0. 0932	0. 0842	0. 0660	0. 0570

注：*** 、** 和 * 分别表示1% 、5% 和10% 的显著性水平，通过公司层面聚类稳健标准误控制异方差。

（四）董责险异质性分析

董责险是公司外部监督治理机制的重要构成，对董事会行为和决策具有显著影响。贝克等（Baker et al.，2007）认为，董责险可作为一种外部监督治理机制，缓解委托代理问题，降低代理成本。胡国柳和宛晴（2015）研究指出，董责险可以有效地减少高管利己行为，降低股价崩盘风险。因此，购买董责险可能降低上市公司借助溢价并购实施套利的动机，降低溢价并购导致的企业股价崩盘风险。为此，本章进一步按照是否购买董责险进行分组检验，以识别董责险对于溢价并购的股价崩盘风险影响。

表 5 - 8 为基于董责险分组的调节效应回归检验。检验结果显示，上市公司并购商誉占比（GooDWILL）、商誉规模对数（lnGooDWILL）对于购买董责险的上市公司的股价崩盘风险不存在显著影响，而对于未购买董责险的上市公司的股价崩盘风险有显著正向影响。检验结果表明，董责险的治理功能会降低并购溢价对企业股价崩盘风险的不利影响。

表 5 - 8　　　　　　　　　董责险调节效应检验

变量	$NCSKEW_{i,T}$			
	购买董责险		未购买董责险	
	（1）	（2）	（3）	（4）
$GooDWILL_{i,T}$	0.3792 （0.7278）		0.3355 *** （4.0470）	
$lnGooDWILL_{i,T}$		0.0226 （1.4104）		0.0092 *** （2.9450）
$Sigma_{i,T}$	- 12.5798 * （- 1.9439）	- 16.4549 ** （- 2.3027）	4.9556 *** （3.6837）	5.0423 *** （2.7510）
$Ret_{i,T}$	- 38.2052 （- 0.3477）	- 1.3e + 02 （- 1.0078）	205.5891 *** （9.2183）	189.7460 *** （6.1080）
$Lev_{i,T}$	0.2297 （1.5314）	0.3213 （1.6265）	0.0395 （1.2689）	0.0299 （0.6452）

变量	$NCSKEW_{i,T}$			
	购买董责险		未购买董责险	
	（1）	（2）	（3）	（4）
$Size_{i,T}$	- 0. 0093	- 0. 0325	- 0. 0344 ***	- 0. 0481 ***
	（ - 0. 3642）	（ - 0. 8408）	（ - 5. 2179）	（ - 5. 3940）
$Absda_{i,T}$	- 0. 0132	- 0. 1880	0. 0441	- 0. 0002
	（ - 0. 0347）	（ - 0. 4358）	（0. 5971）	（ - 0. 0021）
$Turn_{i,T}$	- 0. 0470	0. 0008	- 0. 0106	- 0. 0168
	（ - 1. 0153）	（0. 0120）	（ - 0. 7334）	（ - 0. 8933）
$Btm_{i,T}$	- 0. 7049 ***	- 0. 5490 ***	- 0. 1642 ***	- 0. 1276 ***
	（ - 3. 9881）	（ - 2. 7088）	（ - 4. 6872）	（ - 2. 8086）
$Gender_{i,T}$	- 0. 0111	- 0. 1462	0. 0159	- 0. 0040
	（ - 0. 1189）	（ - 1. 2284）	（0. 7558）	（ - 0. 1567）
$Degree_{i,T}$	- 0. 0268	0. 0348	- 0. 0010	- 0. 0300
	（ - 0. 2045）	（0. 1936）	（ - 0. 0701）	（ - 1. 4873）
$Dual_{i,T}$	0. 1447 **	0. 1645 **	0. 0135	0. 0059
	（2. 0836）	（1. 9839）	（1. 1476）	（0. 3943）
$Salary_{i,T}$	- 0. 0017	- 0. 0008	0. 0001	- 0. 0003
	（ - 0. 8240）	（ - 0. 3355）	（0. 1669）	（ - 0. 4898）
$Independ_{i,T}$	0. 7750 **	0. 6233	0. 0053	0. 0049
	（2. 1014）	（1. 3659）	（0. 0519）	（0. 0364）
$Age_{i,T}$	0. 0315	0. 0357	- 0. 0620 ***	- 0. 0469 ***
	（0. 7933）	（0. 7525）	（ - 7. 0067）	（ - 4. 0259）
$Eastern_{i,T}$	0. 1691	- 0. 2834 *	- 0. 0132	0. 0434
	（1. 0394）	（ - 1. 7684）	（ - 0. 2074）	（0. 4562）
$State_{i,T}$	- 0. 0055	0. 0029	- 0. 0323 **	- 0. 0534 ***
	（ - 0. 0957）	（0. 0377）	（ - 2. 2846）	（ - 2. 6871）
C	1. 2431 **	1. 7098 **	0. 8842 ***	0. 9752 ***
	（2. 0764）	（2. 4211）	（5. 4900）	（4. 4361）
年份效应	×	√	×	√
行业效应	×	√	×	√
样本数量	9 701	5 695	8 716	5 856
调整 R^2	0. 0932	0. 0842	0. 0660	0. 0570

注： *** 、 ** 和 * 分别表示1%、5%和10%的显著性水平，通过公司层面聚类稳健标准误控制异方差。

三、作用机制探讨

（一）投资效率中介机制

管理层的自利性并购行为可能会产生非效率投资决策，导致投资效率低下。由于信息不对称，管理层囤积坏消息以维持低效率投资。随着时间的推移，低效投资积累，随后导致股价崩盘。因此，低效率投资可能是溢价并购加剧公司股价崩盘风险的内在机制。为此，本章构建如下中介效应检验模型：

$$INV_{i,T} = c + \gamma GW_{i,T} + \beta Cvs_{i,T} + \mu + \chi + \varepsilon \qquad (5-5)$$

$$NCSKEW_{i,T} = c + \omega INV_{i,T} + \rho GW_{i,T} + \beta Cvs_{i,T} + \mu + \chi + \varepsilon \qquad (5-6)$$

其中，本章参考理查森（Richardson，2006）构建的投资效率测度模型，测度公司非效率投资水平（INV），该指标越大，表明企业非效率投资测度越高、投资有效性越低。第一步，检验公司并购套利对于公司投资效率的影响；第二步，检验公司投资效率对公司股价崩盘风险的影响。如果系数 γ 和 ω 均显著大于 0，表明上市公司高溢价并购行为会通过加剧企业非效率投资而增加企业股价崩盘风险。

表 5-9 报告了非效率投资的中介效应检验结果。可以看出，上市公司并购商誉占比（$GoodWILL$）、并购商誉规模对数（$\ln GoodWILL$）对于企业非效率投资有显著正向影响，同时，效率投资对于股价崩盘风险也具有显著正向影响。检验表明，非效率投资是上市公司溢价并购加剧企业股价崩盘风险的内在机制。

表 5-9 非效率投资中介效应检验

变量	$INV_{i,T}$	$NCSKEW_{i,T}$	$INV_{i,T}$	$NCSKEW_{i,T}$
	（1）	（2）	（3）	（4）
$GooDWILL_{i,T}$	0.1628 *** (15.6254)	0.2505 *** (2.8858)		
$\ln GooDWILL_{i,T}$			0.0040 *** (12.6675)	0.0078 ** (2.4466)

续表

变量	$INV_{i,T}$	$NCSKEW_{i,T}$	$INV_{i,T}$	$NCSKEW_{i,T}$
	（1）	（2）	（3）	（4）
$INV_{i,T}$		0. 2532 **		0. 3346 ***
		（2. 3947）		（2. 6709）
$Sigma_{i,T}$		2. 0293		1. 0268
		（1. 4179）		（0. 5676）
$Ret_{i,T}$		165. 6175 ***		138. 8524 ***
		（6. 7602）		（4. 4029）
$Lev_{i,T}$	0. 0093 ***	− 0. 0196	0. 0089 *	− 0. 0110
	（3. 0745）	（ − 0. 5754）	（1. 9579）	（ − 0. 2386）
$Size_{i,T}$	0. 0030 ***	− 0. 0227 ***	− 0. 0010	− 0. 0377 ***
	（5. 4245）	（ − 3. 5109）	（ − 1. 3574）	（ − 4. 4984）
$Absda_{i,T}$	0. 0538 ***	0. 0394	0. 0618 ***	− 0. 0481
	（6. 6278）	（0. 4781）	（5. 5432）	（ − 0. 4573）
$Turn_{i,T}$	− 0. 0110 ***	0. 0040	− 0. 0117 ***	− 0. 0073
	（ − 8. 3465）	（0. 2707）	（ − 6. 2199）	（ − 0. 3829）
$Btm_{i,T}$	− 0. 0193 ***	− 0. 1320 ***	− 0. 0160 ***	− 0. 0924 **
	（ − 6. 9082）	（ − 3. 7096）	（ − 4. 3429）	（ − 2. 1040）
$Gender_{i,T}$	− 0. 0010	0. 0043	− 0. 0004	− 0. 0247
	（ − 0. 4754）	（0. 1986）	（ − 0. 1577）	（ − 1. 0191）
$Degree_{i,T}$	− 0. 0018	− 0. 0073	− 0. 0018	− 0. 0302
	（ − 1. 2132）	（ − 0. 4823）	（ − 0. 8627）	（ − 1. 4597）
$Dual_{i,T}$	0. 0007	0. 0107	0. 0014	0. 0065
	（0. 6204）	（0. 8625）	（0. 9218）	（0. 4343）
$Salary_{i,T}$	0. 0002 ***	− 0. 0003	0. 0002 ***	− 0. 0005
	（3. 9241）	（ − 0. 6003）	（3. 3379）	（ − 0. 7867）
$Independ_{i,T}$	0. 0085	− 0. 0257	0. 0079	− 0. 1102
	（0. 9930）	（ − 0. 2483）	（0. 6991）	（ − 0. 8485）
$Age_{i,T}$	− 0. 0098 ***	− 0. 0888 ***	− 0. 0101 ***	− 0. 0687 ***
	（ − 9. 6468）	（ − 7. 6922）	（ − 7. 6731）	（ − 4. 7549）

变量	$INV_{i,T}$	$NCSKEW_{i,T}$	$INV_{i,T}$	$NCSKEW_{i,T}$
	（1）	（2）	（3）	（4）
$Eastern_{i,T}$	-0.0021 (-0.4440)	-0.0173 (-0.2745)	-0.0025 (-0.3616)	0.0666 (0.7062)
$State_{i,T}$	-0.0018 (-1.4129)	-0.0254* (-1.7759)	-0.0018 (-1.0924)	-0.0368* (-1.9238)
C	0.0170 (1.3430)	0.9088*** (5.7429)	0.0442*** (2.5955)	1.1178*** (5.5132)
年份效应	×	√	×	√
行业效应	×	√	×	√
样本数量	15 750	15 514	10 033	9 851
调整 R^2	0.1097	0.0805	0.0992	0.0719

注：***、** 和 * 分别表示 1%、5% 和 10% 的显著性水平，通过公司层面聚类稳健标准误控制异方差。

（二）资产空心化中介机制

溢价并购也可能影响企业实体经营，表现为实体经营所需要的资金不足，实体资产萎缩，导致资产空心化，进而加剧未来经营风险和股价崩盘风险。因此，资产空心化也可能是溢价并购加剧公司股价崩盘风险的内在机制。为此，本章构建如下中介效应检验模型：

$$PPE_{i,T} = c + \gamma GooDWILL_{i,T} + \beta Cvs_{i,T} + \mu + \chi + \varepsilon \qquad (5-7)$$

$$NCSKEW_{i,T} = c + \omega PPE_{i,T} + \rho GooDWILL_{i,T} + \beta Cvs_{i,T} + \mu + \chi + \varepsilon \qquad (5-8)$$

其中，PPE 为固定资产占比，反映公司实体投资程度，PPE 越大，表明公司实体资产充实；相反，PPE 越小，表明公司实体资产出现空心化。第一步，检验公司并购套利对于公司实体资产构成影响；第二步，检验公司实体资产构成对公司股价崩盘风险影响。如果系数 γ 和 ω 均显著小于 0，表明上市公司高溢价并购行为会通过增加企业实体资产空心化而增加企业股价崩盘风险。

表 5 – 10 报告了实体资产空心化的中介效应检验结果。可以看出，上市公司并购商誉占比（*GooDWILL*）、并购商誉规模对数（ln*GooDWILL*）对于企业固定资产占比（*PPE*）有显著负向影响，同时，固定资产占比（*PPE*）对于股价崩盘风险也具有显著负向影响。检验表明，实体资产空心化是上市公司溢价并购加剧企业股价崩盘风险的内在机制。

表 5 – 10 资产空心化中介效应检验

变量	$PPE_{i,T}$	$NCSKEW_{i,T}$	$PPE_{i,T}$	$NCSKEW_{i,T}$
	（1）	（2）	（3）	（4）
$GooDWILL_{i,T}$	– 0. 2622 *** （– 13. 9192）	0. 2812 *** （3. 7349）		
$\ln GooDWILL_{i,T}$			– 0. 0057 *** （– 5. 2083）	0. 0080 *** （2. 8457）
$PPE_{i,T}$		– 0. 0909 ** （– 2. 3533）		– 0. 1441 *** （– 2. 6838）
$Sigma_{i,T}$		2. 9613 ** （2. 3366）		2. 0090 （1. 2287）
$Ret_{i,T}$		176. 6623 *** （8. 2610）		147. 6263 *** （5. 2082）
$Lev_{i,T}$	0. 0504 *** （3. 8739）	0. 0353 （1. 1957）	0. 0367 ** （2. 1631）	0. 0248 （0. 5894）
$Size_{i,T}$	– 0. 0026 （– 0. 9909）	– 0. 0320 *** （– 5. 3915）	0. 0020 （0. 6182）	– 0. 0400 *** （– 5. 1510）
$Absda_{i,T}$	– 0. 1525 *** （– 8. 8181）	0. 0430 （0. 6107）	– 0. 1656 *** （– 8. 8234）	0. 0117 （0. 1272）
$Turn_{i,T}$	– 0. 0264 *** （– 4. 1436）	– 0. 0134 （– 0. 9755）	– 0. 0299 *** （– 3. 7723）	– 0. 0236 （– 1. 3298）
$Btm_{i,T}$	0. 0400 *** （3. 7815）	– 0. 1477 *** （– 4. 5709）	0. 0408 *** （3. 4125）	– 0. 1004 ** （– 2. 5089）
$Gender_{i,T}$	0. 0055 （0. 7009）	0. 0146 （0. 7511）	– 0. 0024 （– 0. 2676）	– 0. 0048 （– 0. 2143）

续表

变量	$PPE_{i,T}$	$NCSKEW_{i,T}$	$PPE_{i,T}$	$NCSKEW_{i,T}$
	（1）	（2）	（3）	（4）
$Degree_{i,T}$	-0.0112*	0.0016	-0.0115*	-0.0265
	(-1.9142)	(0.1200)	(-1.7555)	(-1.4298)
$Dual_{i,T}$	-0.0061	0.0122	-0.0061	0.0043
	(-1.5801)	(1.0966)	(-1.4311)	(0.3144)
$Salary_{i,T}$	-0.0001	-0.0000	-0.0001	-0.0005
	(-0.7524)	(-0.0930)	(-0.6796)	(-0.8915)
$Independ_{i,T}$	0.0066	0.0115	-0.0105	-0.0311
	(0.1878)	(0.1212)	(-0.2564)	(-0.2556)
$Age_{i,T}$	0.0207***	-0.0590***	0.0163***	-0.0485***
	(7.1244)	(-7.0513)	(4.8541)	(-4.6059)
$Eastern_{i,T}$	-0.0194	-0.0132	-0.0175	0.0533
	(-0.6448)	(-0.2392)	(-0.4648)	(0.6914)
$Stete_{i,T}$	0.0257***	-0.0249*	0.0310***	-0.0373**
	(4.0451)	(-1.8534)	(4.1142)	(-2.0847)
C	0.3123***	0.9592***	0.3453***	1.0501***
	(4.8784)	(6.5930)	(4.5667)	(5.6261)
年份效应	×	√	×	√
行业效应	×	√	×	√
样本数量	19 552	18 417	12 043	11 551
调整 R^2	0.3823	0.0806	0.4227	0.0692

注：***、**和*分别表示1%、5%和10%的显著性水平，通过公司层面聚类稳健标准误控制异方差。

四、稳健性检验

（一）替换变量稳健性检验

本章主检验应用并购商誉账面余值衡量公司溢价并购程度，然而，账面余值可能受到历史并购行为的影响，且企业并购行为在不断发生。为此，本章用上市公司并购商誉对数增长率来识别企业最新的并购溢价，即公司并购商誉对数一阶差分，记为 $\Delta\ln GooDWILL$。同时，本章主检验采用最为常用的收益负偏态指数衡量股价崩盘风险指标，除此之外，上下波动率（$DUVOL$）也是常用的股价崩盘风险指标，为此，本章进一步按照如下模型测度上下波动率。

$$DUVOL_{i,T} = \ln\{[(n_{i,T,Up} - 1)\sum R^2_{i,t,Down}]/[(n_{i,T,Down} - 1)\sum R^2_{i,t,Up}]\}$$

$$(5-9)$$

其中，$n_{i,T}$ 为 T 年 i 公司交易周数，$n_{i,T,Up}$ 为 T 年 i 公司异常周收益率高于平均异常周收益率的频率，$n_{i,T,Down}$ 是指 T 年 i 公司异常周收益率低于平均异常周收益率的频率，$DUVOL_{i,T}$ 越大，T 年 i 公司股价崩盘风险越大。

表 5-11 为基于替换解释变量和被解释变量的稳健性检验。检验结果依然显示，上市公司并购商誉占比（$GooDWILL$）、并购商誉规模对数（$\ln GooD-WILL$）、并购商誉对数增长率（$\Delta\ln GooDWILL$）与上市公司股价崩盘风险（$NCSKEW$ 和 $DUVOL$）均显著正相关，表明企业并购溢价会显著加剧公司股价崩盘风险。

表 5-11 基于替换变量稳健性检验

变量	$NCSKEW_{i,T}$	$DUVOL_{i,T}$		
	（1）	（2）	（3）	（4）
$\Delta\ln GooDWILL_{i,T}$	0.0236*** （4.3320）	0.0171*** （4.1138）		
$GooDWILL_{i,T}$			0.1377** （2.4853）	
$\ln GooDWILL_{i,T}$				0.0044** （2.1586）
$Sigma_{i,T}$	1.8423 （1.0300）	0.3911 （0.3040）	1.5008 （1.6172）	0.5632 （0.4759）
$Ret_{i,T}$	148.0490*** （4.6547）	84.0769*** （3.6762）	109.7401*** （6.9254）	86.1986*** （4.1930）
$Lev_{i,T}$	0.0098 （0.2126）	0.0378 （1.1563）	0.0310 （1.4773）	0.0466 （1.5543）

续表

变量	$NCSKEW_{i,T}$	$DUVOL_{i,T}$		
	（1）	（2）	（3）	（4）
$Size_{i,T}$	-0.0343 *** （-4.4482）	-0.0440 *** （-7.9008）	-0.0364 *** （-8.5000）	-0.0445 *** （-7.8433）
$Absda_{i,T}$	-0.0034 （-0.0335）	-0.0114 （-0.1542）	0.0303 （0.5891）	0.0249 （0.3713）
$Turn_{i,T}$	-0.0242 （-1.2182）	-0.0288 ** （-2.0104）	-0.0076 （-0.7691）	-0.0253 * （-1.9168）
$Btm_{i,T}$	-0.1112 ** （-2.5556）	-0.0018 （-0.0568）	-0.0354 （-1.5329）	-0.0094 （-0.3252）
$Gender_{i,T}$	-0.0176 （-0.7175）	-0.0161 （-0.8553）	0.0047 （0.3383）	-0.0032 （-0.1821）
$Degree_{i,T}$	-0.0203 （-0.9146）	-0.0077 （-0.4694）	0.0023 （0.2193）	-0.0097 （-0.6734）
$Dual_{i,T}$	0.0041 （0.2729）	0.0050 （0.4603）	0.0118 （1.4854）	0.0075 （0.7519）
$Salary_{i,T}$	-0.0005 （-0.8388）	-0.0002 （-0.5246）	0.0001 （0.3763）	-0.0002 （-0.4845）
$Independ_{i,T}$	-0.0548 （-0.4167）	-0.0133 （-0.1474）	-0.0122 （-0.1816）	-0.0104 （-0.1233）
$Age_{i,T}$	-0.0486 *** （-3.9631）	-0.0370 *** （-4.4042）	-0.0397 *** （-6.8227）	-0.0349 *** （-4.7763）
$Eastern_{i,T}$	0.0339 （0.4047）	0.0263 （0.6307）	0.0013 （0.0417）	0.0520 （1.3238）
$State_{i,T}$	-0.0524 *** （-2.7460）	-0.0294 ** （-2.1757）	-0.0255 *** （-2.6853）	-0.0288 ** （-2.2189）
C	1.1224 *** （5.7038）	1.1374 *** （8.2307）	0.8703 *** （8.3269）	0.9633 *** （7.3189）
年份效应	×	√	×	√
行业效应	×	√	×	√
样本数量	9 750	9 750	18 417	11 551
调整 R^2	0.0698	0.0712	0.0784	0.0691

注：***、** 和 * 分别表示1%、5%和10%的显著性水平，通过公司层面聚类稳健标准误控制异方差。

（二）PSM 配对稳健性检验

由于实施并购并产生并购商誉的企业可能与其他企业存在系统性差异，导致本章回归结果可能存在着组间样本选择性偏误，进而造成主检验存在内生性问题。为此，本章基于 PSM 配对方法进行稳健性检验。首先，基于以下 Logit 模型计算样本公司是否披露商誉的倾向得分值。

$$\text{Logit}(DisGood)_{i,T} = c + \beta X_{i,T} + \varepsilon \qquad (5-10)$$

其中，$DisGood$ 为企业是否披露商誉的虚拟变量，如果披露非 0 的商誉则记为 1，没有披露或者披露金额为 0 的则记为 0；X 为可能与企业商誉信息披露有关的变量。

如图 5-2 所示，经过 PSM 配对，可以很好地控制实验组和对照组之间的变量差异，减轻样本选择性偏误。

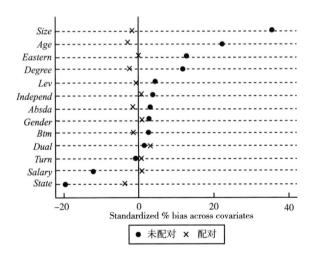

图 5-2 PSM 配对效果

接着，根据倾向得分值邻近原则进行 1∶1 配对。最后，根据 PSM 配对样本开展多元回归检验，检验结果如表 5-12 所示。结果依然显示，在控制存在并购商誉和不存在并购商誉企业之间的选择性偏误后，上市公司并购商誉占比（*GooDWILL*）、并购商誉规模对数（ln*GooDWILL*）依然与上市公司股价崩盘风险（*NCSKEW* 和 *DUVOL*）显著正相关，表明企业并购溢价会显著加剧公司股价崩盘风险。

表 5 – 12　　　　　　　　　　　　　基于 PSM 稳健性检验

变量	$NCSKEW_{i,T}$		$DUVOL_{i,T}$	
	（1）	（2）	（3）	（4）
$GooDWILL_{i,T}$	0. 4129 *** (3. 7282)		0. 1747 ** (2. 1225)	
$\text{ln}GooDWILL_{i,T}$		0. 0132 *** (3. 4265)		0. 0055 * (1. 9284)
$Sigma$	2. 7484 (1. 5571)	2. 6034 (1. 1625)	1. 5215 (1. 1720)	1. 4040 (0. 8510)
$Ret_{i,T}$	175. 6839 *** (5. 8730)	163. 6735 *** (4. 1780)	113. 8784 *** (5. 1389)	105. 3830 *** (3. 6495)
$Lev_{i,T}$	0. 0379 (0. 8850)	0. 0557 (1. 0138)	0. 0271 (0. 8817)	0. 0536 (1. 3223)
$Size_{i,T}$	− 0. 0457 *** (− 5. 5945)	− 0. 0566 *** (− 5. 3330)	− 0. 0418 *** (− 6. 8498)	− 0. 0477 *** (− 5. 9977)
$Absda_{i,T}$	0. 0697 (0. 7023)	0. 0117 (0. 0958)	0. 0355 (0. 4942)	0. 0219 (0. 2408)
$Turn_{i,T}$	− 0. 0062 (− 0. 3396)	− 0. 0131 (− 0. 5426)	− 0. 0040 (− 0. 2914)	− 0. 0191 (− 1. 0603)
$Btm_{i,T}$	− 0. 0967 ** (− 2. 1696)	− 0. 0528 (− 0. 9833)	− 0. 0198 (− 0. 6067)	0. 0059 (0. 1516)
$Gender_{i,T}$	0. 0058 (0. 2360)	− 0. 0180 (− 0. 6050)	− 0. 0017 (− 0. 0895)	− 0. 0152 (− 0. 6437)
$Degree_{i,T}$	0. 0305 (1. 5595)	0. 0194 (0. 8132)	0. 0222 (1. 4737)	0. 0152 (0. 8128)
$Dual_{i,T}$	0. 0023 (0. 1508)	− 0. 0017 (− 0. 0917)	0. 0101 (0. 9011)	0. 0071 (0. 5105)

续表

变量	$NCSKEW_{i,T}$		$DUVOL_{i,T}$	
	（1）	（2）	（3）	（4）
$Salary_{i,T}$	−0.0001 （−0.2331）	−0.0006 （−0.7350）	−0.0001 （−0.1807）	−0.0003 （−0.5710）
$Independ_{i,T}$	0.0066 （0.0509）	−0.0628 （−0.3875）	−0.0161 （−0.1750）	0.0048 （0.0419）
$Age_{i,T}$	−0.0590 *** （−5.3014）	−0.0459 *** （−3.3690）	−0.0378 *** （−4.8148）	−0.0317 *** （−3.2993）
$Eastern_{i,T}$	−0.0481 （−0.5741）	0.0137 （0.1399）	0.0068 （0.1558）	0.0359 （0.6559）
$State_{i,T}$	−0.0277 （−1.5183）	−0.0408 * （−1.7172）	−0.0230 * （−1.7748）	−0.0241 （−1.4099）
C	1.1620 *** （5.5223）	1.1986 *** （4.6343）	0.9392 *** （6.2602）	0.9409 *** （5.0804）
年份效应	×	√	×	√
行业效应	×	√	×	√
样本数量	9 125	6 090	9 125	6 090
调整 R^2	0.0800	0.0714	0.0744	0.0669

注：***、** 和 * 分别表示1%、5%和10%的显著性水平，通过公司层面聚类稳健标准误控制异方差。

第六章　供应链网络股价崩盘传染

第一节　引　言

股价崩盘是指股票价格大幅度、连续性暴跌。全球股价崩盘事件时有发生，如1929年美国股市大崩盘、1987年美国股价崩盘、1989年日本股市泡沫破裂、1997~1998年亚洲金融危机、2000~2001年美国NASDAQ泡沫破裂、2008年次贷金融危机以及2015年中国A股千股跌停等。股价崩盘日益成为理论界和实务界的关注焦点。股价崩盘对资本市场和实体经济造成的不良影响，包括资源错配、干扰实体经济、引发投资者恐慌等，甚至引起全球性金融危机。

股价崩盘往往是毫无征兆地突然发生。信息不对称理论认为，市场上投资者并非完全知情交易者，由于知情交易者与非知情交易者不对称性，知情交易者决定着市场价格融入的私有信息，非知情交易者只能依据外部信息预测价格波动和交易决策，一旦隐藏的负面消息集中暴露出来，就会导致股价骤然暴跌。金和迈尔斯（Jin & Myers，2006）从上市公司层面提出股价崩盘解释，指出如果公司是完全透明的，高管侵占行为完全被市场反应，然而公司不透明下，投资者只能依据可获得的宏观信息、市场信息判断公司价值。在信息不对称现实背景下，管理层基于自身利益考量而倾向于披露利好消息，隐藏或延迟披露负面消息，由于管理层可囤积的负面消息是有限度的，如果累积的负面消息达到顶峰，管理层就会被迫放弃，造成负面消息集中释放，最终导致股价毫无征兆的崩盘。

中国虽为全球第二大资本市场，但中国资本市场健全程度较发达市场还存在差距，存在较为严重的股价同步性等现象（Morck et al.，2000）。2015～2016 年中国发生较为严重的股价崩盘事件（Liu et al.，2017），时任证监会主席肖刚在 2016 年工作报告中专门指出"2015 年 A 股崩盘会像多米诺骨牌效应那样，跨产品、跨机构、跨市场传染，酿成系统性风险"。因此，在中国资本市场发展尚不健全、股价崩盘风险较高的现实背景下，研究崩盘传染效应比纯粹研究崩盘更具有现实意义，更符合资本市场稳定发展需要。

资本市场中行业间资产价格波动存在明显联动效应，即行业间存在"同涨同跌"现象（杨扬和林惜斌，2013）。例如，学者研究显示中国 A 股存在行业股指轮涨现象（何诚颖，2001），沪市行业股指收益率存在波动溢出效应与持续性（李昆，2003；陈梦根和曹凤岐，2005），且中国股市行业指数波动溢出效应通常是双向的，市场波动率会显著增加行业间股指收益率正（负）极值联动（杨成和袁军，2011）。同时，行业股指联动不仅存在于 A 股资本市场内，跨市场也可能存在行业联动效应，如沪港通的实施增强了沪港各行业指数双向收益率波动溢出程度（徐晓光，2017）。从短期看特定投资主题带来的信息冲击会导致关联行业联动，长期来看产业关联是行业股指联动的重要原因（乔海曙等，2016）。供应链关联行业表明行业间实体经济关联，进而可能导致行业崩盘风险在供应链关系行业间传染。因此，本章基于申万行业指数检验我国供应链成员间股价崩盘传染，有助于为监管部门、投资者应对供应链成员股价崩盘传染提供借鉴。

第 二 节　文 献 回 顾 与 假 设 发 展

一、供应链关联与股价崩盘传染

各行业并非独立存在，由于各类原因导致不同行业存在实际关联。例如学者研究发现，具有类似投入产出结构的关联行业会主动相互学习并进行创新，从而产业关联行业会发生技术外溢（潘文卿等，2011）。关联性强的产业部门间 R&D 也存在溢出效应（朱平芳等，2016），从而对行业全要素生产率 TFP 产生显著正效应（孙晓华等，2012）。王国军和刘水杏（2004）基于投入产出模型计算发现房地产业每增加 1 单位产值，对相关产业带动系数为 1.416，带动效应明显。唐莉和张永娟（2006）基于 A 股行业指数，研究表明房地产产业链上各产业发展具有长期的联动性。股票市场是实体经济晴雨表，行业股指波动与实体经济存在密切联系，自然也会反映产业结构调整的印记，即产业关联关系（乔海曙等，2106）。行业间股价波动传导与行业投入产出逻辑密切，产业关联行业间股价波动传导更明显（杨扬和林惜斌，2013）。

由于供应链行业内在关联关系，当供应链某节点行业风险超出其承受限度时，该风险便借助一定载体在供应链上下游行业间传染（Pandit et al.，2011），这种供应链风险传染载体与介质包括信息、物资、价格、资金、技术等（王世雄等，2010）。克兰菲尔德大学管理学院把这种供应链风险定义为供应链的脆弱性，认为各种不确定性因素是供应链风险根源，供应链风险通常会降低供应链效率、增加成本，甚至导致供应链破裂和失败。由于供应链网络上行业间相互关联，任何一个供应链成员发生问题都可能传递至供应链其他行业，使风险扩大，甚至导致整个供应链网络崩溃（王世雄等，2010）。

由于供应链成员间普遍存在采购销售、债权债务、产业资本、技术依赖等关系，供应链上下游企业会基于合同关系而发生实质性经济联系，行业风险会以较快速度传染给与之关联的上下游行业，使得那些原本不直接具有风险的行业也因风险传染而遭受威胁或损失。尤其是 2008 年金融危机后，供应链风险传染引发的"多米诺骨牌"效应频发，已在世界范围内引起关注。徐敏和喻冬冬（2016）基于上证煤炭指数、申万电力指数、深证制造业指数检验供应链风险传染，发现供应链上下游企业间风险不仅能单双向传染，而且可以形成跳跃式传染、多轮传染，从而加剧供应链风险传染后果。郭文伟等（2017）研究发现房地产业与有色金属业、建筑装饰业等供应链上下游产业间存在显著高的泡沫相依性。

综上分析，供应链关联行业表明行业间实体经济关联，会形成行业风险传染网络，进而导致行业崩盘风险在供应链关系行业间传染。因此，本章提出如下假设：

假设6.1：股价崩盘会在供应链关联行业间传染。

二、投资者行为与股价崩盘传染

资本市场、股票价格不是简单的基本面关联，在危机发生时关联关系显著增加而发生传染。本章结合已有文献，提出以下两个股价崩盘传染可能的解释：

第一，投资者行为溢出导致股价崩盘发生传染。由于投资者不仅基于可获得的市场信息形成交易策略，并受到关联股票表现、关联投资者行为影响，从而导致投资者行为在不同市场联动。理性投资者会从其他股市股票价格的变化去推测相关信息，这导致一个市场的信息会传递到其他的市场（King，1990）。

第二，市场流动性平衡需要导致股价崩盘发生传染。流动性不足除了造成自身崩盘，还会导致崩盘在关联市场、关联股票发生传染。杰池（Jayech，2016）基于流动性约束分析股市崩盘传染，指出跨国投资者由于投资者组合平衡需要，最终导致股价崩盘在不同市场间传染。因此，本章提出如下假设：

假设6.2：投资者信念、市场流动性溢出效应是股价崩盘传染内在机制。

三、资源依赖与股价崩盘传染

资源依赖理论是组织变迁研究的基础理论，该理论认为组织是一个开放的系统，需要与外部环境发生关联，相互依存和相互作用。资源依赖理论指出两大类组织间的依赖关系：共生依赖关系和竞争依赖关系。共生依赖关系包括企业与供货商、企业与顾客的关系，彼此是命运共同体的依赖关系；竞争依赖关系包括企业与其竞争者的关系，彼此是互相竞逐资源的相对依赖。

资源依赖理论从不同角度研究组织为降低对特定对象、特定资源依赖风险所采取的策略，包括组织间整合、长期契约关系、交叉持股、高管兼任、并购等，提升组织绩效。资源依赖结构是组织间关联关系增强，成为企业关联的"联结"，这种联结会导致风险再资源依赖组织间发生传染（王小丁，2010）。依据资源依赖理论，企业并不能独立存在，必须依赖网络间企业合作获得维持生存与发展的资源。合作对象包括其上游的供应商、下游的零售商或者客户，这些合作关系的总和构成了企业赖以生存的微观环境。

企业组织由于资源依赖结成的组织网络，不仅有利于整体组织协同发展，资源依赖关系也可能成为风险传染渠道。例如，企业集团内部复杂的资源依赖关系，导致信用风险在企业集团内部具有明显的传染性（李丽和周宗放，2015）。供应链上下游企业结成的供应链网络，由于成本转移，导致市场风险、违约风险在供应链节点企业间发生传染（陈立立，2015）；供应链企业共同的宏观外部资源环境变化引起债务共同违约的可能，便产生了违约风险传染（王苗雯，2012）。因此，资源依赖使得企业组织基本面关联增强，受共同外部环境影响增强，资源依赖网络中的个别企业风险由于资源依赖关系会传递至网络中其他企业，供应链资源依赖导致企业间风险发生传染（陈立立，2015）。

因此，基于投入产出的供应链关系是产业资源依赖的重要内容，供应链成员资源依赖属性增加了行业间基本面依赖度，进而可能加剧股价崩盘在资源依赖程度高的供应链行业间传染。因此，本章提出如下假设：

假设6.3：资源依赖程度会增加供应链关联行业间股价崩盘传染。

第三节　样本来源与研究设计

一、样本来源

申万行业股价系列指数是以申银万国行业分类标准为基础编制的分行业股价指数，表征不同行业股价变化。申万行业股价系列指数系按照自由流通市值加权计算的派氏指数，2014年之前为23个一级行业，2014年申万行业指数调整为28个一级行业。本章以申万一级行业指数为样本，时间周期为

2000 年 1 月 1 日至 2016 年 12 月 31 日，数据来源于申万指数官方网站、CS-MAR 数据库、Wind 数据库。

二、变量测度

（一）股价崩盘测度

本章参照马林等（Marin et al.，2008）、褚剑和方军雄（2016）、许红伟和陈欣（2012）等构建如下市场崩盘模型：

$$Crash_{i,t} = \begin{cases} 1, \text{if } R_{i,t} \leqslant Average(R_{i,t}) - 2\sigma_{i,t} \\ 0, \text{otherwise} \end{cases} \tag{6-1}$$

为剔除市场整体趋势影响，本章借鉴马林等（2008）按照式（6-2）测度行业指数 i 在 t 期特有周收益率 $R_{i,t}$，公式如下：

$$R_{i,t} = \frac{P_{i,t} - P_{i,t-1}}{P_{i,t-1}} - R_{M,t} \tag{6-2}$$

其中，$P_{i,t}$ 为行业指数 i 在 t 期收盘指数，$R_{M,t}$ 为同期大盘收益率。

本章基于滚动窗口法测度股价崩盘风险，窗口长度为 5 个交易日。进一步计算各行业 T 季度股价崩盘频率作为被解释变量。

（二）市场非流动性

为测度股市流动性状况，本章首先采用阿米哈德（Amihud，1990）经市场调整的非流动性比率度量非流动性，即：

$$ILL\,Q_{i,t} = \frac{|R_{i,t}|}{Vold_{i,t}} \tag{6-3}$$

其中，$ILLQ_{i,t}$ 为行业 i 在 t 期股市非流动性水平，$Vold_{i,t}$ 为行业 i 在 t 期股市成交量。本章进一步计算各行业 T 季度平均非流动性水平。

进一步参照王昆和杨朝军（2015）、郭乃幸等（2014），构建如下流动性黑洞指标：

$$Dark_{i,t} = \begin{cases} 1, \text{if } IILLQ_{i,t} \geqslant Var_{90\%} \\ 0, \text{otherwise} \end{cases} \quad (6-4)$$

其中，$Dark_{i,t}$为行业 i 在 t 期发生"流动性黑洞"虚拟变量，如果行业 i 在 t 期非流动性水平超 90 分位数记为 1，否则为 0。

本章进一步计算各行业 T 季度流动性黑洞频率。

（三）投资者异质信念测度

本章分别用换手率和收益波动率作为衡量投资者异质信念的代理指标（陈国进等，2008；汪卢俊和颜品，2014），以避免代理变量特定和单一问题（包锋和徐建国，2015）。其中，收益动率计量公式如下：

$$Sigma_{i,T} = \sqrt{\frac{\sum_{T}(R_{i,t} - \overline{R_{i,t}})^2}{N_{i,T} - 1}} \quad (6-5)$$

其中，$Sigma_{i,T}$为行业 i 在 T 季度特有收益率波动率，$N_{i,T}$为行业 i 在 T 季度交易周期数，$R_{i,t}$为行业 i 在 t 期特有收益率。

换手率表示某一时间段内市场中股票被买卖的比率，该指标更真实地反映了投资者的投机性需求，可以较好地反映中国股票市场上投资者情绪状况（黄虹等，2016）。同时，换手率是意见分歧程度波动的代理变量，可以作为投资者异质性信念波动程度代理变量（张峥和刘力，2006）。行业股指换手率计量公式如下：

$$DTurn_{i,t} = \frac{Avoild_{i,t}}{Market_{i,t}} \quad (6-6)$$

其中，$DTurn_{i,t}$为行业 i 在 t 期换手率，$Avoild_{i,t}$为行业 i 在 t 期总成交金额，$Market_{i,t}$为行业 i 在 t 期总市值。

进一步计算各行业 T 季度平均换手率。

（四）供应链关联矩阵

为测度行业间股价崩盘可能通过供应链关系渠道传染，本章按照投入产出关系构建相邻权重矩阵 $W_{i,j}$，进行空间计量检验。

目前揭示产业关联内在机制最重要的方法是投入产出分析，利用投入产业消耗系数、影响力系数、感应度系数等对各行业关联关系进行量化。为测度各行业供应链关系，本章借鉴埃亨（Ahern，2012）、朱平芳等（2016）基于国家统计局公布的投入产出表测度行业间供应链关系。计量公式如下：

$$S_{i,j} = \frac{V_{i,j}}{\sum_j V_{i,j}} \qquad (6-7)$$

其中，$S_{i,j}$ 为行业 j 占行业 i 投入产出比重，$V_{i,j}$ 分别为行业 i 从行业 j 采购总额以及行业 j 消耗行业 i 产出总额，用以表征行业 j 是行业 i 的重要下游客户、重要上游供应商。本章将行业间投入产出比重阈值设置为 0.02，构建行业间供应链关系矩阵：

$$W_{N \times N} = \begin{bmatrix} 0 & w_{i,j} & w_{i,j} \\ w_{j,i} & 0 & w_{i,j} \\ w_{j,i} & w_{j,i} & 0 \end{bmatrix} \qquad (6-8)$$

其中，$w_{i,j}$ 为行业 i 和行业 j 供应链上下游关系，行业 i 和行业 j 投入产出比重超过 0.02 为 1，否则为 0。

本章主要变量说明如表 6-1 所示。

表 6-1　　　　　　　　　　　　变量定义

变量名称	变量代码	备注
季度股价崩盘频率	Y	季度股价崩盘概率
季度股指波动率变动	$DSigma$	投资者异质信念
季度平均换手率	$Dturn$	投资者异质信念
流动性黑洞	$Dark$	季度非流动性
市场非流动性	$ILLQ$	季度非流动性
市场非流动性变动	$DILLQ$	季度非流动性变化程度
季度股指平均收益率	Ret	周收益率平均水平

变量名称	变量代码	备注
季度平均流通市值对数	$Size$	行业规模
季度平均市盈率	Pe	行业定价水平
季度平均股息率	$Stock$	行业股息水平
相邻权重矩阵	$W_{i,j}$	供应链关系矩阵

三、模型设计

本章借鉴程棵等（2012），应用空间计量模型检验行业间股价崩盘风险传染效应。进行空间计量检验前，首先构建如下基本回归模型：

$$Y_{i,T} = \beta + \beta_1 X_{i,T} + \beta Cvs_{i,T} + \varepsilon \qquad (6-9)$$

其中，$Y_{i,T}$ 为行业 i 在 T 季度股价崩盘频率，X 为行业股指特征变量，包括行业 i 在 T 季度股指波动率较上一季度变化程度（$DSigma_{i,T}$）、行业 i 在 T 季度股指换手率（$DTurn_{i,T}$）以及行业 i 在 T 季度股市平均非流动性水平变化程度（$DIILLQ_{i,T}$）、流动性黑洞频率（$Dark_{i,T}$）。由于行业股指崩盘可能受到行业自身特征影响，本章在检验模型中引入行业市盈率（Pe）、行业股息率（$Stock$）、行业市值规模（$Size$）、平均特有收益率（Ret）作为控制变量。Cvs 为控制变量异常值，本章对连续变量进行上下 1% 缩尾处理。

空间滞后模型（SLM）主要用于检验关联行业间观测值相互作用，即区域间空间溢出效应。计量模型如下：

$$Y_{i,T} = \beta + \rho W_{i,j} Y_{i,T} + \beta_1 X_{i,T} + \beta Cvs_{i,T} + \varepsilon \qquad (6-10)$$

式中，$W_{i,j}$ 为 $n \times n$ 阶供应链关系相邻矩阵，$W_{i,j} Y_{i,T}$ 为季度股价崩盘概率空间滞后项，ρ 为空间滞后项回归系数。如果系数 ρ 显著非 0，表明样本行业股价崩盘概率除受本行业投资者情绪、市场流动性、行业特征影响，还受到关联行业股价崩盘传染。

第四节　实证检验结果与分析

一、描述性统计与基本回归

表 6 – 2 为主要变量描述性统计，统计结果显示 2000 ~ 2016 年样本行业股价崩盘频率平均为 2% ，最高达到 21% ；股指收益率波动率变化率平均为 109% ，换手率平均为 2% ，流动性不足变化率平均为 106% ，流动性黑洞频率平均为 10% 。

表 6 – 2　　　　　　　　　　　　变量描述性统计

变量	样本数量	平均值	标准差	最小值	最大值
Y	1 562	0.02	0.05	0.00	0.21
$DSigma$	1 529	1.09	0.51	0.35	3.00
$DTurn$	1 562	0.02	0.01	0.00	0.05
$ILLQ$	1 562	5.46	7.66	1.25	4.17
$DILLQ$	1 529	1.06	0.58	0.32	3.47
$Dark$	1 562	0.10	0.16	0.00	0.62
$Size$	1 562	7.62	1.40	5.05	10.70
Pe	1 562	39.62	20.69	6.97	114.21
$Stock$	1 562	0.95	0.64	0.17	3.73
Ret	1 562	0.00	0.01	– 0.02	0.03

进行空间计量检验前，表 6 – 3 首先报告非空间回归检验结果。其中，混合 OLS 回归、固定效应回归显示股指波动率、换手率、市场非流动性、流动性黑洞与行业股价崩盘概率正相关，表明投资者异质信念、市场非流动性水平增加，行业股价崩盘概率也会增加。这是由于市场上存在着异质信念投资者，包括看涨投资者和看跌投资者，二者不一致程度很高时，看跌投资者更有可能陷入困境，因为他们的信息在价格中不完全显示出来，正是看跌投资者掌握的负面信息被隐藏，就设定随后交易中负偏态分布（Chen et al.，

2001）。股价上行时市场反映的是看涨投资者信息，然而股价下跌看涨投资者退出市场，当看跌投资者进入市场并且释放累积的负面消息，最终导致股价崩盘。投资者异质信念也反映投资者意见分歧测度，投资者异质信念会增加投机性交易可能，从而增加投机性泡沫风险（张峥和刘力，2006）。流动性情况较差表明投资者交易不够活跃、股票更容易发生大幅价格变化，流动性指标某种程度上反映着未来价格走势。

表 6 - 3　　　　　　　　　　　　行业股指崩盘非空间计量回归

变量	(1)		(2)	
	系数	t 值	系数	t 值
$DSigma_{i,T}$	0.028 ***	14.41	0.026 ***	16.3
$DTurn_{i,T}$	1.228 ***	7.25	1.670 ***	8.58
$ILLQ_{i,T}$	1.678	0.50	−0.188	−0.05
$DILLQ_{i,T}$	0.009 ***	3.75	0.011 ***	4.59
$Dark_{i,T}$	0.015	1.40	0.036 ***	3.16
$ILLQ_{i,T} \times Dark_{i,T}$	3.720	0.48	4.795	0.65
$DILLQ_{i,T} \times Dark_{i,T}$	−0.023 ***	−3.24	−0.029 ***	−4.97
$Size_{i,T}$	0.006 ***	3.66	0.010 **	2.54
$Pe_{i,T}$	1.240	0.22	6.060	0.66
$Stock_{i,T}$	−0.005 ***	−2.78	−0.013 ***	−7.08
$Ret_{i,T}$	−2.463 ***	−16.32	−2.499 ***	−16.94
C	−0.086 ***	−6.97	−0.120 ***	−4.70
年度效应	控制		控制	
固定效应	否		是	
R^2 值	0.64		0.62	
F 统计量	49.05 ***		1 017.31 ***	
样本数量	1 529		1 529	

注：*** 和 ** 分别表示 1% 和 5% 的显著性水平。

同时，控制变量中，行业规模与行业股价崩盘概率显著正相关，行业股息率、平均特有收益率与行业股价崩盘概率显著负相关。

二、供应链股价崩盘传染实证检验

表 6-4 为基于重要供应链关系矩阵的行业间股价崩盘传染空间计量检验。其中，空间滞后回归模型、空间误差检验模型显示股价崩盘空间滞后项回归系数 ρ 和空间误差项回归系数 λ 在 1% 水平上显著为正，检验结果表明中国行业股价崩盘概率还受到存在重要供应链关系行业崩盘概率正向传染。另外，股指波动率、换手率、市场非流动性变动程度、流动性黑洞频率与行业股价崩盘频率显著正相关，进一步表明投资者异质信念、市场非流动性会增加行业股价崩盘概率。表 6-4 所示的检验结果表明，行业股价崩盘概率不仅受本行业投资者行为、市场流动性、行业规模、行业股息率、行业特有收益率等影响外，还受到存在重要供应链关系行业崩盘传染。

表 6-4　　　　　　　供应链关系与行业间股价崩盘传染

变量	(1)		(2)	
	系数	t 值	系数	t 值
ρ	0.034 ***	5.80		
λ			0.054 ***	9.21
$DSigma_{i,T}$	0.018 ***	12.44	0.025 ***	18.08
$DTurn_{i,T}$	1.169 ***	4.93	1.740 ***	8.38
$ILLQ_{i,T}$	1.342	0.4	3.195	0.84
$DILLQ_{i,T}$	0.007 ***	2.8	0.009 ***	4.14
$Dark_{i,T}$	0.029 **	2.79	0.028 ***	2.76
$ILLQ_{i,T} \times Dark_{i,T}$	1.635	0.24	1.534	0.21
$DILLQ_{i,T} \times Dark_{i,T}$	−0.018 ***	−3.32	−0.020 ***	−3.69
$Size_{i,T}$	0.004	1.18	0.008 **	2.32
$Pe_{i,T}$	5.100	0.66	8.540	1.05
$Stock_{i,T}$	−0.009 ***	−4.47	−0.011 ***	−5.66
$Ret_{i,T}$	−1.961 ***	−12.38	−2.267 ***	−16.79

续表

变量	(1)		(2)	
	系数	t 值	系数	t 值
C	−0.067***	5.80	−0.114***	−4.59
年度效应	控制		控制	
固定效应	是		是	
R^2 值	0.67		0.68	
F 统计量	987.01***		6 844.20***	
样本数量	1 529		1 529	

注: *** 和 ** 分别表示 1% 和 5% 的显著性水平。

表 6-4 已验证股价崩盘事件会通过供应链关系渠道进行传染,本章进一步将供应链关系按照消耗与被消耗分类,检验行业股价崩盘在供应链上传染方向。表 6-5 为基于上、下游重要客户关系矩阵行业崩盘空间计量检验。其中,模型(1)和模型(2)是基于重要上游客户崩盘传染检验,空间滞后回归模型、空间误差检验模型显示股价崩盘空间滞后项回归系数 ρ 和空间误差项回归系数 λ 在 1% 水平上显著为正,检验结果表明行业股价崩盘概率还受到重要上游行业崩盘概率正向传染。

表 6-5　　　　　　　　重要上、下游行业崩盘传染性检验

变量	(1)	(2)	(3)	(4)
	系数	系数	系数	系数
ρ	0.042***		0.062***	
λ		0.099***		0.090***
$DSigma_{i,T}$	0.019***	0.022***	0.014***	0.021***
$DTurn_{i,T}$	1.249***	2.323***	1.605***	2.406***
$ILLQ_{i,T}$	1.704	4.313	4.686	5.693
$DILLQ_{i,T}$	0.007***	0.016***	0.011***	0.017***
$Dark_{i,T}$	0.030***	0.032***	0.029**	0.031**
$ILLQ_{i,T} \times Dark_{i,T}$	1.612	−0.905	−3.164	−2.370

变量	（1）	（2）	（3）	（4）
	系数	系数	系数	系数
$DILLQ_{i,T} \times Dark_{i,T}$	-0.020 ***	-0.032 ***	-0.025 ***	-0.033 ***
$Size_{i,T}$	0.006	0.006 ***	0.004 **	0.006 ***
$Pe_{i,T}$	5.490	0.00001	-0.000001	-0.00002
$Stock_{i,T}$	-0.009 ***	-0.009 ***	-0.005 ***	-0.009 ***
$Ret_{i,T}$	-2.009 ***	-2.281 ***	-1.841 ***	-2.397 ***
C	-0.080 ***	-0.091 ***	-0.065 ***	-0.093 ***
年度效应	控制	控制	控制	控制
固定效应	是	是	是	是
R^2 值	0.66	0.67	0.61	0.65
F 统计量	502.33 ***	150.09 ***	63.26 ***	210.66 ***
样本数量	1 529	1 529	1 529	1 529

注：*** 和 ** 分别表示 1% 和 5% 的显著性水平。

表 6 - 5 中模型（3）和模型（4）是基于下游重要客户关系矩阵的行业崩盘空间计量检验，其中，空间滞后回归模型、空间误差检验模型显示股价崩盘空间滞后项回归系数 ρ 和空间误差项回归系数 λ 在 1% 水平上显著为正，检验结果表明行业股价崩盘概率还受到重要下游行业崩盘概率正向传染。

第五节 进一步检验与稳健性检验

一、投资者行为与供应链股价崩盘传染

为分析行业股市崩盘传染内在机制，本章基于中介效应模型进一步检验行业间股市崩盘内在传染性。构建如下空间杜宾 SDPDM 检验模型：

$$DSigma_{i,T} = a + \rho W_{i,j} DSigma_{i,T} + \beta W_{i,j} Crash_{i,T} \times W_{i,j} DSigma_{i,T} + \lambda W_{i,j} Crash_{i,T} + \xi$$

$$(6-11)$$

$$DTurn_{i,T} = a + \rho W_{i,j} DTurn_{i,T} + \beta W_{i,j} Crash_{i,T} \times W_{i,j} DTurn_{i,T} + \lambda W_{i,j} Crash_{i,T} + \xi$$

$$(6-12)$$

$$DILLQ_{i,T} = a + \rho W_{i,j} DILLQ_{i,T} + \beta W_{i,j} Crash_{i,T} \times W_{i,j} DILLQ_{i,T} + \lambda W_{i,j} Crash_{i,T} + \xi$$

$$(6-13)$$

$$Dark_{i,T} = a + \rho W_{i,j} Dark_{i,T} + \beta W_{i,j} Crash_{i,T} \times W_{i,j} Dark_{i,T} + \lambda W_{i,j} Crash_{i,T} + \xi$$

$$(6-14)$$

其中，解释变量为 i 行业 T 季度股指波动率、换手率、市场非流动性变动程度和流动性黑洞频率，$W_{i,j} DSigma_{i,T}$、$W_{i,j} DTurn_{i,T}$、$W_{i,j} DILLQ_{i,T}$、$W_{i,j} Dark_{i,T}$ 分别为 i 行业 T 季度股指波动率、换手率、市场非流动性变动程度和流动性黑洞频率空间滞后项，$W_{i,j} Crash_{i,T}$ 为 i 行业 T 季度股市崩盘频率空间滞后项。回归系数 ρ 为行业间股指波动率、换手率、市场非流动性变动程度和流动性黑洞频率空间溢出效应。

表 6-6 为基于供应链关系矩阵的投资者异质信念、市场流动性溢出性检验。检验结果显示股指波动率、换手率、市场非流动性变动程度、流动性黑洞空间滞后项回归系数 ρ 显著为正，表明行业间投资者异质信念、市场非流动性会在关联行业间正向传染，进而导致股市崩盘在重要供应链关系行业间传染。同时，股市崩盘滞后项回归系数 λ 在股指波动率、换手率、市场非流动性模型中显著为正，结果表明股市崩盘事件会通过增加关联行业投资者异质信念、市场非流动性水平，进一步导致股市崩盘在重要供应链关系行业间传染。

表 6-6   供应关系行业间投资者异质信念、市场流动性溢出性检验

变量	(1)		(2)		(3)		(4)	
	系数	t 值	系数	t 值	系数	t 值	系数	t 值
$W_{i,j} DSigma_{i,T}$	0.070 ***	13.06						
$W_{i,j} Y_{i,T} \times W_{i,j} DSigma_{i,T}$	-0.013 ***	-3.37						
$W_{i,j} DTurn_{i,T}$			0.074 ***	11.49				
$W_{i,j} Y_{i,T} \times W_{i,j} DTurn_{i,T}$			-0.020 ***	-6.12				
$W_{i,j} DILLQ_{i,T}$					0.078 ***	14.93		

续表

变量	(1)		(2)		(3)		(4)	
	系数	t 值	系数	t 值	系数	t 值	系数	t 值
$W_{i,j}Y_{i,T} \times W_{i,j}DILLQ_{i,T}$					−0.008 **	−2.57		
$W_{i,j}DARK_{i,T}$							0.072 ***	11.83
$W_{i,j}Y_{i,T} \times W_{i,j}DARK_{i,T}$							−0.018	−1.45
$W_{i,j}Y_{i,T}$	0.374 ***	4.97	0.006 ***	6.16	0.092 ***	2.90	0.0002	0.04
C	0.174 **	2.22	0.004 **	2.48	0.108	1.35	0.028 *	1.75
年度效应	控制		控制		控制		控制	
固定效应	是		是		是		是	
R^2 值	0.51		0.75		0.64		0.78	
F 统计量	276.92 ***		210.50 ***		138.67 ***		244.16 ***	
样本数量	1 523		1 556		1 523		1 556	

注：***、** 和 * 分别表示 1%、5% 和 10% 的显著性水平。

二、行业资源依赖与供应链股价崩盘传染

基于投入产出表的投入产出系数，反映了生产经营过程中产业部门间的资源依赖性（刘伟和蔡志洲，2008），投入产出系数越大表明产业部门间依赖性越强。例如，刘伟和蔡志洲（2008）基于投入产出系数衡量产业间依赖关系，研究发现中国第一产业对各个部门的中间消耗的依赖明显增加，第二产业对各个部门中间消耗的依赖略有增加，而第三产业对各个部门中间消耗的依赖则有明显下降。为检验行业资源依赖关系对于股价崩盘传染影响，本章进一步按照行业间投入产出系数划分成高度资源依赖（$S_{i,j} \geqslant 10\%$）、中高度资源依赖（$10\% > S_{i,j} \geqslant 6\%$）、中度资源依赖（$6\% > S_{i,j} \geqslant 2\%$）以及低度资源依赖（$S_{i,j} < 2\%$）4 组。

为检验上述供应链资源依赖对于股价崩盘传染的影响，本章按照供应链资源依赖程度构建如下检验模型：

$$Y_{i,T} = C + \rho_{高} W_{i,T} Y_{i,T} + \beta Control + \varepsilon \qquad (6-15)$$

$$Y_{i,T} = C + \rho_{中高} W_{i,T} Y_{i,T} + \beta Control + \varepsilon \qquad (6-16)$$

$$Y_{i,T} = C + \rho_{中} W_{i,T} Y_{i,T} + \beta Control + \varepsilon \qquad (6-17)$$

$$Y_{i,T} = C + \rho_{低} W_{i,T} Y_{i,T} + \beta Control + \varepsilon \qquad (6-18)$$

其中，方程（6 – 15）为高度资源依赖供应链关系行业间股价崩盘传染效应检验，方程（6 – 16）为中高度资源依赖供应链关系行业间股价崩盘传染效应检验，方程（6 – 17）为中度资源依赖供应链关系行业间股价崩盘传染效应检验，方程（6 – 18）为低度资源依赖度供应链关系行业间股价崩盘传染效应检验。如果不同资源依赖度供应链关系股价崩盘传染系数存在明显差异，表明供应链间资源依赖程度是供应链间股价崩盘传染内在原因之一。

表 6 – 7 为不同资源依赖程度上游供应链行业崩盘传染效应检验，结果显示，随着供应链间资源依赖程度增加，行业受上游供应链行业股价崩盘传染系数显著增加。其中，受高度资源依赖供应链上游行业股指崩盘传染系数为 0. 185，受中高度资源依赖供应链上游行业股指崩盘传染系数为 0. 158，受中度资源依赖供应链上游行业股指崩盘传染系数为 0. 113，受低度资源依赖供应链上游行业股指崩盘传染系数为 0. 043。

表 6 – 7　　　　上游供应链关系、资源依赖程度与行业间股价崩盘传染

变量	（1）系数	（2）系数	（3）系数	（4）系数
$\rho_{高}$	0. 185 ***			
$\rho_{中高}$		0. 158 ***		
$\rho_{中}$			0. 113 ***	
$\rho_{低}$				0. 043 ***
$DSigma_{i,T}$	0. 017 ***	0. 018 ***	0. 014 ***	0. 007 ***
$DTurn_{i,T}$	1. 839 ***	2. 025 ***	1. 366 ***	0. 952 ***
$ILLQ_{i,T}$	11. 174 ***	9. 307 **	4. 963	5. 781 **
$DILLQ_{i,T}$	0. 013 ***	0. 017 ***	0. 010 ***	0. 006 **
$Dark_{i,T}$	0. 032 **	0. 030 **	0. 034 ***	0. 017
$ILLQ_{i,T} \times Dark_{i,T}$	– 11. 055	– 9. 255	– 4. 927	– 4. 947

续表

变量	（1）	（2）	（3）	（4）
	系数	系数	系数	系数
$DILLQ_{i,T} \times Dark_{i,T}$	-0.030 ***	-0.035 ***	-0.023 ***	-0.013 **
$Size_{i,T}$	0.006 ***	0.004 ***	0.004 ***	0.003 **
$Pe_{i,T}$	-0.199	2.250	-0.375	0.008
$Stock_{i,T}$	-0.008 ***	-0.008 ***	-0.006 **	-0.005 ***
$Ret_{i,T}$	-1.886 ***	-2.035 ***	-1.589 ***	-1.201 ***
C	-0.085 ***	-0.081 ***	-0.065 ***	-0.042 ***
年度效应	控制	控制	控制	控制
固定效应	是	是	是	是
R^2 值	0.52	0.49	0.59	0.67
F 统计量	75.25 ***	88.50 ***	122.35 ***	158.10 ***
样本数量	1 529	1 529	1 529	1 529

注：*** 和 ** 分别表示1%和5%的显著性水平。

表6-8为不同资源依赖程度下游供应链行业崩盘传染效应检验，结果显示，随着供应链间资源依赖程度增加，行业受下游供应链行业股价崩盘传染系数显著增加。其中，受高度资源依赖供应链下游行业股指崩盘传染系数为0.195，受中高度资源依赖供应链下游行业股指崩盘传染系数为0.193，受中度资源依赖供应链下游行业股指崩盘传染系数为0.071，受低度资源依赖供应链下游行业股指崩盘传染系数为0.044。

表6-8   下游供应链关系、资源依赖程度与行业间股价崩盘传染

变量	（1）	（2）	（3）	（4）
	系数	系数	系数	系数
$\rho_{高}$	0.195 ***			
$\rho_{中高}$		0.193 ***		
$\rho_{中}$			0.071 ***	
$\rho_{低}$				0.044 ***
$DSigma_{i,T}$	0.021 ***	0.019 ***	0.016 ***	0.009 ***

续表

变量	(1)	(2)	(3)	(4)
	系数	系数	系数	系数
$DTurn_{i,T}$	2.026 ***	2.042 ***	1.751 ***	1.050 ***
$ILLQ_{i,T}$	11.248 ***	9.572 **	6.618 **	6.282 **
$DILLQ_{i,T}$	0.016 ***	0.017 ***	0.014 ***	0.007 ***
$Dark_{i,T}$	0.028 **	0.044 ***	0.036 **	0.019 *
$ILLQ_{i,T} \times Dark_{i,T}$	− 10.024	− 10.178	− 7.564	− 5.822
$DILLQ_{i,T} \times Dark_{i,T}$	− 0.034 ***	− 0.036 ***	− 0.030 ***	− 0.015 **
$Size_{i,T}$	0.005 ***	0.006 ***	0.004 ***	0.003 **
$Pe_{i,T}$	− 0.297	1.790	1.590	− 0.625
$Stock_{i,T}$	− 0.007 ***	− 0.008 ***	− 0.006 ***	− 0.006 ***
$Ret_{i,T}$	− 2.065 ***	− 2.055 ***	− 1.858 ***	− 1.275 ***
C	− 0.090 ***	− 0.098 ***	− 0.074 ***	− 0.046 ***
年度效应	控制	控制	控制	控制
固定效应	是	是	是	是
R^2 值	0.48	0.52	0.54	0.63
F 统计量	66.76 ***	80.51 ***	51.90 ***	85.35 ***
样本数量	1 529	1 529	1 529	1 529

注: ***、** 和 * 分别表示 1%、5% 和 10% 的显著性水平。

三、稳健性检验

(一) 控制市场态势

由于市场整体下滑可能导致行业股价崩盘同步发生,从而导致行业间股价崩盘机械相关。因此为避免市场整体下滑导致的内生性,本章进一步控制 A 股市场态势对于行业股价崩盘传染影响。本章通过寻找股市价格变化的波峰和波谷,诊断股市牛、熊市周期。即在前后三个月窗口期内判断波谷、波峰,将波谷至波峰期间定义为牛市周期。

表 6-9 为 A 股牛市周期下行业间股价崩盘传染空间计量检验。其中,空

间滞后回归模型、空间误差检验模型显示股价崩盘空间滞后项回归系数 ρ 和空间误差项回归系数 λ 在1%水平上显著为正，检验结果表明，市场处于牛市周期下行业股价崩盘依然存在正向传染效应。同时，股指波动率、换手率与股价崩盘显著正相关。

表6-9　　　　　　　　　　牛市周期下行业股价崩盘传染

变量	(1)		(2)	
	系数	t 值	系数	t 值
ρ	0.021 ***	3.28		
λ			0.041 ***	3.74
$DSigma_{i,T}$	0.023 ***	8.90	0.026 ***	10.87
$DTurn_{i,T}$	1.764 ***	4.87	2.082 ***	6.54
$ILLQ_{i,T}$	−3.165	−0.49	−0.521	−0.08
$DILLQ_{i,T}$	0.002	0.56	0.003	0.82
$Dark_{i,T}$	0.057	1.58	0.040	1.14
$ILLQ_{i,T} \times Dark_{i,T}$	21.328	1.34	18.914	1.18
$DILLQ_{i,T} \times Dark_{i,T}$	−0.033	−1.15	−0.016	−0.54
$Size_{i,T}$	0.007 **	2.45	0.011 ***	3.33
$Pe_{i,T}$	10.200	0.84	13.600	1.11
$Stock_{i,T}$	−0.007 **	−2.31	−0.009 ***	−3.00
$Ret_{i,T}$	−2.413 ***	−14.01	−2.446 ***	−14.79
C	−0.095 ***	−3.26	−0.131 ***	−4.49
年度效应	控制		控制	
固定效应	是		是	
R^2 值	0.69		0.68	
F 统计量	983.69 ***		1 637.59 ***	
样本数量	706		712	

注：*** 和 ** 分别表示1%和5%的显著性水平。

（二）动态面板回归

考虑到股指崩盘与投资者异质信念、市场流动性可能存在双向因果关系，本章借鉴苏冬蔚和熊家财（2013）用内生变量滞后项作为工具变量，构建系统 GMM 动态面板模型。

表 6 - 10 为基于系统 GMM 工具变量法行业间股价崩盘传染检验。检验结果显示，空间滞后回归模型、空间误差检验模型显示股价崩盘空间滞后项回归系数 ρ 和空间误差项回归系数 λ 在 1% 水平上显著为正，表明控制股价崩盘滞后效应以及投资者异质信念、市场流动性与股价崩盘内生性基础上，股价崩盘事件会在供应链关系行业间传染。同时，股指波动率、换手率、市场非流动性与股价崩盘频率显著正相关。

表 6 - 10　　　　　　行业股价崩盘传染系统 GMM 动态面板检验

变量	(1)		(2)	
	系数	t 值	系数	t 值
$Y_{i,T-1}$	0. 101 ***	2. 86	0. 155 ***	3. 44
ρ	0. 517 ***	11. 17		
λ			0. 052 ***	8. 88
$DSigma_{i,T}$	0. 014 ***	7. 37	0. 026 ***	14. 54
$DTurn_{i,T}$	0. 415 *	1. 69	1. 711 ***	10. 14
$ILLQ_{i,T}$	- 1. 373	- 0. 27	18. 389 **	2. 31
$DILLQ_{i,T}$	0. 011 ***	4. 21	0. 010 ***	4. 11
$Dark_{i,T}$	0. 016	1. 07	0. 025 *	1. 71
$ILLQ_{i,T} \times Dark_{i,T}$	11. 105	1. 15	- 26. 538 ***	- 2. 54
$DILLQ_{i,T} \times Dark_{i,T}$	- 0. 025 ***	- 4. 01	- 0. 014 *	- 1. 77
$Size_{i,T}$	0. 001	0. 4	0. 009 ***	3. 91
$Pe_{i,T}$	0. 001 ***	2. 86	- 22. 800	- 0. 71
$Stock_{i,T}$	0. 025 **	2. 24	- 0. 026 **	- 2. 55
$Ret_{i,T}$	- 0. 396	- 1. 26	- 2. 229 ***	- 6. 68
C	- 0. 085 ***	- 3. 39	- 0. 085 ***	- 3. 26
Wald chi2	954. 24 ***		1 500. 88 ***	
AR (1)	- 4. 64 ***		- 4. 56 ***	
AR (2)	0. 96		- 0. 37	
Hansen P 值	0. 263		0. 207	
样本数量	1 523		1 523	

注：*** 、** 和 * 分别表示 1% 、5% 和 10% 的显著性水平。

第七章 高管连锁网络股价崩盘传染

第一节 引 言

企业间高管连锁指高管同时在两家以上公司兼任，连锁高管是联合控制企业的重要方式。连锁高管会在连锁公司之间产生多维度影响，这种影响在正式制度供给不足的中国可能更强烈（张萍和徐巍，2016）。例如，学者研究发现高管连锁公司间的财务重述（陈仕华和陈钢，2013）、并购活动（陈仕华和卢昌崇，2013）、承销商选择（王疆和陈俊甫，2015）、对外投资区位选择（王疆，2014）、企业慈善行为（陈仕华和马超，2011）、会计信息质量（张娆，2014；李青原等，2015）、空间政策选择（周晓苏等，2017）等存在显著传染溢出效应。已有研究表明，企业间高管连锁关系形成可靠的信息交流与学习模仿渠道，使得公司治理、行为决策会在相互联结企业间迅速传播与效仿（张萍和徐巍，2016）。

连锁高管不仅造成公司实体经济行为关联，还会造成资本市场趋同。连锁高管社会关系为外部投资者所定价，拥有该类属性的资产价格变化会存在一定同步性（陆贤伟等，2013）。例如，卡纳和托马斯（Khanna & Thomas，2009）实证研究发现股东联结、董事联结关系都会显著影响股价联动；李留闯等（2012）研究发现拥有连锁董事公司股价同步性越强。根据李留闯等（2012）的研究，连锁高管公司股价同步性影响机制包括：一是连锁高管淡化了企业边界，形成的企业网络透明度降低；二是高管连锁公司通过协作学习、信息共享，增强连锁公司基本面趋同性，资产基本面关联是价格联动的内在原因。另外，根据关联分类理论，连锁高管可能成为投资者分类的依据，进而导致连锁公司被投资者归为一类资产，最终发生股价联动。

同时，金和迈尔斯（2006）、赫顿等（Hutton，2009）提出的管理层"隐藏负面信息"假说，表明高管行为可能是造成公司股价崩盘的重要原因，那么高管隐藏负面信息的行为和动机可能同时发生在其担任高管的多家公司。如果高管连锁的一家公司发生崩盘事件，可能会引起投资者形成高管连锁的其他公司存在"隐藏负面消息"预期，从而导致股价崩盘风险在高管连锁公司间发生传递。因此，基于以上文献，高管连锁会形成企业基本面关联网络，由于投资者分类投资、认知偏差，以及管理层"隐藏负面信息"动机等，造成股价崩盘在连锁高管公司间传染。因此，本章提出如下假设：

假设7.1：股价崩盘会在高管连锁公司间传染。

股价崩盘的产生，不仅可以由外生随机信息的生成过程引发，还有可能是公司内部的委托代理冲突引起的（谢雅璐，2016）。委托代理理论的核心是解决在利益相冲突和信息不对称情况下，委托人对代理人的激励问题，即降低代理成本（Jensen，1976；刘有贵和蒋年云，2006）。信息不对称产生了事前的逆向选择代理问题和事后道德风险的代理问题。事后的道德风险又可以划分为隐藏行动的道德风险和隐藏信息的道德风险两种代理模型（Arrow，1985）。李世辉和雷新途（2008）按照"结果可观测也可证实"和"结果可观测但不可证实"的标准，将隐藏信息的道德风险模型产生的代理成本称为显性代理成本，而将隐藏行动的道德风险模型产生的代理成本称为隐性代理成本。因此，高管隐藏股价崩盘假说可以从委托代理角度进行解释：管理层出于自身利益的考虑，比如薪酬契约（Xu，2014）、股权激励（Kim，2011）、职业发展（Ball，2009）和帝国构造（Bleck，2007），往往刻意隐藏公司"坏消息"或者负面消息，当公司内部负面消息累积到上限时，坏消息将集中释放导致股价崩盘（Huttonet et al.，2009；Jin & Myers，2006）。

基于委托代理理论，上市公司股价崩盘风险内在根源概括为两点：一是公司代理成本。管理者出于自身利益倾向于推迟披露甚至隐藏披露坏消息，这种利益诉求包括货币薪酬、在职消费、职业生涯考虑和帝国构建等机会主义行为（李小荣和刘行，2012）。当这种隐藏消息累积到一定程度时，将导致股价的崩盘。二是公司信息的不对称。由于信息不对称的存在，管理者可以通过隐藏坏消息防止投资者发现净现值为负的项目，保证项目的顺利实施（Bleck，2007）。信息不对称使得公司坏消息无法及时反映到公司股价当中，导致公司股价被高估。一旦投资者识破企业的真实运营状况，公司股价崩盘风险增大（王超恩和张瑞君，2015）。围绕委托代理问题，学者们从公司内部（DeFond，2015；李小荣和刘行，2012）和外部（An，2009；许年行等，2013）两个层面，分别探讨了股价崩盘风险机制，形成许多有益的成果（王超恩和张瑞君，2015）。

因此，高管连锁公司崩盘传染本质上是由于高管与股东委托代理问题导致的，即高管连锁公司崩盘会加剧目标公司高管委托代理问题的股价崩盘风险，从而导致传染。因此，本章提出如下假设：

假设 7.2：委托代理问题是高管连锁公司股价崩盘发生传染内在机制。

第二节　样本来源与变量说明

一、样本来源

本章样本为 2000～2016 年 A 股上市公司，公司股票价格、财务数据、基金公司持股数据来源于 CSMAR 股票交易和上市公司数据库以及 Wind 股票数据库，样本公司构成见表 7 - 1。

表 7 - 1　　　　　　　　　　样本公司公司分布

类别	公司数量	占比（%）	类别	公司数量	占比（%）
农林牧渔	70	2.92	房地产	126	5.25
采掘	53	2.21	商业贸易	81	3.38

类别	公司数量	占比（%）	类别	公司数量	占比（%）
化工	220	9.17	餐饮旅游	28	1.17
黑色金属	34	1.42	建筑材料	52	2.17
有色金属	92	3.83	建筑装饰	79	3.29
机械设备	226	9.42	电气设备	121	5.04
电子元器件	137	5.71	国防军工	29	1.21
家用电器	53	2.21	计算机	131	5.46
食品饮料	64	2.67	传媒	79	3.29
纺织服装	67	2.79	通信	60	2.50
轻工制造	70	2.92	银行	17	0.71
医药生物	192	8.00	非银金融	41	1.71
公用事业	103	4.29	汽车	97	4.04
交通运输	78	3.25	全部样本	2 400	100.00

二、高管连锁矩阵

为测度公司间股价崩盘可能通过高管连锁的渠道传染，本章按照高管连锁构建相邻权重矩阵 $W_{i,j}$，进行空间计量检验。

本章借鉴卢昌崇和陈仕华（2009）、陈仕华和马超（2011）和张娆（2013）等，将两公司存在至少 1 名共同高级管理人员视为存在高管连锁关系，从而构建如下公司高管连锁矩阵：

$$W_{N \times N} = \begin{bmatrix} 0 & w_{i,j} & w_{i,j} \\ w_{j,i} & 0 & w_{i,j} \\ w_{j,i} & w_{j,i} & 0 \end{bmatrix} \qquad (7-1)$$

其中，N 为公司数，$w_{i,j}$ 为公司 i 和公司 j 高管连锁关系，取值如下：

$$w_{i,j,t} = \begin{cases} 1, t \text{ 时期 } i \text{ 公司与 } j \text{ 股价至少有一名共同高级管理人员} \\ 0, \text{otherwise} \end{cases}$$

本章高级管理人员包括董事、监事、总经理以及公司章程规定的其他人员。

三、模型设计

本章借鉴程槺等（2012）、李立等（2015），应用空间计量模型检验公司间股价崩盘风险传染效应。进行空间计量检验前，首先构建如下基本回归模型：

$$Y_{i,T} = \beta + \beta_1 X_{i,T} + \beta Cvs_{i,T} + \varepsilon_{i,T} \qquad (7-2)$$

其中，$Y_{i,T}$ 为公司 i 在 T 季度股价崩盘频率；X 为公司股价特征变量，包括公司 i 在 T 季度股价波动率较上一季度变化程度（$MDSigma_{i,T}$）、公司 i 在 T 季度股价换手率（$MDTurn_{i,T}$），以及公司 i 在 T 季度股价平均非流动性水平较上一季度变化程度（$MDILLQ_{i,T}$）、流动性黑洞频率（$Dark_{i,T}$）。由于公司股价崩盘可能受到公司自身特征影响，本章在检验模型中引入公司市盈率、公司股息率、公司市值规模、平均特有收益率作为控制变量 Cvs。为控制变量异常值，本章对连续变量进行上下 1% 缩尾处理。

空间滞后模型（SLM）主要用于检验关联公司间观测值相互作用，即区域间空间溢出效应。计量模型如下：

$$Y_{i,T} = \beta + \rho W_{i,j} Y_{i,T} + \beta_1 X_{i,T} + \beta Cvs_{i,T} + \varepsilon_{i,T} \qquad (7-3)$$

其中，$W_{i,j}$ 为 $n \times n$ 阶高管连锁相邻矩阵；$W_{i,j} Y_{i,T}$ 为季度股价崩盘概率空间滞后项；ρ 为空间滞后项回归系数。如果系数 ρ 显著非 0，表明样本公司股价崩盘概率除受本公司投资者情绪、市场流动性、公司特征影响，还受到高管连锁关联公司股价崩盘传染。

为检验不可观测或无法度量的崩盘因素存在的传染效应，本章进一步构建如下空间误差模型（SEM）：

$$Y_{i,T} = \beta + \beta_1 X_{i,T} + \beta Cvs_{i,T} + \varepsilon_{i,T}$$
$$\varepsilon_{i,T} = \lambda W_{i,j} \varepsilon_{i,T} + \mu_{i,T} \qquad (7-4)$$

其中，ε 为随机误差项；λ 为空间误差项回归系数，用以检验样本公司股价崩盘不仅受本公司解释变量影响，还受到关联公司随机误差项影响。

本章主要变量说明见表7-2。

表7-2　　　　　　　　　　　　　本章主要变量说明

变量名称	变量代码	备注
季度股价崩盘频率	Y	季度股价崩盘概率
季度股指波动率变动	$MDSigma$	季度剔除行业中位数股指波动率变化程度
季度平均换手率	$MDturn$	季度剔除行业中位数换手率
流动性黑洞	$Dark$	季度流动性黑洞频率
市场非流动性	$MILLQ$	季度剔除行业中位数非流动性
市场非流动性变动	$MDILLQ$	季度剔除行业中位数非流动性变化程度
季度股指平均收益率	Ret	周收益率平均水平
季度平均流通市值对数	$Market$	公司规模
资产负债率	Lev	财务风险
每股收益	Eps	盈利能力
营业现金比	$Cash$	销售收入变现能力
所得税费用率	$Taxation$	所得税成本
市账比	MB	资本市场定价
高管连锁矩阵	$W_{i,j}$	高管关联关系
管理销售费用率	Gs	测度代理成本
总资产周转率	$Turnasset$	测度代理成本
股价极差率	$Spread$	测度信息不对称
盈余管理测度	$Opaque$	测度信息不对称

第三节　高管连锁与股价崩盘传染检验

一、描述性统计与基本回归

表7-3为主要变量描述性统计，统计结果显示2000~2016年样本公司股价崩盘频率平均为2%，最高达到18%；股指收益率波动率平均为16%，换手率平均为1%，流动性不足平均为30%，流动性黑洞频率平均为9%。

表 7-3 变量描述性统计

变量	样本数量	平均值	标准差	最小值	最大值
$Y_{i,T}$	99 128	0.02	0.04	0.00	0.18
$MDSigma$	95 811	0.16	0.63	-0.70	2.88
$MDTurn$	99 128	0.01	0.06	-0.12	0.26
$MILLQ$	99 128	2.33×10^{-10}	1.10×10^{-9}	-1.58×10^{-9}	6.98×10^{-9}
$MDILLQ$	95 811	0.30	1.08	-0.97	6.55
$Dark$	99 128	0.09	0.17	0.00	0.70
Ret	99 128	0.00	0.02	-0.05	0.09
$Market$	99 128	13.90	1.95	8.87	17.80
Lev	99 167	0.48	0.22	0.06	1.15
Eps	99 171	0.23	0.40	-0.81	1.89
$Cash$	97 764	0.08	0.25	-1.20	0.86
$Taxation$	97 764	0.02	0.03	-0.02	0.15
MB	90 124	0.40	0.27	-0.07	1.31

进行空间计量检验前,表7-4首先报告非空间回归检验结果。其中,固定效应回归显示股指波动率、换手率、市场非流动性及其变动程度、流动性黑洞与公司股价崩盘概率正相关,表明投资者异质信念、市场非流动性水平增加,公司股价崩盘概率也会增加。同时,控制变量中,公司规模、资产负债率、税负成本与公司股价崩盘概率显著正相关,公司平均特有收益率、每股收益、市账比与公司股价崩盘概率显著负相关。

表 7-4 公司股价崩盘非空间计量回归

变量	OLS		FE	
	系数	t 值	系数	t 值
$MDSigma_{i,T}$	0.021 ***	107.06	0.021 ***	98.01
$MDTurn_{i,T}$	0.112 ***	48.61	0.147 ***	42.74
$MILLQ_{i,T}$	1.51×10^{6} ***	6.53	6.17×10^{5}	1.61
$MDILLQ_{i,T}$	0.0003 **	2.32	0.001 ***	8.39
$Dark_{i,T}$	-0.007 ***	-8.12	2.92×10^{4}	0.25

变量	OLS		FE	
	系数	t 值	系数	t 值
$MILLQ_{i,T} \times Dark_{i,T}$	-3.72×10^{6} ***	-7.90	-2.59×10^{6} ***	-3.83
$MDILLQ_{i,T} \times Dark_{i,T}$	0.002 ***	3.07	0.000	-0.48
$Ret_{i,T}$	-0.864 ***	-101.87	-0.879 ***	-99.36
$Market_{i,T}$	0.001 ***	22.45	0.004 ***	14.49
$Lev_{i,T}$	-0.001	-1.28	0.002 **	2.08
$Eps_{i,T}$	1.95×10^{-4}	0.68	-1.89×10^{-4}	-0.40
$Cash_{i,T}$	0.001 ***	3.70	0.001	1.16
$Taxation_{i,T}$	0.005	1.34	0.010	1.61
$MB_{i,T}$	-0.011 ***	-27.33	-0.016 ***	-20.43
C	-0.013 ***	-17.03	-0.053 ***	-14.25
年度效应	控制		控制	
季度效应	控制		控制	
固定效应	否		是	
R^2 值	0.49		0.47	
F 统计量	1 230.17 ***		958.04 ***	
FE 统计量	/		2.93 ***	
样本数量	85 903		85 903	

注：*** 和 ** 分别表示 1% 和 5% 的显著性水平。本章通过报告稳健标准误控制回归异方差。

二、高管连锁与股价崩盘传染检验

表 7-5 为基于高管连锁关系矩阵的公司间股价崩盘传染空间计量检验。其中，空间滞后回归模型、空间误差检验模型显示股价崩盘空间滞后项回归系数 ρ 和空间误差项回归系数 λ 在 1% 水平上显著为正，检验结果表明我国公司股价崩盘概率还受到存在高管连锁关系公司崩盘概率正向传染。另外，股指波动率、换手率、市场非流动性、流动性黑洞频率与公司股价崩盘频率显著正相关，进一步表明投资者异质信念、市场非流动性会增加公司股价崩盘概率。

表 7 − 5　　　　　　　　　　　高管连锁与公司股价崩盘传染

变量	高管连锁关系		非独董高管连锁关系	
	系数	t 值	系数	t 值
ρ	0.044 ***	21.28	0.065 ***	14.95
$MDSigma_{i,T}$	0.021 ***	95.61	0.021 ***	96.07
$MDTurn_{i,T}$	0.143 ***	41.65	0.146 ***	42.42
$MILLQ_{i,T}$	6.07×10^{5}	1.55	6.21×10^{5}	1.59
$MDILLQ_{i,T}$	0.001 ***	6.31	0.001 ***	6.99
$Dark_{i,T}$	-4.87×10^{-5}	−0.04	-3.14×10^{-4}	−0.27
$MILLQ_{i,T} \times Dark_{i,T}$	-2.53×10^{6} ***	−3.70	-2.50×10^{6} ***	−3.66
$MDILLQ_{i,T} \times Dark_{i,T}$	0.001 *	1.68	0.001	1.23
$Ret_{i,T}$	−0.860 ***	−97.33	−0.871 ***	−98.08
$Market_{i,T}$	0.004 ***	12.99	0.004 ***	13.67
$Lev_{i,T}$	0.002 **	2.07	0.002 **	2.11
$Eps_{i,T}$	-2.55×10^{-4}	−0.53	-2.53×10^{-4}	−0.53
$Cash_{i,T}$	0.001	0.98	0.001	1.10
$Taxation_{i,T}$	0.010	1.53	0.010	1.54
$MB_{i,T}$	−0.016 ***	−20.41	−0.016 ***	−20.35
C	−0.047 ***	−12.48	−0.050 ***	−13.34
年度效应	控制		控制	
季度效应	控制		控制	
固定效应	是		是	
R^2 值	0.47		0.47	
F 统计量	916.03 ***		919.34 ***	
FE 统计量	2.94 ***		2.94 ***	
样本数量	86 001		86 001	

注：*** 、** 和 * 分别表示1%、5%和10%的显著性水平。

表 7 − 5 检验结果表明，公司股价崩盘概率不仅受到本公司投资者行为、市场流动性、公司规模、公司特有收益率等影响，还受到存在高管连锁关系公司崩盘的传染。假设7.1得到验证。

为测度关联公司股价崩盘对其他公司传染滞后效应，表 7-6 分别在基本空间滞后回归模型中引入 $T-1$ 至 $T-5$ 期股价崩盘空间滞后项 $W_{i,j}Y_{i,T}$。检验结果显示，公司股价崩盘对外传染效应随着滞后期增加而减弱，影响系数在降低，表明公司股价崩盘传染效应呈递减趋势。

表 7-6　　　　　　　　　　高管连锁股价崩盘传染滞后性检验

变量	高管连锁传染				
	系数	t 值	R^2 值	F 统计量	样本数量
全部高管连锁					
$T-1$	0.083 ***	47.99	0.34	1 557.88 ***	86 000
$T-2$	0.077 ***	36.25	0.34	1 562.50 ***	83 498
$T-3$	0.079 ***	36.73	0.34	1 569.55 ***	81 204
$T-4$	0.055 ***	26.00	0.33	1 490.96 ***	79 079
$T-5$	0.038 ***	16.95	0.33	1 431.60 ***	77 008
非独立董事高管连锁					
$T-1$	0.125 ***	32.11	0.33	1 536.20 ***	86 000
$T-2$	0.109 ***	24.27	0.33	1 540.82 ***	83 498
$T-3$	0.103 ***	22.13	0.33	1 522.26 ***	81 204
$T-4$	0.074 ***	15.77	0.33	1 481.68 ***	79 079
$T-5$	0.048 ***	10.45	0.32	1 427.56 ***	77 008

注：*** 表示 1% 显著性水平。由于篇幅限制，仅列示外部崩盘因子检验结果，其他解释变量与基本模型一致。

三、高管连锁与投资者行为溢出检验

为分析公司股价崩盘传染内在机制，本章基于中介效应模型进一步检验公司间股价崩盘内在传染性。构建如下空间杜宾 SDPDM 检验模型：

$$MDSigma_{i,T} = a + \rho\Omega MDSigma_{i,T} + \beta\Omega Crash_{i,T} \times \Omega MDSigma_{i,T} + \lambda\Omega Crash_{i,T} + \xi$$

$$(7-5)$$

$$MDTurn_{i,T} = a + \rho\Omega MDTurn_{i,T} + \beta\Omega Crash_{i,T} \times \Omega MDTurn_{i,T} + \lambda\Omega Crash_{i,T} + \xi$$

$$(7-6)$$

$$MDILLQ_{i,T} = a + \rho\Omega MDILLQ_{i,T} + \beta\Omega Crash_{i,T} \times \Omega MDILLQ_{i,T} + \lambda\Omega Crash_{i,T} + \xi$$

$$(7-7)$$

$$Dark_{i,T} = a + \rho\Omega Dark_{i,T} + \beta\Omega Crash_{i,T} \times \Omega Dark_{i,T} + \lambda\Omega Crash_{i,T} + \xi \quad (7-8)$$

其中，解释变量为 i 公司 T 季度股指波动率（$MDSigma_{i,T}$）、换手率（$MDTurn_{i,T}$）、市场非流动性变动程度（$MDILLQ_{i,T}$）和流动性黑洞频率（$Dark_{i,T}$）；$\Omega MDSigma_{i,T}$、$\Omega MDTurn_{i,T}$、$\Omega MDILLQ_{i,T}$、$\Omega Dark_{i,T}$ 分别为 i 公司 T 季度股指波动率、换手率、市场非流动性和流动性黑洞频率空间滞后项；$\Omega Crash_{i,T}$ 为 i 公司 T 季度股价崩盘频率空间滞后项；回归系数 ρ 为公司间股指波动率、汇率贬值、市场非流动性和流动性黑洞频率空间溢出效应；回归系数 λ 为股价崩盘事件对关联公司股指波动率、换手率、市场非流动性和流动性黑洞频率空间溢出效应；回归系数 β 为股价崩盘事件对关联公司股指波动率、换手率、市场非流动性和流动性黑洞频率空间溢出效应调节效应。

表 7-7 为基于高管连锁关系矩阵的投资者异质信念、市场流动性溢出性检验。检验结果显示股指波动率、换手率、市场非流动性、流动性黑洞空间滞后项回归系数 ρ 显著为正，表明公司间投资者异质信念、市场非流动性会在连锁公司间正向传染，进而导致股价崩盘在高管连锁公司间传染。同时，股价崩盘滞后项回归系数 λ 在股指波动率、市场非流动性模型中显著为正，结果表明股价崩盘事件会通过增加关联公司投资者异质信念、换手率、市场非流动性水平，进一步导致股价崩盘在高管连锁关系公司间传染。

表7-7　高管连锁与投资者异质信念、市场流动性溢出性检验

变量	高管连锁关系							
	系数	t值	系数	t值	系数	t值	系数	t值
$\Omega MDSigma_{i,T}$	0.088 ***	29.18						
$\Omega Y_{i,T} \times \Omega MDSigma_{i,T}$	-0.056 ***	-3.09						
$\Omega MDTurn_{i,T}$			0.053 ***	13.84				
$\Omega Y_{i,T} \times \Omega MDTurn_{i,T}$			0.090 ***	4.65				
$\Omega MDILLQ_{i,T}$					0.102 ***	32.65		

变量	高管连锁关系							
	系数	t 值	系数	t 值	系数	t 值	系数	t 值
$\Omega Y_{i,T} \times \Omega MDILLQ_{i,T}$					-0.031^*	-1.95		
$\Omega DARK_{i,T}$							0.081^{***}	19.01
$\Omega Y_{i,T} \times \Omega DARK_{i,T}$							-0.115^{***}	-4.74
$\Omega Y_{i,T}$	0.302^{***}	7.95	0.013^{***}	3.61	0.334^{***}	7.00	-0.039^{***}	-6.72
C	0.184^{***}	22.32	0.009^{***}	9.44	0.181^{***}	11.94	0.050^{***}	19.44
年度效应	是		是		是		是	
季度效应	是		是		是		是	
固定效应	是		是		是		是	
R^2 值	0.06		0.02		0.06		0.39	
F 统计量	243.23^{***}		66.81^{***}		202.18^{***}		656.05^{***}	
样本数量	95 811		99 128		95 811		99 128	

注：*** 和 * 分别表示 1% 和 10% 的显著性水平。

表 7 - 8 为基于非独立董事的高管连锁关系的投资者异质信念、市场流动性溢出性检验。检验结果显示股指波动率、换手率、市场非流动性、流动性黑洞空间滞后项回归系数 ρ 显著为正，表明公司间投资者异质信念、市场非流动性会在非独立董事的高管连锁公司间正向传染，进而导致股价崩盘在高管连锁公司间传染。同时，股价崩盘滞后项回归系数 λ 在股指波动率、换手率、市场非流动性模型中显著为正，表明股价崩盘事件会通过增加连锁公司投资者异质信念、市场非流动性水平，进一步导致股价崩盘在高管连锁关系公司间传染。

表 7 - 8　非独立董事高管连锁与投资者异质信念、市场流动性溢出性检验

变量	高管连锁关系							
	系数	t 值	系数	t 值	系数	t 值	系数	t 值
$\Omega MDSigma_{i,T}$	0.089^{***}	33.92						
$\Omega Y_{i,T} \times \Omega MDSigma_{i,T}$	-0.072^*	-1.93						
$\Omega MDTurn_{i,T}$			0.059^{***}	16.65				

续表

变量	高管连锁关系							
	系数	t 值	系数	t 值	系数	t 值	系数	t 值
$\Omega Y_{i,T} \times \Omega MDTurn_{i,T}$			0.177 ***	3.98				
$\Omega MDILLQ_{i,T}$					0.098 ***	35.11		
$\Omega Y_{i,T} \times \Omega MDILLQ_{i,T}$					0.063 *	1.89		
$\Omega DARK_{i,T}$							0.075 ***	18.36
$\Omega Y_{i,T} \times \Omega DARK_{i,T}$							− 0.133 ***	− 2.68
$\Omega Y_{i,T}$	0.381 ***	5.14	0.005	0.75	0.303 ***	3.14	− 0.024 *	− 1.89
C	0.181 ***	21.98	0.009 ***	9.19	0.177 ***	11.69	0.051 ***	19.67
年度效应	是		是		是		是	
季度效应	是		是		是		是	
固定效应	是		是		是		是	
R^2 值	0.06		0.02		0.06		0.39	
F 统计量	237.24 ***		64.73 ***		204.95 ***		662.69 ***	
样本数量	95 811		99 128		95 811		99 128	

注：*** 和 * 分别表示 1% 和 10% 的显著性水平。

第四节　委托代理与股价崩盘传染

一、研究设计

根据金和迈尔斯（2006）、赫顿等（2009）的"高管信息隐藏假说"，高管出于自利动机倾向于隐藏坏消息，因此高管与股东之间的委托代理问题成为公司股价崩盘的内在原因之一。我国资本市场尚未形成成熟的职业经理人制度，高管与大股东、实际控制人存在兼任和关联的现象，因此，根据高管隐藏假说，第一类代理问题、第二类代理问题都是造成我国上市公司股价崩盘的潜在原因。

两权分离产生了委托代理关系，而管理层并不总以股东利益最大化进行决策，追求高额薪酬、扩大在职消费、构建企业帝国等机会主义行为均会产生严重的代理成本，其后果可能会引发股价崩盘（黄政和吴国萍，2017）。代理成本越高，意味着管理层攫取个人私利的动机越强，进而引发股价崩盘风险的概率就越大。陈翔宇和万鹏（2016）、黄政和吴国萍（2017）研究发现，代理成本越高的上市公司出现股价崩盘的可能性更大。随着股份制的建立，委托代理机制引发了公司内部管理层与外界投资者之间的信息不对称，管理层占有绝对的信息优势，为了实现自身利益最大化，其有可能采取多种手段进行盈余管理，隐瞒公司不利的财务信息。较低的盈余质量会进一步加剧信息不对称，导致上市公司向外界传递虚假的盈余信息，误导投资者的投资决策，增加股价崩盘风险（杨棉之和刘洋，2016）。

同时，由于管理层、大股东与中小股东信息不对称性，中小股东无法准确判断目标公司隐藏"坏消息"的程度，外部事件成为中小股东判断公司隐藏"坏消息"的重要依据。马林（2008）提出的内部交易者"地板限制"假说，当高管不再抛售公司股票，外部投资者基于该信号推断高管基于隐藏的"坏消息"将持有公司股票减持至其最低份额，马林（2008）文中称之为地板，因此导致公司发生崩盘。

本章基于马林（2008）的"地板"限制假说，构建高管连锁公司崩盘信号传递模型（见图7-1）：

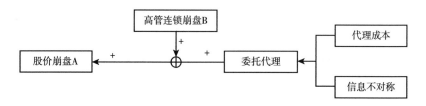

图7-1 高管连锁公司崩盘信号传递模型

根据图7-1，高管委托代理问题会增加公司股价崩盘风险，由于信息不对称性，外部投资者无法根据公开信息准确判断公司股价崩盘风险，需要借助一些辅助信号，比如目标公司高管兼任的其他公司崩盘事件、高管减持达到地板事件（Marin，2008）等，进一步加剧外部投资者恐慌和对公司高管隐藏负面信息的认知，增加目标公司股价崩盘，进而导致高管连锁公司崩盘传染至目标公司。

为验证高管连锁崩盘信号传递模型，本章构建如下检验模型：

$$Y_{i,T} = C + \beta_1 Agency_{i,T} + \beta_2 W_{i,j} Y_{i,T} + \beta_3 W_{i,j} Y_{i,T} \times Agency_{i,T} + \beta Control + \varepsilon$$

$$(7-9)$$

其中，$Agency_{i,T}$ 为公司 i 在 T 季度委托代理程度，$W_{i,j} Y_{i,T}$ 为公司 i 在 T 季度高管连锁公司崩盘频率滞后项。β_3 为核心检验系数，如果 β_3 显著大于 0，表明高管连锁公司股价崩盘事件会通过目标公司委托代理问题增加其股价崩盘，从而验证本章构建的高管连锁崩盘信号传递模型。

本章分别通过公司代理成本、信息不对称性来测度公司委托代理问题，其中前者表征公司高管实际隐藏内容，后者表征公司高管隐藏信息能力。借鉴李云鹤（2014）、江杆宇和许年行（2015）、黄政和吴国萍（2017）、李小荣和张瑞君（2014）等的做法，用管理销售费用率和总资产周转率测度代理成本，借鉴赫顿（2009）利用近三年操纵性应计盈余绝对值测度信息不对称。

由于上述指标仅从企业内部财务指标反映代理问题，未考虑股价市场表现，本章根据信息经济学引入股价极差率测度股票知情交易和非知情交易信息不对称。帕金斯（Pakinson，1980）指出股票最高价与最低价极差可以无偏估计资产收益率波动状况，艾莉莎黛等（Alizadeh，2002）在普通随机波动率模型基础上，利用价格极差信息提出新的随机波动率模型，实证检验发现价格极差模型比普通随机波动率模型更有效。

二、委托代理股价崩盘传染机制检验

表 7－9 为基于代理成本的高管连锁股价崩盘传染机制检验。检验结果显示管理销售费用率与股价崩盘显著正相关、总资产周转率与股价崩盘显著负相关，表明公司委托代理成本与股价崩盘风险显著正相关，结果与高管隐藏假说一致。同时，高管连锁公司股价崩盘会扩大目标公司委托代理成本的股价崩盘效应，

即管理销售费用率股价崩盘影响系数增加、总资产周转率股价崩盘影响系数降低，进而导致股价崩盘事件在高管连锁公司间发生传染。检验结果表明委托代理成本是导致股价崩盘发生传染的内在机制之一，即随着目标公司委托代理成本增加，目标公司受高管连锁公司股价崩盘传染系数显著增加。

表 7 - 9 高管连锁、代理成本与股价崩盘传染

变量	高管连锁关系		
	系数	系数	系数
$W_{i,T}Y_{i,T}$	0.044 ***	0.048 ***	0.048 ***
$GS \times W_{i,T}Y_{i,T}$	5.69×10^{-6} ***		5.76×10^{-6} ***
GS	0.003 ***		0.002 ***
$Turnasset \times W_{i,T}Y_{i,T}$		-0.005 *	-0.005 *
$Turnasset_{i,T}$		-0.001 *	-4.94×10^{-4}
$MDsigma_{i,T}$	0.021 ***	0.021 ***	0.021 ***
$MDTurn_{i,T}$	0.143 ***	0.143 ***	0.143 ***
$MILLQ_{i,T}$	6.22×10^{5}	5.92×10^{5}	6.06×10^{5}
$MDILLQ_{i,T}$	0.001 ***	7.04×10^{-4} ***	0.001 ***
$Dark_{i,T}$	-0.0001	-3.28×10^{-5}	-1.21×10^{-4}
$MILLQ_{i,T} \times Dark_{i,T}$	-2.53×10^{6} ***	-2.52×10^{6} ***	-2.52×10^{6} ***
$MDILLQ_{i,T} \times Dark_{i,T}$	0.001 *	0.001 *	0.001 *
$Ret_{i,T}$	-0.861 ***	-0.860 ***	-0.861 ***
$Market_{i,T}$	0.004 ***	0.004 ***	0.004 ***
$Lev_{i,T}$	0.002 **	0.002 **	0.003 ***
$Eps_{i,T}$	-2.48×10^{-4}	-1.68×10^{-4}	-4.77×10^{-4}
$Cash_{i,T}$	4.68×10^{-4}	5.41×10^{-4}	4.19×10^{-4}
$Taxation_{i,T}$	0.010	0.008	0.002
$MB_{i,T}$	-0.017 ***	-0.017 ***	-0.017 ***
C	-0.047 ***	-0.046 ***	-0.047 ***
年度效应	控制	控制	控制
季度效应	控制	控制	控制
固定效应	是	是	是
R^2 值	0.47	0.47	0.47
F 统计量	873.66 ***	866.15 ***	829.19 ***
样本数量	86 001	86 001	86 001

注： ***、 ** 和 * 分别表示 1%、5% 和 10% 的显著性水平。

为清晰显示代理成本导致高管连锁股价崩盘传染机制，图7-2进一步绘制了管理销售费用率增加和总资产周转率降低对高管连锁公司崩盘传染系数影响。从图7-2中看出，随着目标公司委托代理成本增加，目标公司受高管连锁公司股价崩盘传染强度随之增加。

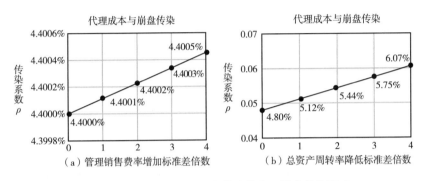

图7-2　代理成本变动与高管连锁公司崩盘传染强度

表7-10为基于信息不对称的高管连锁股价崩盘传染机制检验。检验结果显示股票价格离差率、盈余管理程度与股价崩盘显著正相关，表明公司信息不对称程度与股价崩盘风险显著正相关，结果与赫顿（2009）一致。同时，高管连锁公司股价崩盘会增加目标公司信息不对称的股价崩盘效应，即股价离差率、盈余管理程度的股价崩盘影响系数增加，进而导致股价崩盘事件在高管连锁公司间发生传染。检验结果表明信息不对称是导致股价崩盘发生传染内在机制之一，即随着目标公司信息不对称程度增加，目标公司受高管连锁公司股价崩盘传染系数显著增加。

表7-10　　　　　　　　高管连锁、信息不对称与公司股价崩盘传染

变量	全部高管连锁关系		
	系数	系数	系数
$W_{i,T}Y_{i,T}$	0.014 ***	0.040 ***	0.014 ***
$Spread \times W_{i,T}Y_{i,T}$	0.035 ***		0.035 ***
$Spread$	0.010 ***		0.010 ***
$Opaque \times W_{i,T}Y_{i,T}$		0.008 ***	0.002

变量	全部高管连锁关系		
	系数	系数	系数
$Opaque_{i,T}$		-0.001 ***	-4.19×10^{-4}
$MDsigma_{i,T}$	0.019 ***	0.021 ***	0.019 ***
$MDTurn_{i,T}$	0.122 ***	0.143 ***	0.122 ***
$MILLQ_{i,T}$	5.32×10^5	6.21×10^5	5.40×10^5
$MDILLQ_{i,T}$	6.18×10^{-4} ***	7.02×10^{-4} ***	6.21×10^{-4} ***
$Dark_{i,T}$	-7.59×10^{-4}	-1.88×10^{-4}	-8.62×10^{-4}
$MILLQ_{i,T} \times Dark_{i,T}$	-2.63×10^6 ***	-2.54×10^6 ***	-2.64×10^6 ***
$MDILLQ_{i,T} \times Dark_{i,T}$	0.002 ***	0.001 *	0.002 ***
$Ret_{i,T}$	-0.864 ***	-0.860 ***	-0.864 ***
$Market_{i,T}$	0.003 ***	0.004 ***	0.003 ***
$Lev_{i,T}$	0.002	0.002 **	0.002
$Eps_{i,T}$	-7.76×10^{-4} *	-2.63×10^{-4}	-7.75×10^{-4} *
$Cash_{i,T}$	4.63×10^{-4}	4.89×10^{-4}	4.53×10^{-4}
$Taxation_{i,T}$	0.014 **	0.010	0.014 **
$MB_{i,T}$	-0.014 ***	-0.017 ***	-0.015 ***
C	-0.046 ***	-0.047 ***	-0.046 ***
年度效应	控制	控制	控制
季度效应	控制	控制	控制
固定效应	是	是	是
R^2 值	0.49	0.47	0.49
F 统计量	947.77 ***	866.60 ***	898.90 ***
样本数量	86 001	86 001	86 001

注：*** 、** 和 * 分别表示 1%、5% 和 10% 的显著性水平。

为清晰显示信息不对称导致高管连锁股价崩盘传染机制，图 7 - 3 进一步绘制信息不对称程度对高管连锁公司崩盘传染系数影响。从图 7 - 3 中看出，随着目标公司信息不对称程度增加，目标公司受高管连锁公司股价崩盘传染强度增加。

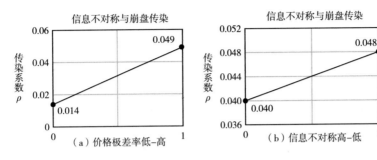

图 7 - 3 信息不对称与高管连锁公司崩盘传染强度

表 7 - 11 为进一步同时考虑委托代理成本与信息不对称度对于高管连锁公司股价崩盘传染影响，检验结果依然显示公司代理成本、信息不对称与股价崩盘显著正相关，连锁高管崩盘会增加委托代理问题股价崩盘效应，进而导致股价崩盘事件在高管连锁公司间发生传染。检验结果进一步表明代理成本、信息不对称是导致股价崩盘发生传染的内在机制之一，即随着目标公司委托代理成本和信息不对称程度增加，目标公司受高管连锁公司股价崩盘传染系数显著增加。

表 7 - 11 同时考虑委托代理成本、信息不对称与高管连锁公司股价崩盘传染

变量	全部高管连锁		剔除独董连锁	
	系数	t 值	系数	t 值
$W_{i,T}Y_{i,T}$	0.017 ***	4.16	0.002	0.26
$GS_{i,T} \times W_{i,T}Y_{i,T}$	5.89×10^{-6} ***	17.02	- 0.005	- 0.98
$GS_{i,T}$	0.003 ***	3.24	0.003 ***	3.42
$Turnasset_{i,T} \times W_{i,T}Y_{i,T}$	- 0.005 *	- 1.78	- 0.011 *	- 1.82
$Turnasset_{i,T}$	-2.10×10^{-4}	- 0.75	- 0.001 **	- 2.25
$Spread_{i,T} \times W_{i,T}Y_{i,T}$	0.035 ***	9.38	0.081 ***	10.27
$Spread_{i,T}$	0.010 ***	33.07	0.010 ***	34.71
$Opaque_{i,T} \times W_{i,T}Y_{i,T}$	0.002	0.65	0.021 ***	2.75
$Opaque_{i,T}$	-4.16×10^{-4}	- 1.57	- 0.001 **	- 2.28
$MDsigma_{i,T}$	0.019 ***	89.59	0.019 ***	89.65

变量	全部高管连锁		剔除独董连锁	
	系数	t 值	系数	t 值
$MDTurn_{i,T}$	0. 122 ***	36. 08	0. 125 ***	36. 98
$MILLQ_{i,T}$	5.47×10^5	1. 42	5.21×10^5	1. 36
$MDILLQ_{i,T}$	0. 001 ***	5. 76	0. 001 ***	6. 49
$Dark_{i,T}$	− 0. 001	− 0. 83	− 0. 001	− 1. 09
$MILLQ_{i,T} \times Dark_{i,T}$	-2.63×10^6 ***	− 3. 93	-2.54×10^6 ***	− 3. 82
$MDILLQ_{i,T} \times Dark_{i,T}$	0. 002 ***	2. 94	0. 002 **	2. 42
$Ret_{i,T}$	− 0. 865 ***	− 98. 13	− 0. 875 ***	− 98. 83
$Market_{i,T}$	0. 003 ***	12. 76	0. 004 ***	13. 18
$Lev_{i,T}$	0. 002 **	2. 17	0. 002 **	2. 23
$Eps_{i,T}$	− 0. 001 ***	− 2. 27	− 0. 001 **	− 2. 24
$Cash_{i,T}$	3.43×10^{-4}	0. 69	4.62×10^{-4}	0. 92
$Taxation_{i,T}$	0. 006	0. 91	0. 006	0. 86
$MB_{i,T}$	− 0. 015 ***	− 18. 98	− 0. 015 ***	− 19. 02
C	− 0. 045 ***	− 12. 52	− 0. 048 ***	− 13. 38
年度效应	控制		控制	
季度效应	控制		控制	
固定效应	是		是	
R^2 值	0. 49		0. 48	
F 统计量	797. 15 ***		789. 64 ***	
样本数量	86 001		86 001	

注: *** 、 ** 和 * 分别表示 1% 、5% 和 10% 的显著性水平。

第五节 公司异质性与公司股价崩盘传染

一、网络中心性与公司股价崩盘传染

网络中心性（Degree Centrality）是在网络分析中刻画节点中心性的最直

接度量指标。节点 i 的度中心性表示如下：

$$Degree_{i,T} = \sum_j W_{i,j} \qquad (7-10)$$

本章按照节点度是否超过全部节点平均度，将样本进一步划分成高中心性组和低中心性组，检验公司网络中心性与股价崩盘传染性。

表 7 - 12 为网络中心性与公司股价崩盘传染检验，结果显示高中心性组公司受高管连锁公司股价崩盘传染强度比低中心性组更小，表明随着公司在公司高管连锁网络中心性增加，受其他公司股价崩盘传染影响降低。可能由于网络中心性高的公司与众多公司存在关联关系，因而受某公司崩盘传染影响降低；而网络中心性低的公司仅与个别公司存在明显关联关系，进而受到这些公司崩盘传染影响增加。

表 7 - 12　　　　　　　　　网络中心性与高管连锁公司股价崩盘传染

变量	高管连锁		剔除独董连锁	
	系数	系数	系数	系数
高中心性 $\rho_{i,T}$	0.047 ***		0.066 ***	
低中心性 $\rho_{i,T}$		0.049 ***		0.071 ***
$MDsigma_{i,T}$	0.020 ***	0.021 ***	0.020 ***	0.021 ***
$MDTurn_{i,T}$	0.153 ***	0.141 ***	0.159 ***	0.144 ***
$MILLQ_{i,T}$	2.15×10^6 ***	3.27×10^5	$2.18E \times 10^6$ ***	3.33×10^5
$MDILLQ_{i,T}$	0.001 ***	0.001 ***	0.001 ***	0.001 ***
$Dark_{i,T}$	2.08×10^{-4}	-2.74×10^{-4}	-1.73×10^{-4}	-3.83×10^{-4}
$MILLQ_{i,T} \times Dark_{i,T}$	-4.39×10^6 ***	-2.24×10^6 ***	-4.35×10^6 ***	-2.22×10^6 ***
$MDILLQ_{i,T} \times Dark_{i,T}$	0.001	0.001	0.0001	0.001
$Ret_{i,T}$	-0.859 ***	-0.871 ***	-0.875 ***	-0.881 ***
$Market_{i,T}$	0.004 ***	0.004 ***	0.005 ***	0.004 ***
$Lev_{i,T}$	0.005 **	0.002	0.005 **	0.002
$Eps_{i,T}$	-1.84×10^{-3} **	6.52×10^{-4}	-0.002 **	0.001
$Cash_{i,T}$	8.28×10^{-7}	0.001 *	0.0001	0.001 *
$Taxation_{i,T}$	0.038 **	0.004	0.039 **	0.003

续表

变量	高管连锁		剔除独董连锁	
	系数	系数	系数	系数
$MB_{i,T}$	-0.017^{***}	-0.017^{***}	-0.017^{***}	-0.017^{***}
C	-0.056^{***}	-0.047^{***}	-0.061^{***}	-0.050^{***}
年度效应	控制	控制	控制	控制
季度效应	控制	控制	控制	控制
固定效应	是	是	是	是
R^2 值	0.46	0.48	0.45	0.47
F 统计量	318.84^{***}	632.73^{***}	314.10^{***}	632.67^{***}
样本数量	26 217	59 784	26 217	59 784

注：$***$、$**$ 和 $*$ 分别表示 1%、5% 和 10% 的显著性水平。

二、行业地位与公司股价崩盘传染

为检验公司行业地位对其受关联公司股价崩盘传染影响，本章将公司资产规模居于行业前 10% 的公司定义为行业龙头股，其他公司定义为行业非龙头股。表 7-13 为行业地位与公司股价崩盘传染检验，结果显示行业龙头股公司受高管连锁公司的股价崩盘传染强度比非行业龙头股更小，表明随着公司行业地位越高，其受外部关联公司股价崩盘传染性更弱。

表 7-13   **行业地位与公司股价崩盘传染**

变量	高管连锁		剔除独董连锁	
	系数	系数	系数	系数
龙头股 ρ	0.033^{***}		0.057^{***}	
非龙头股 ρ		0.046^{***}		0.067^{***}
$MDSigma_{i,T}$	0.020^{***}	0.021^{***}	0.020^{***}	0.021^{***}
$MDTurn_{i,T}$	0.155^{***}	0.142^{***}	0.160^{***}	0.145^{***}
$MILLQ_{i,T}$	1.42×10^6	$6.96 \times 10^5{}^*$	1.52×10^6	$7.05 \times 10^5{}^*$
$MDILLQ_{i,T}$	0.001^{***}	0.001^{***}	0.001^{***}	0.001^{***}

续表

变量	高管连锁		剔除独董连锁	
	系数	系数	系数	系数
$Dark_{i,T}$	0.003	-2.89×10^{-4}	0.003	-5.93×10^{-4}
$MILLQ_{i,T} \times Dark_{i,T}$	-1.70×10^{6}	$-2.66 \times 10^{6\ ***}$	-1.72×10^{6}	$-2.62 \times 10^{6\ ***}$
$MDILLQ_{i,T} \times Dark_{i,T}$	-0.003^{*}	0.001^{*}	-0.003^{*}	0.001
$Ret_{i,T}$	-0.877^{***}	-0.861^{***}	-0.877^{***}	-0.873^{***}
$Market_{i,T}$	0.003^{***}	0.004^{***}	0.003^{***}	0.004^{***}
$Lev_{i,T}$	-0.004	0.003^{**}	-0.005	0.003^{**}
$Eps_{i,T}$	-0.004^{***}	4.67×10^{-4}	$-3.90 \times 10^{-3\ ***}$	4.76×10^{-4}
$Cash_{i,T}$	0.004^{*}	4.21×10^{-4}	$3.43 \times 10^{-3\ *}$	4.89×10^{-4}
$Taxation_{i,T}$	0.077^{***}	0.006	0.078^{***}	0.006
$MB_{i,T}$	-0.020^{***}	-0.016^{***}	-0.019^{***}	-0.016^{***}
C	-0.036^{***}	-0.050^{***}	-0.039^{***}	-0.053^{***}
年度效应	控制	控制	控制	控制
季度效应	控制	控制	控制	控制
固定效应	是	是	是	是
R^2 值	0.44	0.48	0.44	0.47
F 统计量	131.05^{***}	814.28^{***}	131.34^{***}	816.62^{***}
样本数量	9 911	76 090	9 911	76 090

注：***、** 和 * 分别表示 1%、5% 和 10% 的显著性水平。

第八章　基金共持网络股价崩盘传染

第一节　引　　言

2001 年，中国证券监督管理委员会提出"超常规发展机构投资者"的发展思路以来，我国资本市场机构投资者迅速发展（孔东民等，2015），机构投资者成为 A 股资本市场重要参与主体[①]（许年行等，2013；陈辉和汪前元，2012）。由于机构投资者规模显著，并且较个体投资者相对集中和易于识别，机构投资者之间由于某种联系而容易结成机构投资者网络，如机构之间信息共享、机构管理人社会属性等网络。在机构投资者网络中，基金公司和管理人可能通过网络信息共享，并且效仿或借鉴其他机构投资行为，从而在资本市场上产生正反馈作用，导致机构投资者之间行为一致（刘京军和苏楚林，2016；肖欣荣等，2012）。在机构投资者关联网络上，如果某机构投资者发生危机或者面临风险，将会导致其他金融机构资产价值下降，使得危机传染蔓延（Moore，1997；Weber，2004）。对于中国资本市场，学者就已经研究发现机构投资者会导致股价联动（王亚平等，2009）、股价崩盘（许年行等，2013）等。

根据刘京军和苏楚林（2016）研究发现，机构投资者网络大致分为三大类。第一，机构投资者社会关系网络，比如基金经理存在的校友关系（Cohen，

---

①　中国资本市场自 2001 年开始超常规发展机构投资者以来，机构投资者迅速发展，根据中国银河证券发布的 2016 年公募基金规模榜，截至 2016 年底中国公募基金规模超过 9.1 万亿元，其中股票型基金949 只，股票型基金规模达 6 859 亿元，http://fund.jrj.com.cn/2017/01/04175421926184.shtml。

2008）、同城关系（Pool，2014；Hong，2005）等，这种社会关系会影响到基金经理投资决策。第二，机构投资者业务关系网络，比如基金公司与商业银行关系（Reuter，2006）、基金公司与证券公司分析师关系等（Firth，2013），这种业务关系也会影响机构投资决策。第三，机构投资者投资标的网络，比如机构投资者基于重仓股票网络（许年行等，2013；肖欣荣等；2012），基于重仓股机构投资者网络存在传染行为。刘京军和苏楚林（2016）借助空间计量模型检验显示，基于重仓股票的基金网络资金流量具有显著溢出效应，促进了机构行为的一致性。

综合以上分析，机构投资者重仓持股会形成上市公司股东联结，进而造成个别股票崩盘事件传染至基金公司重仓的其他股票。因此，本章提出如下假设：

假设8.1：公司股价崩盘会在基金公司共持公司间传染。

机构投资重仓持股会成为上市公司重要股东，机构投资者共同重仓持股会联结成上市公司重要机构股东联结网络，该机构投资者股东网络会发生信息传递和交易行为关联，股票间的股东联结越强则股票价格相关系数越大（董大勇等，2013）。同时，机构投资者作为重要的市场参与者，具有明显的资金优势和信息优势，其交易行为对标的股票价格和流动性都会产生显著影响，但机构投资者由于存在基金分红、投资者赎回、外部监管压力，因此机构投资者异常关注其投资组合收益和流动性平衡。

根据科多尔和普里茨克尔（Kodres & Pritsker，2002）提出的跨市场平衡理论，某金融资产受到外部冲击时，机构投资者会调整其他金融资产投资，以平衡其受到的冲击，但在投资组合调整时会造成其他金融资产受传染。袁（2005）基于信息不对称和借贷约束因素分析危机传染，指出当金融资产价格暴跌时，机构投资者面临的融资约束越强，限制其抓住市场机会。例如，美国第二大对冲基金公司老虎证券在1998～1999年资产规模从20亿美元跌至8亿美元，就是由于被短期市场惨淡引起恐慌的投资者赎回造成的，从而导致危机发生传染。刘晓蕾等（2017）验证2015年A股崩盘下，由于中国特有的价格涨跌停机制、停牌机制，导致崩盘股票由于停牌制度而人为"流动性不足"，机构投资者只能通过处置持有的其他股票维持平衡，从而导致流动性不足传染和危机传染。

因此，机构投资者由于业绩压力、资金限制，会通过调整投资组合来平衡其个别资产受到的冲击，进而导致股价崩盘发生传染。因此，本章提出如下假设：

假设 8.2：机构投资者流动性平衡需求会加剧股价崩盘在基金共持公司间传染。

第二节　样本来源与变量说明

一、样本来源

样本为 2000～2016 年 A 股上市公司，公司股票价格、财务数据、基金公司持股数据来源于 CSMAR 股票交易和上市公司数据库以及 Wind 股票数据库，样本公司构成见第七章。主要变量测度同见第七章，本章不再单独说明。

二、基金共持矩阵

为测度公司间股价崩盘可能通过基金家族共持渠道传染，本章按照基金公司持股构建相邻权重矩阵 $W_{i,j}$，进行空间计量检验。

本章基于帕雷克（Pareek，2011）的研究思想（肖欣荣等，2012；刘京军和苏楚林，2016；李华姣等，2014），利用公募基金持股数据建立以基金重仓股票为联结的股票关联网络。基金公司共持网络矩阵如下：

$$W_{N \times N,t} = \begin{bmatrix} 0 & w_{i,j,t} & w_{i,j,t} \\ w_{j,i,t} & 0 & w_{i,j,t} \\ w_{j,i,t} & w_{j,i,t} & 0 \end{bmatrix} \tag{8-1}$$

其中，$w_{i,j}$ 为公司 i 和公司 j 基金公司共持关系，其定义如下：

$$w_{i,i,t} = \begin{cases} 1, t\text{ 时期至少有一家基金公司同时重仓股票 } i \text{ 和 } j \\ 0, \text{otherwise} \end{cases}$$

本章基金公司重仓为同时满足以下两个标准：t 时期基金公司持有上市公司股权比例超过 1%；t 时期持股价值为基金公司前十名。该重仓标准主要出于以下考虑：第一条标准是基金公司持股对于被重仓公司而言是重要的，基金公司投资策略和交易行为对重仓公司股价可能产生显著影响，从而导致股价崩盘在基金公司重仓公司间发生传染；第二条标准是重仓公司股价崩盘对基金公司而言是重要的，基金公司有动力在重仓公司发生崩盘时调整投资策略和交易行为。

第三节　基金共持与股价崩盘传染检验

表 8 - 1 为基于基金公司共持矩阵的公司间股价崩盘传染空间计量检验。其中，空间滞后回归模型、空间误差检验模型显示股价崩盘空间滞后项回归系数 ρ 和空间误差项回归系数 λ 在 1% 水平上显著为正，检验结果表明我国公司股价崩盘概率还受到存在基金公司共持关系公司崩盘概率正向传染。另外，股指波动率、换手率、市场非流动性、流动性黑洞频率与公司股价崩盘频率显著正相关，进一步表明投资者异质信念、市场非流动性会增加公司股价崩盘概率。

表 8 - 1　　　　　　　　　基金公司共持与公司股价崩盘传染

变量	基金公司共持	
	系数	系数
ρ	0.089 ***	
λ		0.109 ***
$MDSigma_{i,T}$	0.021 ***	0.021 ***
$MDTurn_{i,T}$	0.148 ***	0.147 ***

续表

变量	基金公司共持	
	系数	系数
$MILLQ_{i,T}$	6.33×10^5 *	6.14×10^5
$MDILLQ_{i,T}$	0.001 ***	0.001 ***
$Dark_{i,T}$	3.11×10^{-4}	3.21×10^{-4}
$MILLQ_{i,T} \times Dark_{i,T}$	-2.61×10^6 ***	-2.59×10^6 ***
$MDILLQ_{i,T} \times Dark_{i,T}$	-2.96×10^{-4}	-2.73×10^{-4}
$Ret_{i,T}$	-0.880 ***	-0.879 ***
$Market_{i,T}$	0.004 ***	0.004 ***
$Lev_{i,T}$	0.002 **	0.002 **
$Eps_{i,T}$	-3.33×10^{-4}	-2.73×10^{-4}
$Cash_{i,T}$	0.001	0.001
$Taxation_{i,T}$	0.010	0.011 *
$MB_{i,T}$	-0.016 ***	-0.016 ***
C	-0.050 ***	-0.052 ***
年度效应	控制	控制
季度效应	控制	控制
固定效应	是	是
R^2 值	0.47	0.47
F 统计量	929.09 ***	902.76 ***
FE-test	2.91 ***	2.91 ***
样本数量	85 903	85 903

注：*** 、** 和 * 分别表示 1%、5% 和 10% 的显著性水平。

为测度关联公司股价崩盘对其他公司传染滞后效应，表 8 - 2 在基本空间滞后回归模型中分别引入 $T-1$ 至 $T-5$ 期股价崩盘空间滞后项 $W_{i,j} \times Y_{i,T}$。检验结果显示，基金公司共持公司股价崩盘对外传染效应随着滞后期增加而减弱、影响系数在降低，表明公司股价崩盘传染效应呈递减趋势。

表8-2   高管连锁染性检验

变量	基金公司共持			
	系数	R^2	F-test	NOB
$T-1$	0.209 ***	0.32	1 542.87 ***	85 807
$T-2$	0.140 ***	0.32	1 558.12 ***	83 316
$T-3$	0.107 ***	0.32	1 519.91 ***	81 032
$T-4$	0.096 ***	0.33	1 484.89 **	78 918
$T-5$	0.033 **	0.32	1 437.63 ***	76 849

注： *** 和 ** 分别表示1%和5%的显著性水平。由于篇幅限制，仅列示外部崩盘因子检验结果，其他解释变量与基本模型一致。

表8-3为基于基金公司共持关系矩阵的投资者异质信念、市场流动性溢出性检验。检验结果显示股指波动率、换手率、市场非流动性空间滞后项回归系数 ρ 显著为正，表明公司间投资者异质信念、市场非流动性会在关联公司间正向传染，进而导致股价崩盘在基金公司共持公司间传染。

表8-3   基金公司共持与公司投资者异质信念、市场流动性溢出性检验

变量	基金公司共持			
	系数	系数	系数	系数
$\Omega MDSigma_{i,T}$	0.224 ***			
$\Omega Y_{i,T} \times \Omega MDSigma_{i,T}$	-1.139 **			
$\Omega MDTurn_{i,T}$		0.435 ***		
$\Omega Y_{i,T} \times \Omega MDTurn_{i,T}$		1.699 **		
$\Omega MDILLQ_{i,T}$			0.195 ***	
$\Omega Y_{i,T} \times \Omega MDILLQ_{i,T}$			1.053 **	
$\Omega DARK_{i,T}$				0.545 ***
$\Omega Y_{i,T} \times \Omega DARK_{i,T}$				3.237 ***
$\Omega Y_{i,T}$	0.254	-0.653 **	-0.111 ***	-1.047 ***
C	0.172 ***	0.144 ***	0.009 ***	0.092 ***
年度效应	是	是	是	是
季度效应	是	是	是	是

续表

变量	基金公司共持			
	系数	系数	系数	系数
固定效应	是	是	是	是
R^2值	0.04	0.03	0.01	0.01
F统计量	187.26 ***	150.74 ***	56.41 ***	335.36 ***
样本数量	95 703	99 128	99 020	99 020

注：*** 和 ** 分别表示1%和5%的显著性水平。

第四节　流动性平衡与股价崩盘传染

一、研究设计

为检验机构投资者流动性平衡需求对于股价崩盘传染的影响，本章进一步按照机构投资者重仓持股名次进行分类（见图8–1），其中，将基金公司重仓前3名公司定义为流动性平衡需求高公司，基金公司重仓4~5名定义为流动性平衡需求中等公司，基金公司重仓6~10名定义为流动性平衡需求低公司，即基金公司重仓排名较靠前的公司发生崩盘对基金公司产生的流动性冲击更强，从而导致基金公司通过抛售、减持共持其他公司股票平衡流动性，进而导致股价崩盘发生传染。

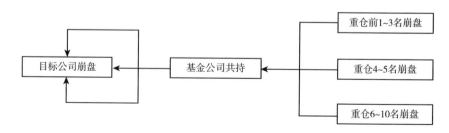

图8–1　流动性平衡需求与基金公司共持崩盘传染机制

为检验上述流动性平衡需求差异对于股价崩盘传染的影响，本章按照基金公司重仓排名构建如下检验模型，分别构建如下三阶段联立方程组：

$$Y_{i,T} = C + \rho_{高} W_{i,T} Y_{i,T} + \rho_{中} W_{i,T} Y_{i,T} + \rho_{低} W_{i,T} Y_{i,T} + \beta_1 X_{i,T} + \beta Cvs_{i,T} + \varepsilon \quad (8-2)$$

其中，$\rho_{高}$为流动性平衡需求高（即基金公司重仓前 3 名公司）公司崩盘对于基金公司重仓其他公司崩盘传染系数；$\rho_{中}$为流动性平衡需求中（即基金公司重仓前 4~5 名公司）公司崩盘对于基金公司重仓其他公司崩盘传染系数；$\rho_{低}$为流动性平衡需求中（即基金公司重仓前 6~10 名公司）公司崩盘对于基金公司重仓其他公司崩盘传染系数。如果不同流动性平衡需求对应的股价崩盘传染系数不同，表明机构投资者流动性平衡是导致股价崩盘传染微观机制之一。

二、流动性平衡传染机制检验

其中，表 8-4 为流动性平衡需求、基金公司共持与股价崩盘传染机制检验。检验结果显示，随着机构投资者流动性平衡需求增加，基金公司共持公司间股价崩盘传染效应更强。其中，流动性平衡需求高（即基金公司重仓前 3 名公司）公司崩盘对于基金公司重仓其他公司崩盘传染系数为 0.018；流动性平衡需求中（即基金公司重仓前 4~5 名公司）公司崩盘对于基金公司重仓其他公司崩盘传染系数为 0.011；流动性平衡需求低（即基金公司重仓前 6~10 名公司）公司崩盘对于基金公司重仓其他公司崩盘不存在显著传染性。检验结果验证，机构投资者流动性平衡需求是股价崩盘传染微观机制之一。

表 8-4　基金公司共持与公司投资者异质信念、市场流动性溢出性检验

变量	基金公司共持			
	系数	系数	系数	系数
$\rho_{高}$	0.024***			0.018***
$\rho_{中}$		0.023***		0.011**
$\rho_{低}$			0.021***	0.004
$MDSigma_{i,T}$	0.021***	0.021***	0.021***	0.021***
$MDTurn_{i,T}$	0.148***	0.148***	0.148***	0.148***

续表

变量	基金公司共持			
	系数	系数	系数	系数
$MILLQ_{i,T}$	6.30×10^5 *	6.40×10^5 *	6.16×10^5	6.37×10^5 *
$MDILLQ_{i,T}$	0.001 ***	0.001 ***	0.001 ***	0.001 ***
$Dark_{i,T}$	3.98×10^{-4}	4.26×10^{-4}	3.71×10^{-4}	0.000
$MILLQ_{i,T} \times Dark_{i,T}$	-2.64×10^6 ***	-2.65×10^6 ***	-2.60×10^6 ***	-2.66×10^6 ***
$MDILLQ_{i,T} \times Dark_{i,T}$	-2.87×10^{-4}	-2.86×10^{-4}	-2.70×10^{-4}	0.000
$Ret_{i,T}$	-0.881 ***	-0.881 ***	-0.880 ***	-0.882 ***
$Market_{i,T}$	0.004 ***	0.004 ***	0.004 ***	0.004 ***
$Lev_{i,T}$	0.002 **	0.002 **	0.002 **	0.002 **
$Eps_{i,T}$	-3.77×10^{-4}	-3.35×10^{-4}	-3.37×10^{-4}	-0.0004
$Cash_{i,T}$	0.001	0.001	0.001	0.001
$Taxation_{i,T}$	0.010	0.010	0.010	0.010
$MB_{i,T}$	-0.016 ***	-0.016 ***	-0.016 ***	-0.016 ***
C	-0.049 ***	-0.050 ***	-0.050 ***	-0.048 ***
年度效应	控制	控制	控制	控制
季度效应	控制	控制	控制	控制
固定效应	是	是	是	是
R^2 值	0.47	0.47	0.47	0.47
F 统计量	931.17 ***	931.90 ***	929.29 ***	878.27 ***
样本数量	85 903	85 903	85 903	85 903

注：ᐟ ᐟ ᐟ 、ᐟ ᐟ 和 ᐟ 分别表示 1%、5% 和 10% 的显著性水平。

本章通过检验流动性平衡需求对于基金公司共持公司投资者异质信念、市场流动性溢出效应，进一步验证流动性平衡造成股价崩盘传染性差异。表 8-5 为流动性平衡需求、基金公司共持与投资者行为溢出性检验。检验结果显示，随着机构投资者流动性平衡需求增加，基金公司共持公司间投资者异质信念、市场流动性溢出效应更强，即基金公司流动性平衡需求高公司对共持其他公司投资者主观信念、客观流动性产生溢出效应更强，进而导致其发生崩盘时对基金公司共持其他公司产生更强的传染效应。

表 8 – 5　基金公司共持与投资者异质信念、市场流动性溢出性检验

变量	基金公司共持			
	系数	系数	系数	系数
股指波动率溢出效应				
$\Omega MDSigma_{高}$	0.052 ***			0.043 ***
$\Omega MDSigma_{中}$		0.054 ***		0.038 ***
$\Omega MDSigma_{低}$			0.046 ***	− 0.008
C	0.173 ***	0.173 ***	0.175 ***	20.990
F 统计量	200.21 ***	199.95 ***	200.22 ***	182.01 ***
R^2 值	0.04	0.04	0.04	0.04
样本数量	95 703	95 703	95 703	95 703
换手率溢出效应				
$\Omega MDTurn_{高}$	0.099 ***			0.081 ***
$\Omega MDTurn_{中}$		0.096 ***		0.086 ***
$\Omega MDTurn_{低}$			0.061 ***	− 0.034 ***
C	0.009 ***	0.009 ***	0.009 ***	0.009 ***
F 统计量	62.33 ***	61.09 ***	54.36 ***	63.14 ***
R^2 值	0.01	0.01	0.01	0.01
样本数量	99 020	99 020	99 020	99 020
市场非流动性溢出效应				
$\Omega MDILLQ_{高}$	0.0004 *			0.003 **
$\Omega MDILLQ_{中}$		0.015 ***		0.017 ***
$\Omega MDILLQ_{低}$			0.0003 *	− 0.003 **
C	0.148 ***	0.148 ***	0.148 ***	0.148 ***
F 统计量	145.58 ***	146.55 ***	145.57 **	133.65 ***
R^2 值	0.02	0.02	0.02	0.02
样本数量	95 703	95 703	95 703	95 703
流动性黑洞溢出效应（这里没有加入时间效应）				
$\Omega DARK_{高}$	0.120 ***			0.101 ***
$\Omega DARK_{中}$		0.104 ***		0.038 ***
$\Omega DARK_{低}$			0.077 ***	− 0.006

变量	基金公司共持			
	系数	系数	系数	系数
C	0.090***	0.090***	0.092***	0.090***
F统计量	268.67**	112.76***	87.47***	90.10***
R^2值	0.01	0.005	0.003	0.01
样本数量	99 020	99 020	99 020	99 020

注：***、**和*分别表示1%、5%和10%的显著性水平。

三、流动性平衡与基金公司持股检验

前述检验验证基金公司流动性平衡需求导致股价崩盘传染增强，本章进一步通过检验基金公司流动性平衡需求对于共持公司机构投资者持股行为影响，进一步验证基金公司流动性平衡行为。

$$Hold_{i,T} = C + \rho_{高} W_{i,T} Y_{i,T} + \rho_{中} W_{i,T} Y_{i,T} + \rho_{低} W_{i,T} Y_{i,T} + \beta Cvs_{i,T} + \varepsilon \quad (8-3)$$

其中，$Hold_{i,T}$为公司i在T季度第一大重仓基金持股数量变动和比例变动，$\rho_{高}$为流动性平衡需求高（即基金公司重仓前3名公司）公司崩盘对于基金公司重仓其他公司崩盘传染系数；$\rho_{中}$为流动性平衡需求中（即基金公司重仓前4~5名公司）公司崩盘对于基金公司重仓其他公司崩盘传染系数；$\rho_{低}$为流动性平衡需求低（即基金公司重仓前6~10名公司）公司崩盘对于基金公司重仓其他公司崩盘传染系数。如果不同流动性平衡需求对共持其他公司机构投资者减持行为影响有差异，表明机构投资者流动性平衡需求会改变其共持公司持股行为，进而导致股价崩盘发生传染。

表8-6为流动性平衡需求、股价崩盘与基金公司持股行为检验，检验结果显示，流动性平衡需求高（即基金公司重仓前3名公司）、流动性平衡需求中（即基金公司重仓前4~5名）公司崩盘导致基金公司重仓其他公司机构投资者存在明显减持行为，无论是公司第一大重仓基金持股数量还是第一大重仓基金持股比例，即机构投资者流动性平衡需求相对高的公司发生崩盘，机

构投资者会通过减持重仓的其他公司以平衡其流动性，从而导致崩盘事件更容易发生传染，验证机构投资者流动性平衡需求导致股价崩盘传染机制。然而，流动性平衡需求低（即基金公司重仓前 6 ~ 10 名）公司崩盘对于基金公司共持其他公司的机构投资者持股行为存在竞争性溢出效应，表明流动性低公司发生崩盘，机构投资者不仅不会改变其他公司持股行为，反而会将资金转移至其他未崩盘公司。正如刘晓蕾（2017）研究发现，2015 年 A 股崩盘下机构投资者遭遇投资者巨额赎回，由于崩盘下机构投资者持有其他股票政策性涨跌停、主动停牌等导致流动性不足，机构投资者会通过减持其他公司股票维持流动性。进一步验证机构投资者流动性需求是造成股价崩盘传染的内在机制。

表 8 – 6　　　　　　　　　　　股价崩盘与基金公司持股行为检验

变量	基金公司共持			
	系数	系数	系数	系数
公司第一大重仓基金持股数量变动				
$\Omega Y_{i,T高}$	-94.406***			-110.848***
$\Omega Y_{i,T中}$		-51.710**		-92.399**
$\Omega Y_{i,T低}$			1.873	108.312***
Ret	-368.711**	-336.649**	-342.399**	-359.741**
Market	1.614	1.505	1.302	1.567
Lev	-18.037	-19.825	-19.326	-18.543
Eps	8.104	8.902	9.113	6.758
Cash	-19.723	-18.572	-19.996	-20.215
Taxation	54.012	61.733	56.480	55.682
MB	54.525***	57.306***	62.713***	51.344***
C	-29.734	-33.397	-35.921	-25.864
F 统计量	3.35***	2.88***	2.17**	3.24***
R^2 值	0.01	0.003	0.002	0.01
NOB	6 186	6 186	6 186	6 186

变量	基金公司共持			
	系数	系数	系数	系数
公司第一大重仓基金持股比例变动				
$\Omega Y_{i,T高}$	−0.88 ***			−0.824 ***
$\Omega Y_{i,T中}$		−0.60 ***		−0.469 **
$\Omega Y_{i,T低}$			−0.37 ***	0.277
Ret	−2.55 ***	−2.24 **	−2.32 ***	−2.477 ***
Market	0.01	0.01	0.01	0.014
Lev	−0.05	−0.07	−0.06	−0.056
Eps	0.03	0.04	0.04	0.029
Cash	−0.10	−0.09	−0.10	−0.100
Taxation	1.05	1.13	1.10	1.080
MB	0.34 ***	0.36 ***	0.39 ***	0.319 ***
C	−0.21	−0.24	−0.26	−0.194
F 统计量	10.24 **	9.14 ***	10.43 ***	12.06 ***
R^2 值	0.01	0.01	0.01	0.02
NOB	6 186	6 186	6 186	6 186

注：*** 和 ** 分别表示 1% 和 5% 的显著性水平。

第五节　公司异质性与公司股价崩盘传染

一、网络中心性与公司股价崩盘传染

表 8 - 7 为网络中性与公司股价崩盘传染检验，结果显示高中心性组公司受基金公司共持公司股价崩盘传染强度比低中心性组更小，表明随着公司在基金共持网络中心性增加，受其他公司股价崩盘传染影响降低。可能由于网络中心性高的公司与众多公司存在关联关系，因而受某公司崩盘传染影响降

低；而网络中心性低的公司仅与个别公司存在明显关联关系，进而受这些公司崩盘传染影响增强。

表 8 – 7　　　　　　　　　　　网络中心性与公司股价崩盘传染

变量	基金公司共持	
	系数	系数
高中心性 ρ	0.022	
低中心性 ρ		0.092 ***
MDSigma	0.024 ***	0.021 ***
MDTurn	0.165 ***	0.149
MILLQ	6.47×10^6 **	5.40×10^5
MDILLQ	0.001 *	0.001 ***
Dark	0.004	0.000
MILLQ × Dark	-1.19×10^7 **	-2.49×10^6 ***
MDILLQ × Dark	− 0.005	0.000
Ret	− 0.890 ***	− 0.884 ***
Market	0.006 ***	0.004 ***
Lev	0.007	0.003 **
Eps	− 0.002	-4.36×10^{-4}
Cash	2.69×10^{-4}	5.96×10^{-4}
Taxation	0.007	0.009
MB	− 0.022 ***	− 0.015 ***
C	− 0.080 ***	− 0.046 ***
年度效应	控制	控制
季度效应	控制	控制
固定效应	是	是
R^2 值	0.47	0.47
F 统计量	61.22 ***	864.83 ***
样本数量	3 983	81 924

注：***、** 和 * 分别表示 1%、5% 和 10% 的显著性水平。

二、行业地位与公司股价崩盘传染

为检验公司行业地位对其受关联公司股价崩盘传染影响，本章将公司资产规模居于行业前10%的公司定义为行业龙头股，其他公司定义为行业非龙头股。表8-8为行业地位与公司股价崩盘传染检验，结果显示行业龙头股公司受基金公司共持公司股价崩盘传染强度比非行业龙头股更小，表明随着公司行业地位越高，其受外部关联公司股价崩盘传染性更低。

表8-8 行业地位与公司股价崩盘传染

变量	基金公司共持	
	系数	系数
龙头股 ρ	0.042 *	
非龙头 ρ		0.105 ***
MDSigma	0.020 ***	0.021 ***
MDTurn	0.165 ***	0.147 ***
MILLQ	1.29×10^6	7.18×10^5 *
MDILLQ	0.001 ***	0.001 ***
Dark	0.003	1.74×10^{-4}
MILLQ × Dark	-1.34×10^6	-2.76×10^6 ***
MDILLQ × Dark	-0.004 **	-9.44×10^{-5}
Ret	-0.885 ***	-0.882 ***
Market	0.003 ***	0.004 ***
Lev	-0.004	0.003 **
Eps	-0.004 ***	3.70×10^{-4}
Cash	0.003 *	0.001
Taxation	0.080 ***	0.006
MB	-0.019 ***	-0.016 ***
C	-0.039 ***	-0.054 ***
年度效应	控制	控制
季度效应	控制	控制
固定效应	是	是
R^2 值	0.44	0.47
F 统计量	135.21 ***	825.19 ***
样本数量	9 907	75 996

注：*** 、 ** 和 * 分别表示1%、5%和10%的显著性水平。

第九章 公司治理与股价崩盘传染应对

第一节 引 言

公司治理是现代公司管理的一系列程序、规章、制度等，广义上公司治理是企业权力安排，狭义上公司治理是建构在企业所有权层次上经理人授权和监管。公司治理是维护股东利益的重要措施，完善的公司治理能提高企业信息透明度、纠正股价偏离，抑制管理层委托代理问题。本章根据钱颖一(1995)研究，分别从高管激励、股权结构、董事会制度以及公司治理角度分析上市公司受外部股价崩盘事件传染效应。

一、高管激励与股价崩盘

高管激励是解决管理层与股东代理问题的重要措施，是现代企业管理中的关键环节。合理的高管激励机制可以降低管理层与股东之间的利益冲突，提升公司价值和信息透明度；相反，如果高管激励设计失效，会导致管理层与股东代理问题的增加，增加高管自利行为和信息不对称性。如詹森等(Jensen et al.，1976)提出的利益协同假说，认为激励机制让管理层与股东利益趋同，促使管理层选择有利于企业的财务决策。

当前，已有不少学者研究中国上市公司高管激励作用，高管激励有效性在中国依旧适用（姜付秀等，2014；方军雄，2012）。从委托代理问题出发，高管激励有助于管理层与股东利益一致，降低管理层道德风险、逆向选择和自利性行为，进而降低管理层出于自我利益的隐藏坏消息动机，降低公司由于不断累积坏消息而导致的股价崩盘风险（傅颀等，2017）。从公司信息不对称理论角度看，有效的高管激励机制会降低管理层盈余管理可能性和盈余管理串谋（俞震和冯巧根，2010），提高公司信息透明度和信息披露治理水平，进而降低公司股价崩盘风险（Jin Myers，2006）。

根据文献研究，管理层激励有助于增强管理层积极性，降低管理层代理问题，有助于管理层积极应对外部股价崩盘事件，从而降低公司受外部股价崩盘传染效应。因此，本章提出如下假设：

假设9.1：高管薪酬激励越高，公司受外部股价崩盘传染效应更低。

假设9.2：高管股权激励越高，公司受外部股价崩盘传染效应更低。

二、股权结构与股价崩盘

大股东作为全体股东之一，其与全体股东利益一致性强，并且大股东可借助其身份直接参与公司治理，发挥对公司管理层的监管作用，抑制管理层自利行为（吴育辉和吴世农，2010；王化成等，2015）。如格罗斯曼和哈特（Grossman & Hart，1980）指出，比较分散的股权结构会造成中小股东"搭便车"行为，最终导致管理层监管供给不足，然而较为集中的股权结构，大股东拥有比较高的剩余索取权，会增加管理层监督积极性和能力，最终降低股东与管理层代理问题的出现。施莱弗等（Shleifer et al.，1986）指出，大股东有利于抑制管理者个人私利行为。存在一个绝对控股的大股东，有利于减轻由两权分离带来的代理问题（高雷等，2005）。

学者研究发现，随着大股东持股比例上升，其参与公司治理的意愿逐渐增强（曹丰等，2016），适当增强大股东对管理者"监督效用"，可提升企业内部监督效率（佟孟华等，2017），发挥对高管隐匿坏消息及信息操作监督作用（何孝星、叶展，2017），进而抑制公司股价崩盘风险。王化成等（2015）将大股东持股对股价崩盘风险影响分为三重效应：第一是"监督效应"，即随着大股东持股比例增加会增强其对管理层监督力度，有助于降低股价崩盘风险；第二是"更少掏空效应"，随着大股东持股比例增加，大股东与小股东委托代理问题降低，有助于减少大股东掏空风险和股价崩盘风险；第三是"更多掏空效应"，即随着大股东持股比例增加，大股东掏空能力增加进而增加股价崩盘风险。在实践中，大股东持股效应要具体看哪种效用更强。

根据文献，大股东作为公司治理的关键角色，有助于借助其权力提升公司治理效果，特别是大股东持股比例超过50%达到绝对控制时（孙光国等，2015），股东利益与公司股价表现联系越紧密，大股东防御公司受外部股价崩盘传染动机越强。因此，本章提出如下假设：

假设9.3：大股东实际控制，公司受外部股价崩盘传染效应更低。

股权制衡度是股权结构的重要指标，是大股东控制的重要监督机制，在一股独大、股权缺乏制衡环境下，控股股东缺乏对外报告真实财务信息的动机，甚至为了"控制权收益"而操纵财务信息（王跃堂等，2008；梁权熙和蒋艳平，2016）。较高的股权制衡度有助于降低控股股东自利行为、抑制大股东掏空，进而对股价崩盘风险产生影响（洪剑峭和薛皓，2008）。公司股权制衡度越高，控股股东"隧道"效应越不明显（朱红军和汪辉，2004），其他大股东对控股股东监督约束能力更强，从而降低公司股价崩盘风险。相反，股权制衡水平越低时，控股股东与股价崩盘风险正相关关系增强（沈华玉等，2017）。

综合以上分析，股权制衡度进一步提高控股股东治理有效性，防御外部股价崩盘传染。因此，本章提出如下假设：

假设9.4：股权制衡度越高，公司受外部股价崩盘传染效应更低。

三、独立董事制度与股价崩盘

独立董事制度是解决股东和管理层之间代理问题的关键机制。已有研究表明，独立董事制度有助于抑制控股股东掏空（叶康涛等，2007）、遏制管理层自利行为（Brickley，1987）、提高会计信息质量（王跃堂，2008；胡奕明和唐松莲，2008）等。管理层隐藏坏消息很大程度上取决于独立董事履职情况，如果独立董事能够有效发挥股东监督作用，管理层隐匿坏消息动机和能力越小，则公司股价崩盘风险越小。另外，独立董事监督有助于降低公司高风险投资，进一步降低公司股价崩盘风险。比如，董红晔（2016）研究发现，财务背景独立董事能够显著降低公司的股价崩盘风险；梁权熙和蒋艳平（2016）研究发现，董事会独立性越强的公司未来发生股价崩盘风险越低；梁权熙和曾海舰（2016）研究发现，独立董事制度改革显著地降低了公司股价发生崩盘的风险，异议独立董事公司股价发生崩盘风险明显较低。

综合以上分析，独立董事的监督行为有助于缓解代理问题，遏制管理层的坏消息隐藏行为从而降低股价崩盘风险（梁权熙和曾海舰，2016）。因此，本章提出如下假设：

假设9.5：独立董事数量越多，公司受外部股价崩盘传染效应越低。

假设9.6：独立董事比例越高，公司受外部股价崩盘传染效应越低。

四、公司治理环境与股价崩盘

公司治理环境是公司治理基础，有效的治理环境会增强治理效果。已有研究显示，公司治理环境的改进有利于抑制公司超额持有现金导致的过度投资行为（杨兴全等，2010；汪剑锋，2011），治理环境会对上市公司信息披露和投资者关系管理产生影响，以达到保护中小投资者的目的（赵颖，2012）。对于公司治理环境与股价崩盘，杨棉之和刘洋（2016）研究表明，有效的外部监督环境会提高公司信息治理、降低股价崩盘风险，外部监管会抑制公司管理层盈余管理行为，使盈余质量与股价崩盘风险负向相关关系减弱。梁权熙和蒋艳平（2016）研究显示，外部监督效力越高，董事会独立性与股价崩盘风险负向关系越弱，表明外部监督环境与内部董事会治理在防御股价崩盘风险方面存在替代关系。

综合以上分析，外部治理环境会同时影响公司治理效果和股价崩盘，对于公司治理防御股价崩盘效应产生替代影响。因此，本章提出如下假设：

假设9.7：公司治理环境与公司治理防御外部股价崩盘传染效应负相关。

第二节　样本来源与研究设计

一、样本来源及变量说明

本章样本为 2000～2016 年 A 股上市公司，公司股票价格、财务数据、基金公司持股数据来源于 CSMAR 股票交易和上市公司数据库以及 Wind 股票数据库。股价崩盘及其他相关变量测度，以及供应链关联、高管连锁、基金共持测度见第六章、第七章和第八章。

二、研究设计

上市公司是资本市场的基础构成，也是各类股价崩盘传染的最直接载体。因此，A 股上市公司可能会同时受到来自关联公司股价崩盘、所处行业关联行业股价崩盘等股价崩盘传染。综上分析，本章基于第六章、第七章、第八章测定的行业股价崩盘以及公司股价崩盘，分别构建 A 股上市公司关联公司崩盘、关联行业崩盘空间滞后项，以检验 A 股上市公司受同期关联公司崩盘、关联行业崩盘传染效应。

本章借鉴程椥等（2012）、李立等（2015），应用空间计量模型检验公司治理防御公司间股价崩盘风险传染效应。

$$Y_{i,T} = C + \rho_1 \, \Omega Y_{Director,i,T} + \rho_2 \, \Omega Y_{Fund,i,T} + \rho_3 \, \Omega Y_{Cain,i,T} + \rho_4 Govern_{i,T}$$
$$+ \rho_5 Govern_{i,T} \times \Omega Y_{Director,i,T} + \rho_6 Govern_{i,T} \times \Omega Y_{Fund,i,T}$$
$$+ \rho_7 Govern_{i,T} \times \Omega Y_{Chain,i,T} + \beta X + \beta_1 Control + \varepsilon \qquad (9-1)$$

其中，$Y_{i,T}$ 为公司 i 在 T 季度股价崩盘频率，$\Omega Y_{Director,i,T}$、$\Omega Y_{Fund,i,T}$、$\Omega Y_{Chain,i,T}$ 分别表征 A 股上市公司 i 在 T 期高管连锁公司崩盘滞后项、基金共持公司崩盘滞后项以及供应链关联行业崩盘滞后项，$Govern_{i,T}$ 为公司 i 在 T 期公司治理变量，本章分别以公司董事会结构、股权结构、高管激励测度公司治理。ρ_1、ρ_2、ρ_3 为 A 股上市公司高管连锁公司、基金公司共持公司、供应链关联行业崩盘传染强度，ρ_5、ρ_6、ρ_7 为公司治理因子对于外部崩盘传染调节效应，如果 ρ_5、ρ_6、ρ_7 显著小于 0，表明公司治理有助于防御外部股价崩盘传染。X 为其他解释变量和控制变量，具体变量定义参见第六章、第七章、第八章公司股价崩盘传染模型，变量说明见表 9 – 1。

表 9 – 1   本章主要变量说明

变量名称	变量代码	备注
季度股市崩盘频率	Y	季度股市崩盘概率
季度高管连锁崩盘滞后项	$\Omega Y_{Director,i,T}$	受高管连锁崩盘传染
季度基金共持崩盘滞后项	$\Omega Y_{Fund,i,T}$	受基金共持崩盘传染
季度关联行业崩盘滞后项	$\Omega Y_{Chain,i,T}$	受关联行业崩盘传染
高管股权激励	$Stock$	高管持股比例
高管薪酬激励	Pay	高管薪酬总额对数
大股东控制	Top	第 1 大股东持股比例
股权制衡度	$Balance$	前 2 – 9 大股东持股与第 1 大股东比值
独立董事治理	$Indep$	独立董事数量
董事会治理	$Board$	董事会独立董事比例

注：其他变量定义见第六章、第七章、第八章的样本来源与变量说明。

第三节　高管激励与股价崩盘传染

一、高管股权激励与股价崩盘传染

表 9 – 2 为基于高管持股比例的公司治理防御股价崩盘传染效果检验。检验结果显示：A 股上市公司关联公司股价崩盘空间滞后项、关联行业股价崩盘空间滞后项回归系数在 1% 水平上显著为正，表明 A 股上市公司会受关联公司、关联行业股价崩盘传染。

表 9 – 2 高管股权激励与股价崩盘传染（全部样本）

变量	高管持股比例			
	系数	系数	系数	系数
$\Omega Y_{Director,i,T}$	0. 188 ***			0. 144 ***
$Stock_{i,T} \times \Omega Y_{Director,i,T}$	– 0. 117 **			– 0. 051
$\Omega Y_{Fund,i,T}$		0. 276 ***		0. 187 ***
$Stock_{i,T} \times \Omega Y_{Fund,i,T}$		– 0. 008		0. 042
$\Omega Y_{Chain,i,T}$			0. 020 ***	0. 017 ***
$Stock_{i,T} \times \Omega Y_{Chain,i,T}$			– 0. 031 ***	– 0. 028 ***
$Stock_{i,T}$	0. 009	0. 010 *	0. 015 **	0. 014 **
$MDSigma_{i,T}$	0. 022 ***	0. 022 ***	0. 022 ***	0. 021 ***
$MDTurn_{i,T}$	0. 178	0. 186 ***	0. 164 ***	0. 165 ***
$MILLQ_{i,T}$	$1. 97 \times 10^6$ ***	$2. 33 \times 10^6$ ***	$2. 13 \times 10^6$ ***	$2. 25 \times 10^6$ ***
$MDILLQ_{i,T}$	0. 002 ***	0. 002 ***	0. 004 ***	0. 004 ***
$Dark_{i,T}$	– 0. 004 **	– 0. 004 **	0. 001	$– 1. 31 \times 10^{-4}$
$MILLQ_{i,T} \times Dark_{i,T}$	$– 3. 09 \times 10^6$ ***	$– 3. 46 \times 10^6$ ***	$– 3. 40 \times 10^6$ ***	$– 3. 67 \times 10^6$ ***
$MDILLQ_{i,T} \times Dark_{i,T}$	– 0. 001	– 0. 002	– 0. 004 ***	– 0. 003 *
$Ret_{i,T}$	– 0. 915 ***	– 0. 935 ***	– 0. 869 ***	– 0. 870 ***
$Market_{i,T}$	0. 003 ***	0. 004 ***	0. 004 ***	0. 003 ***
$Lev_{i,T}$	0. 013 ***	0. 014 ***	0. 011 ***	0. 010 ***
$Eps_{i,T}$	– 0. 001	– 0. 002 **	– 0. 002 ***	– 0. 003 ***
$Cash_{i,T}$	0. 002 *	0. 002 *	0. 002 *	0. 002 *
$Taxation_{i,T}$	0. 024 **	0. 026 **	0. 031 ***	0. 028 **
$MB_{i,T}$	– 0. 018 ***	– 0. 017 ***	– 0. 018 ***	– 0. 017 ***
C	– 0. 032 ***	– 0. 036 ***	– 0. 040 ***	– 0. 034 ***
固定效应	是	是	是	是
R^2 值	0. 30	0. 28	0. 31	0. 32
F 统计量	524. 29 ***	498. 07 ***	467. 99 ***	401. 55 ***
FE 统计量	2. 14 ***	2. 14 ***	2. 11 ***	2. 18 ***
样本数量	85 903	85 903	73 213	73 213

注： *** 、** 和 * 分别表示 1% 、5% 和 10% 的显著性水平。

　　高管股权激励与各层次股价崩盘交互项回归系数检验显示，高管持股比例与关联公司股价崩盘空间滞后项交互项回归系数，以及高管持股比例与关联行业股价崩盘空间滞后项交互项回归系数显著为负，表明高管持股比例增加有助于降低 A 股上市公司受关联公司、关联行业股价崩盘传染，进而表明高管股权激励有助于上市公司防御外部股价崩盘传染。

　　表 9 - 3 为基于 A 股牛市周期高管持股的公司治理防御股价崩盘传染效果检验。检验结果依然显示，A 股上市公司主要受关联公司、关联行业股价崩盘传染；高管持股比例与关联公司股价崩盘空间滞后项交互项，以及高管持股比例与关联行业股价崩盘空间滞后项交互项回归系数均显著为负，进一步表明高管股权激励有助于上市公司防御外部股价崩盘传染。

表 9 - 3　　　　　　　　　　股权激励与股价崩盘传染（A 股牛市样本）

变量	混合供应链关系			
	系数	系数	系数	系数
$\Omega Y_{Director,i,T}$	0.135 ***			0.088 ***
$Stock_{i,T} \times \Omega Y_{Director,i,T}$	− 0.236 ***			− 0.127 *
$\Omega Y_{Fund,i,T}$		0.234 ***		0.174 ***
$Stock_{i,T} \times \Omega Y_{Fund,i,T}$		0.093		0.138
$\Omega Y_{Chain,i,T}$			0.014 ***	0.012 ***
$Stock_{i,T} \times \Omega Y_{Chain,i,T}$			− 0.031 ***	− 0.027 ***
$Stock_{i,T}$	0.005	0.005	0.013 **	0.013 **
$MDSigma_{i,T}$	0.023 ***	0.024 ***	0.022 ***	0.022 ***
$MDTurn_{i,T}$	0.188 **	0.195 ***	0.173 ***	0.174 ***
$MILLQ_{i,T}$	7.21×10^6 ***	7.82×10^6 ***	7.84×10^6 ***	7.70×10^6 ***
$MDILLQ_{i,T}$	0.0004	3.70×10^{-4}	1.09×10^{-3} ***	0.001 ***
$Dark_{i,T}$	− 0.009 ***	− 0.011 ***	− 0.003	− 0.003
$MILLQ_{i,T} \times Dark_{i,T}$	-1.48×10^7 ***	-1.58×10^7 ***	-1.68×10^7 ***	-1.65×10^7 ***
$MDILLQ_{i,T} \times Dark_{i,T}$	0.028 ***	0.028 ***	0.027 ***	0.027 ***
$Ret_{i,T}$	− 1.010 ***	− 1.034 ***	− 0.957 ***	− 0.957 ***
$Market_{i,T}$	0.001 ***	0.001 ***	0.001 ***	0.001 ***

续表

变量	混合供应链关系			
	系数	系数	系数	系数
$Lev_{i,T}$	0.015 ***	0.016 ***	0.013 ***	0.013 ***
$Eps_{i,T}$	− 0.0002	-2.99×10^{-4}	-6.99×10^{-4}	− 0.001
$Cash_{i,T}$	0.002	0.002 *	0.002 **	0.002 **
$Taxation_{i,T}$	0.044 ***	0.045 ***	0.043 ***	0.039 ***
$MB_{i,T}$	− 0.022 ***	− 0.022 ***	− 0.021 ***	− 0.020 ***
C	− 0.006	− 0.007	− 0.007 ***	− 0.006
固定效应	是	是	是	是
R^2 值	0.36	0.35	0.22	0.37
F 统计量	311.94 ***	308.84 ***	298.93 ***	252.82 ***
FE 统计量	1.47 ***	1.45 ***	1.43 ***	1.45 ***
样本数量	43 469	43 469	36 587	36 587

注：***、** 和 * 分别表示 1%、5% 和 10% 的显著性水平。

二、高管薪酬激励与股价崩盘传染

表 9 – 4 为基于高管薪酬的公司治理防御股价崩盘传染效果检验。检验结果显示，A 股上市公司关联公司股价崩盘空间滞后项、关联行业股价崩盘空间滞后项回归系数在 1% 水平上显著为正，表明 A 股上市公司会受关联公司、关联行业股价崩盘传染。

表 9 – 4   **高管薪酬激励与股价崩盘传染（全部样本）**

变量	高管薪酬总额对数			
	系数	系数	系数	系数
$\Omega Y_{Director,i,T}$	0.196 ***			0.096 ***
$Pay_{i,T} \times \Omega Y_{Director,i,T}$	− 0.001			0.003
$\Omega Y_{Fund,i,T}$		0.411 ***		0.342 ***
$Pay_{i,T} \times \Omega Y_{Fund,i,T}$		− 0.010		− 0.010 *
$\Omega Y_{Chain,i,T}$			0.042 ***	0.041 ***

续表

变量	高管薪酬总额对数			
	系数	系数	系数	系数
$Pay_{i,T} \times \Omega Y_{Chain,i,T}$			$-0.002\ ^{***}$	$-0.002\ ^{***}$
$Pay_{i,T}$	$0.001\ ^{***}$	$0.001\ ^{***}$	$0.001\ ^{***}$	$0.001\ ^{***}$
$MDSigma_{i,T}$	$0.022\ ^{***}$	$0.022\ ^{***}$	$0.022\ ^{***}$	$0.021\ ^{***}$
$MDTurn_{i,T}$	$0.178\ ^{***}$	$0.185\ ^{***}$	$0.165\ ^{***}$	$0.166\ ^{***}$
$MILLQ_{i,T}$	$1.73 \times 10^{6}\ ^{***}$	$2.06 \times 10^{6}\ ^{***}$	$1.93 \times 10^{6}\ ^{***}$	$2.07 \times 10^{6}\ ^{***}$
$MDILLQ_{i,T}$	$2.26 \times 10^{-3}\ ^{***}$	$2.54 \times 10^{-3}\ ^{***}$	$4.28 \times 10^{-3}\ ^{***}$	$0.004\ ^{***}$
$Dark_{i,T}$	$-0.003\ ^{*}$	$-0.004\ ^{*}$	0.001	-0.0001
$MILLQ_{i,T} \times Dark_{i,T}$	$-3.00 \times 10^{6}\ ^{***}$	$-3.34 \times 10^{6}\ ^{***}$	$-3.44 \times 10^{6}\ ^{***}$	$-3.70 \times 10^{6}\ ^{***}$
$MDILLQ_{i,T} \times Dark_{i,T}$	-0.001	-0.002	$-0.003\ ^{**}$	-0.002
$Ret_{i,T}$	$-0.920\ ^{***}$	$-0.940\ ^{***}$	$-0.870\ ^{***}$	$-0.871\ ^{***}$
$Market_{i,T}$	$0.002\ ^{***}$	$0.003\ ^{***}$	$0.003\ ^{***}$	$0.002\ ^{***}$
$Lev_{i,T}$	$0.010\ ^{***}$	$0.011\ ^{***}$	$0.008\ ^{***}$	$0.008\ ^{***}$
$Eps_{i,T}$	-9.21×10^{-4}	$-1.57 \times 10^{-3}\ ^{**}$	$-2.39 \times 10^{-3}\ ^{***}$	$-0.003\ ^{***}$
$Cash_{i,T}$	$0.002\ ^{*}$	$0.002\ ^{*}$	$0.001\ ^{*}$	$0.001\ ^{*}$
$Taxation_{i,T}$	$0.025\ ^{**}$	$0.026\ ^{**}$	$0.030\ ^{***}$	$0.027\ ^{***}$
$MB_{i,T}$	$-0.021\ ^{***}$	$-0.020\ ^{***}$	$-0.020\ ^{***}$	$-0.019\ ^{***}$
C	$-0.028\ ^{***}$	$-0.032\ ^{***}$	$-0.038\ ^{***}$	$-0.033\ ^{***}$
固定效应	是	是	是	是
R^2值	0.30	0.29	0.31	0.33
F 统计量	$524.55\ ^{***}$	$498.79\ ^{***}$	$463.82\ ^{***}$	$398.43\ ^{***}$
FE 统计量	$2.21\ ^{***}$	$2.32\ ^{***}$	$2.16\ ^{***}$	$2.38\ ^{***}$
样本数量	85 903	85 903	73 213	73 213

注：*** 、** 和 * 分别表示 1%、5% 和 10% 的显著性水平。

高管薪酬激励与各层次股价崩盘交互项回归系数检验显示，高管薪酬与关联公司股价崩盘空间滞后项交互项回归系数，以及高管薪酬与关联行业股价崩盘空间滞后项交互项回归系数显著为负，表明高管薪酬增加有助于降低

A 股上市公司受关联公司、关联行业股价崩盘传染，进而表明高管薪酬激励有助于上市公司防御外部股价崩盘传染。

表 9-5 为基于 A 股牛市周期高管薪酬的公司治理防御股价崩盘传染效果检验。检验结果依然显示，A 股上市公司主要受关联公司、关联行业股价崩盘传染；高管薪酬与关联公司股价崩盘空间滞后项交互项，以及高管薪酬与关联行业股价崩盘空间滞后项交互项回归系数均显著为负，进一步表明高管薪酬激励有助于上市公司防御外部股价崩盘传染。

表 9-5　　　　高管薪酬激励与股价崩盘传染（A 股牛市样本）

变量	高管薪酬总额对数			
	系数	系数	系数	系数
$\Omega Y_{Director,i,T}$	0.219 ***			0.094 ***
$Pay_{i,T} \times \Omega Y_{Director,i,T}$	− 0.007 **			− 0.0004
$\Omega Y_{Fund,i,T}$		0.655 ***		0.604 ***
$Pay_{i,T} \times \Omega Y_{Fund,i,T}$		− 0.029 **		− 0.028 **
$\Omega Y_{Chain,i,T}$			0.045 ***	0.044 ***
$Pay_{i,T} \times \Omega Y_{Chain,i,T}$			− 0.002 ***	− 0.002 ***
$Pay_{i,T}$	0.001 ***	0.001 ***	0.001 ***	0.001 ***
$MDSigma_{i,T}$	0.024 ***	0.024 ***	0.023 ***	0.022 ***
$MDTurn_{i,T}$	0.186 ***	0.193 ***	0.174 ***	0.175 ***
$MILLQ_{i,T}$	6.56×10^{6} ***	7.17×10^{6} ***	7.29×10^{6} ***	7.15×10^{6} ***
$MDILLQ_{i,T}$	4.63×10^{-4}	4.38×10^{-4}	1.22×10^{-3} ***	0.001 ***
$Dark_{i,T}$	− 0.009 ***	− 0.011 ***	− 0.003	− 0.003
$MILLQ_{i,T} \times Dark_{i,T}$	-1.39×10^{7} ***	-1.49×10^{7} ***	-1.61×10^{7} ***	-1.58×10^{7} ***
$MDILLQ_{i,T} \times Dark_{i,T}$	0.028 ***	0.028 ***	0.027 ***	0.028 ***
$Ret_{i,T}$	− 1.016 ***	− 1.040 ***	− 0.962 ***	− 0.962 ***
$Market_{i,T}$	0.001	0.001 *	0.001 *	0.001 *
$Lev_{i,T}$	0.012 ***	0.013 ***	0.010 ***	0.009 ***
$Eps_{i,T}$	-5.99×10^{-4}	-9.42×10^{-4}	-1.31×10^{-3}	− 0.001
$Cash_{i,T}$	0.002 *	0.002 *	0.002 **	0.002 *

变量	高管薪酬总额对数			
	系数	系数	系数	系数
$Taxation_{i,T}$	0.043 ***	0.044 ***	0.042 ***	0.037 ***
$MB_{i,T}$	− 0.025 ***	− 0.025 ***	− 0.024 ***	− 0.023 ***
C	− 0.005	− 0.006	− 0.010 *	− 0.009 ***
固定效应	是	是	是	是
R^2值	0.3	0.35	0.36	0.37
F 统计量	310.61 ***	305.65 ***	295.08 ***	248.83 ***
FE 统计量	1.55 ***	1.60 ***	1.52 ***	1.62 ***
样本数量	43 469	43 469	36 587	36 587

注：*** 、** 和 * 分别表示1%、5%和10%的显著性水平。

第四节　股权结构与股价崩盘传染

一、大股东控制与股价崩盘传染

表 9 - 6 为基于大股东控制的公司治理防御股价崩盘传染效果检验。检验结果显示，A 股上市公司关联公司股价崩盘空间滞后项、关联行业股价崩盘空间滞后项回归系数在 1% 水平上显著为正，表明 A 股上市公司会受关联公司、关联行业股价崩盘传染。

表 9 - 6　　　　大股东控制与股价崩盘传染（全部样本）

变量	大股东持股比例≥50%			
	系数	系数	系数	系数
$\Omega Y_{Director,i,T}$	0.183 ***			0.139 ***
$Top_{1,T} \times \Omega Y_{Director,i,T}$	− 1.23 × 10^{-5}			1.18 × 10^{-4}
$\Omega Y_{Fund,i,T}$		0.261 ***		0.167 ***
$Top_{i,T} \times \Omega Y_{Fund,i,T}$		0.0002		4.41 × 10^{-4}
$\Omega Y_{Chain,i,T}$			0.019 ***	0.016 ***

变量	大股东持股比例≥50%			
	系数	系数	系数	系数
$Top_{i,T} \times \Omega Y_{Chain,i,T}$			0.000	-1.46×10^{-5}
$Top_{i,T}$	-2.38×10^{-4} ***	-2.51×10^{-4} ***	-2.00×10^{-4} ***	-1.88×10^{-4} ***
$MDSigma_{i,T}$	0.022 ***	0.022 ***	0.022 ***	0.021 ***
$MDTurn_{i,T}$	0.174 ***	0.181 ***	0.161 ***	0.162 ***
$MILLQ_{i,T}$	1.56×10^{6} ***	1.89×10^{6} ***	1.86×10^{6} ***	1.99×10^{6} ***
$MDILLQ_{i,T}$	2.15×10^{-3} ***	2.43×10^{-3} ***	4.18×10^{-3} ***	0.004 ***
$Dark_{i,T}$	-0.001	-0.002	0.002	0.001
$MILLQ_{i,T} \times Dark_{i,T}$	-2.75×10^{6} ***	-3.08×10^{6} ***	-3.28×10^{6} ***	-3.54×10^{6} ***
$MDILLQ_{i,T} \times Dark_{i,T}$	-0.001	-0.002	-0.004 **	-0.003 *
$Ret_{i,T}$	-0.916 ***	-0.937 ***	-0.866 ***	-0.866 ***
$Market_{i,T}$	0.003 ***	0.003 ***	0.003 ***	0.003 ***
$Lev_{i,T}$	0.012 ***	0.012 ***	0.010 ***	0.010 ***
$Eps_{i,T}$	-5.63×10^{-4}	-1.20×10^{-3} *	-1.96×10^{-3} ***	-0.002 ***
$Cash_{i,T}$	0.002 **	0.002 *	0.002 *	0.002 *
$Taxation_{i,T}$	0.035 ***	0.036 ***	0.040 ***	0.037 ***
$MB_{i,T}$	-0.018 ***	-0.018 ***	-0.018 ***	-0.017 ***
C	-0.015 ***	-0.019 ***	-0.025 ***	-0.020 ***
固定效应	是	是	是	是
拟合优度 R^2	0.30	0.28	0.31	0.32
F 统计量	520.82 ***	499.16 ***	462.71 ***	399.65 ***
FE 统计量	2.21 ***	2.17 ***	2.18 ***	2.20 ***
样本数量	85 863	85 863	73 179	73 179

注：*** 、** 和 * 分别表示 1%、5% 和 10% 的显著性水平。

大股东持股控制变量回归系数显著为负，表明大股东控制有助于降低公司自身股价崩盘概率。但是，大股东控制与各层次股价崩盘交互项回归系数不显著或者显著为正，表明大股东控制对于防御外部股价崩盘传染效果不明显。

表 9-7 为基于 A 股牛市周期大股东持股比例的公司治理防御股价崩盘传染效果检验。检验结果显示，A 股上市公司主要受关联公司、关联行业股价崩盘传染；大股东控制与关联行业股价崩盘空间滞后项交互项回归系数显著为负，表明大股东控制有助于上市公司防御关联行业股价崩盘传染。

表 9-7　　　　　　　　大股东控制与股价崩盘传染（A 股牛市样本）

变量	大股东持股比例 ≥ 50%			
	系数	系数	系数	系数
$\Omega Y_{Director,i,T}$	0.133 ***			0.089 ***
$Top_{i,T} \times \Omega Y_{Director,i,T}$	− 0.0002			− 4.49 × 10^{-5}
$\Omega Y_{Fund,i,T}$		0.244 ***		0.165 ***
$Top_{i,T} \times \Omega Y_{Fund,i,T}$		− 0.0002		3.15 × 10^{-4}
$\Omega Y_{Chain,i,T}$			0.016 ***	0.014 ***
$Top_{i,T} \times \Omega Y_{Chain,i,T}$			− 0.0001 ***	− 9.84 × 10^{-5} ***
$Top_{i,T}$	− 2.30 × 10^{-4} ***	− 2.40 × 10^{-4} ***	− 1.90 × 10^{-4} ***	− 1.80 × 10^{-4} ***
$MDSigma_{i,T}$	0.024 ***	0.024 ***	0.022 ***	0.022 ***
$MDTurn_{i,T}$	0.184 ***	0.190 ***	0.170 ***	0.170 ***
$MILLQ_{i,T}$	6.60 × 10^{6} ***	7.18 × 10^{6} ***	7.39 × 10^{6} ***	7.25 × 10^{6} ***
$MDILLQ_{i,T}$	3.67 × 10^{-4}	3.45 × 10^{-4}	1.17 × 10^{-3} ***	0.001 ***
$Dark_{i,T}$	− 0.007 **	− 0.008 ***	− 0.001	− 0.001
$MILLQ_{i,T} \times Dark_{i,T}$	− 1.41 × 10^{7} ***	− 1.50 × 10^{7} ***	− 1.63 × 10^{7} ***	− 1.60 × 10^{7} ***
$MDILLQ_{i,T} \times Dark_{i,T}$	0.028 ***	0.028 ***	0.027 ***	0.027 ***
$Ret_{i,T}$	− 1.011 ***	− 1.035 ***	− 0.951 ***	− 0.951 ***
$Market_{i,T}$	0.001 ***	0.001 ***	0.001 **	0.001 **
$Lev_{i,T}$	0.014 ***	0.015 ***	0.012 ***	0.012 ***
$Eps_{i,T}$	3.68 × 10^{-4}	4.84 × 10^{-5}	− 2.99 × 10^{-4}	0.000
$Cash_{i,T}$	0.002 *	0.002 *	0.002 **	0.002 *
$Taxation_{i,T}$	0.052 ***	0.054 ***	0.051 ***	0.046 ***
$MB_{i,T}$	− 0.022 ***	− 0.022 ***	− 0.021 ***	− 0.020 ***

续表

变量	大股东持股比例≥50%			
	系数	系数	系数	系数
C	0.009 *	0.008	0.006	0.007
固定效应	是	是	是	是
R^2 值	0.35	0.35	0.36	0.36
F 统计量	312.64 ***	306.26 ***	294.50 ***	251.29 ***
FE 统计量	1.52 ***	1.48 ***	1.49 ***	1.48 ***
样本数量	43 451	43 451	43 469	36 573

注：*** 、** 和 * 分别表示1%、5%和10%的显著性水平。

二、股权制衡与股价崩盘传染

表 9 - 8 为基于股权制衡度的公司治理防御股价崩盘传染效果检验。检验结果显示，A 股上市公司关联公司股价崩盘空间滞后项、关联行业股价崩盘空间滞后项回归系数在 1% 水平上显著为正，表明 A 股上市公司会受关联公司、关联行业股价崩盘传染。

表 9 - 8　　　　　　　　股权制衡度与股价崩盘传染（全部样本）

变量	前 2～10 股东与第 1 大股东持股比			
	系数	系数	系数	系数
$\Omega Y_{Director,i,T}$	0.204 ***			0.164 ***
$Balance_{i,T} \times \Omega Y_{Director,i,T}$	− 0.029 ***			− 2.76 × 10^{-2} ***
$\Omega Y_{Fund,i,T}$		0.275 ***		0.199 ***
$Balance_{i,T} \times \Omega Y_{Fund,i,T}$		− 0.007		− 1.47 × 10^{-2}
$\Omega Y_{Chain,i,T}$			0.020 ***	0.016 ***
$Balance_{i,T} \times \Omega Y_{Chain,i,T}$			− 0.002 **	− 1.19 × 10^{-3}
$Balance_{i,T}$	5.24 × 10^{-3} ***	5.20 × 10^{-3} ***	4.73 × 10^{-3} ***	4.55 × 10^{-3} ***
$MDSigma_{i,T}$	0.022 ***	0.022 ***	0.022 ***	0.021 ***

变量	前 2 ~ 10 股东与第 1 大股东持股比			
	系数	系数	系数	系数
$MDTurn_{i,T}$	0. 181 ***	0. 189 ***	0. 167 ***	0. 168 ***
$MILLQ_{i,T}$	2.01×10^6 ***	2.38×10^6 ***	2.20×10^6 ***	2.30×10^6 ***
$MDILLQ_{i,T}$	2.21×10^{-3} ***	2.49×10^{-3} ***	4.23×10^{-3} ***	0. 004 ***
$Dark_{i,T}$	− 0. 004 **	− 0. 004 **	0. 0001	− 0. 0005
$MILLQ_{i,T} \times Dark_{i,T}$	-3.25×10^6 ***	-3.63×10^6 ***	-3.67×10^6 ***	-3.90×10^6 ***
$MDILLQ_{i,T} \times Dark_{i,T}$	− 0. 001	− 0. 002	− 0. 004 **	− 0. 003 *
$Ret_{i,T}$	− 0. 918 ***	− 0. 938 ***	− 0. 867 ***	− 0. 868 ***
$Market_{i,T}$	0. 003 ***	0. 004 ***	0. 004 ***	0. 003 ***
$Lev_{i,T}$	0. 013 ***	0. 014 ***	0. 011 ***	0. 011 ***
$Eps_{i,T}$	-1.18×10^{-3} *	-1.83×10^{-3} ***	-2.52×10^{-3} ***	− 0. 003 ***
$Cash_{i,T}$	0. 002 **	0. 002 **	0. 002 **	0. 002 *
$Taxation_{i,T}$	0. 030 ***	0. 031 ***	0. 036 ***	0. 033 ***
$MB_{i,T}$	− 0. 018 ***	− 0. 017 ***	− 0. 017 ***	− 0. 017 ***
C	− 0. 035 ***	− 0. 039 ***	− 0. 041 ***	− 0. 036 ***
固定效应	是	是	是	是
R^2 值	0. 30	0. 28	0. 31	0. 32
F 统计量	520. 62 ***	497. 42 ***	460. 98 ***	394. 04 ***
FE 统计量	2. 22 ***	2. 17 ***	2. 21 ***	2. 21 ***
样本数量	85 863	85 863	73 179	73 179

注: *** 、 ** 和 * 分别表示 1% 、5% 和 10% 的显著性水平。

股权制衡度与关联公司股价崩盘空间滞后项交互项回归系数显著为负，表明股权制衡度有助于防御关联公司股价崩盘传染。

表 9 - 9 为基于 A 股牛市周期股权制衡度的公司治理防御股价崩盘传染效果检验。检验结果显示，A 股上市公司主要受关联公司、关联行业股价崩盘传染；股权制衡度与关联公司股价崩盘空间滞后项交互项回归系数显著为负，表明股权制衡度有助于防御关联公司股价崩盘传染。

表 9 - 9　　　　　　　股权制衡度与股价崩盘传染（A 股牛市样本）

变量	前 2 ~ 10 股东与第 1 大股东持股比			
	系数	系数	系数	系数
$\Omega Y_{Director,i,T}$	0.149 ***			0.108 ***
$Balance_{i,T} \times \Omega Y_{Director,i,T}$	− 0.030 ***			$- 2.76 \times 10^{-2}$ **
$\Omega Y_{Fund,i,T}$		0.209 ***		0.173 ***
$Balance_{i,T} \times \Omega Y_{Fund,i,T}$		0.030		9.13×10^{-3}
$\Omega Y_{Chain,i,T}$			0.013 ***	0.010 ***
$Balance_{i,T} \times \Omega Y_{Chain,i,T}$			− 0.001	$- 2.48 \times 10^{-4}$
$Balance_{i,T}$	4.63×10^{-3} ***	4.47×10^{-3} ***	3.79×10^{-3} ***	3.69×10^{-3} ***
$MDSigma_{i,T}$	0.023 ***	0.024 ***	0.022 ***	0.022 ***
$MDTurn_{i,T}$	0.190 ***	0.197 ***	0.176 ***	0.177 ***
$MILLQ_{i,T}$	7.15×10^{6} ***	7.77×10^{6} ***	7.87×10^{6} ***	7.71×10^{6} ***
$MDILLQ_{i,T}$	3.96×10^{-4}	3.80×10^{-4}	1.17×10^{-3} ***	0.001 ***
$Dark_{i,T}$	− 0.010 ***	− 0.011 ***	− 0.004	− 0.003
$MILLQ_{i,T} \times Dark_{i,T}$	$- 1.47 \times 10^{7}$ ***	$- 1.58 \times 10^{7}$ ***	$- 1.69 \times 10^{7}$ ***	$- 1.67 \times 10^{7}$ ***
$MDILLQ_{i,T} \times Dark_{i,T}$	0.028 ***	0.028 ***	0.027 ***	0.027 ***
$Ret_{i,T}$	− 1.011 ***	− 1.035 ***	− 0.954 ***	− 0.954 ***
$Market_{i,T}$	0.001 ***	0.001 ***	0.001 ***	0.001 ***
$Lev_{i,T}$	0.015 ***	0.016 ***	0.013 ***	0.013 ***
$Eps_{i,T}$	$- 1.50 \times 10^{-4}$	$- 4.82 \times 10^{-4}$	$- 7.63 \times 10^{-4}$	− 0.001
$Cash_{i,T}$	0.002 *	0.002 *	0.002 **	0.002 *
$Taxation_{i,T}$	0.048 ***	0.048 ***	0.047 ***	0.043 ***
$MB_{i,T}$	− 0.022 ***	− 0.021 ***	− 0.021 ***	− 0.020
C	− 0.008 *	− 0.010 **	− 0.008	− 0.007
固定效应	是	是	是	是
R^2 值	0.35	0.35	0.36	0.37
F 统计量	311.87 ***	306.97 ***	295.83 ***	249.27 ***
FE 统计量	1.51 ***	1.46 ***	1.48 ***	1.46 ***
样本数量	43 405	43 405	36 573	36 573

注：***、** 和 * 分别表示 1%、5% 和 10% 的显著性水平。

第五节 独立董事制度与股价崩盘传染

一、独立董事数量与股价崩盘传染防御

表 9 – 10 为基于独立董事数量的公司治理防御股价崩盘传染效果检验。检验结果显示，A 股上市公司关联公司股价崩盘空间滞后项、关联行业股价崩盘空间滞后项回归系数在 1% 水平上显著为正，表明 A 股上市公司主要受关联公司、关联行业股价崩盘传染。

表 9 – 10 　　　　　独立董事制度与股价崩盘传染（全部样本）

变量	独立董事数量			
	系数	系数	系数	系数
$\Omega Y_{Director,i,T}$	0. 226 ***			0. 148 ***
$Indep_{i,T} \times \Omega Y_{Director,i,T}$	– 0. 013 ***			– 0. 002
$\Omega Y_{Fund,i,T}$		0. 362 ***		0. 260 ***
$Indep_{i,T} \times \Omega Y_{Fund,i,T}$		– 0. 025 **		– 0. 020 *
$\Omega Y_{Chain,i,T}$			0. 035 ***	0. 032 ***
$Indep_{i,T} \times \Omega Y_{Chain,i,T}$			– 0. 004 ***	– 0. 005 ***
$Indep_{i,T}$	0. 003 ***	0. 003 ***	0. 003 ***	0. 003 ***
$MDSigma_{i,T}$	0. 022 ***	0. 022 ***	0. 022 ***	0. 021 ***
$MDTurn_{i,T}$	0. 177 ***	0. 184 ***	0. 165 ***	0. 166 ***
$MILLQ_{i,T}$	1.81×10^6 ***	2.15×10^6 ***	2.05×10^6 ***	2.18×10^6 ***
$MDILLQ_{i,T}$	0. 002 ***	0. 002 ***	0. 004 ***	0. 004 ***
$Dark_{i,T}$	– 0. 003 *	– 0. 004 **	0. 001	0. 00001
$MILLQ_{i,T} \times Dark_{i,T}$	-3.15×10^6 ***	-3.52×10^6 ***	-3.63×10^6 ***	-3.88×10^6 ***
$MDILLQ_{i,T} \times Dark_{i,T}$	– 0. 001	– 0. 002	– 0. 003 ***	– 0. 002
$Ret_{i,T}$	– 0. 924 ***	– 0. 945 ***	– 0. 878 ***	– 0. 878 ***

变量	独立董事数量			
	系数	系数	系数	系数
$Market_{i,T}$	0.002 ***	0.002 ***	0.003 ***	0.002 ***
$Lev_{i,T}$	0.008 ***	0.009 ***	0.006 ***	0.006 ***
$Eps_{i,T}$	− 0.001 **	− 0.002 ***	− 0.003 ***	− 0.003 ***
$Cash_{i,T}$	0.002 **	0.002 **	0.002 **	0.002 **
$Taxation_{i,T}$	0.021 **	0.021 **	0.025 **	0.023 **
$MB_{i,T}$	− 0.022 ***	− 0.022 ***	− 0.021 ***	− 0.021 ***
C	− 0.022 ***	− 0.025 ***	− 0.031 ***	− 0.027 ***
固定效应	是	是	是	是
R^2 值	0.31	0.29	0.32	0.33
F 统计量	527.23 ***	498.72 ***	465.51 ***	403.97 ***
FE 统计量	2.18 ***	2.14 ***	2.16 ***	2.19 ***
样本数量	85 814	85 814	73 127	73 127

注：***、** 和 * 分别表示1%、5%和10%的显著性水平。

独立董事制度与各层次股价崩盘交互项回归系数检验显示，独立董事数量与关联公司股价崩盘空间滞后项交互项回归系数，以及独立董事数量与关联行业股价崩盘空间滞后项交互项回归系数显著为负，表明独立董事数量增加有助于降低 A 股上市公司受关联公司、关联行业股价崩盘传染，进而表明独立董事制度有助于上市公司防御外部股价崩盘传染。

表 9 – 11 为基于 A 股牛市周期独立董事数量的公司治理防御股价崩盘传染效果检验。检验结果依然显示，A 股上市公司主要受关联公司、关联行业股价崩盘传染；独立董事数量与关联公司股价崩盘空间滞后项交互项，以及独立董事数量与关联行业股价崩盘空间滞后项交互项回归系数均显著为负，进一步表明独立董事制度有助于上市公司防御外部股价崩盘传染。

表 9 - 11   独立董事制度与股价崩盘传染（A 股牛市样本）

变量	独立董事数量			
	系数	系数	系数	系数
$\Omega Y_{Director,i,T}$	0.228 ***			0.132 ***
$Indep_{i,T} \times \Omega Y_{Director,i,T}$	-0.028 ***			-0.012 **
$\Omega Y_{Fund,i,T}$		0.448 ***		0.337 ***
$Indep_{i,T} \times \Omega Y_{Fund,i,T}$		-0.058 ***		-0.043 ***
$\Omega Y_{Chain,i,T}$			0.028 ***	0.025 ***
$Indep_{i,T} \times \Omega Y_{Chain,i,T}$			-0.004 ***	-0.004 ***
$Indep_{i,T}$	0.002 ***	0.002 ***	0.002 ***	0.002 ***
$MDSigma_{i,T}$	0.024 ***	0.024 ***	0.023 ***	0.022 ***
$MDTurn_{i,T}$	0.187 ***	0.192 ***	0.174 ***	0.175 ***
$MILLQ_{i,T}$	6.55×10^{6} ***	7.18×10^{6} ***	7.31×10^{6} ***	7.14×10^{6} ***
$MDILLQ_{i,T}$	4.22×10^{-4}	4.02×10^{-4}	0.001 ***	0.001 ***
$Dark_{i,T}$	-0.009 ***	-0.011 ***	-0.003	-0.003
$MILLQ_{i,T} \times Dark_{i,T}$	-1.40×10^{7} ***	-1.50×10^{7} ***	-1.62×10^{7} ***	-1.59×10^{7} ***
$MDILLQ_{i,T} \times Dark_{i,T}$	0.028 ***	0.028 ***	0.027 ***	0.028 ***
$Ret_{i,T}$	-1.018 ***	-1.041 ***	-0.963 ***	-0.963 ***
$Market_{i,T}$	4.69×10^{-4}	4.64×10^{-4}	6.51×10^{-4}	0.001
$Lev_{i,T}$	0.011 ***	0.012 ***	0.009 ***	0.009 ***
$Eps_{i,T}$	-0.001	-0.001	-0.001	-0.001
$Cash_{i,T}$	0.002 **	0.002 **	0.002 ***	0.002 **
$Taxation_{i,T}$	0.041 ***	0.042 ***	0.039 ***	0.034 ***
$MB_{i,T}$	-0.025 ***	-0.025 ***	-0.024 ***	-0.024 ***
C	0.002	0.003	-0.001	-0.001 ***
固定效应	是	是	是	是
R^2 值	0.36	0.35	0.37	0.37
F 统计量	322.18 ***	309.26 ***	294.21 ***	255.10 ***
FE 统计量	1.49 ***	1.46 ***	1.46 ***	1.47 ***
样本数量	43 416	43 416	43 416	35 434

注： *** 和 ** 分别表示 1% 和 5% 的显著性水平。

二、董事会独立性与股价崩盘传染

表9-12 为基于独立董事比例的公司治理防御股价崩盘传染效果检验。检验结果显示，A 股上市公司关联公司股价崩盘空间滞后项、关联行业股价崩盘空间滞后项回归系数在 1% 水平上显著为正，表明 A 股上市公司主要受关联公司、关联行业股价崩盘传染。

表 9-12　　　　　　　董事会独立性股价崩盘传染（全部样本）

变量	独立董事比例			
	系数	系数	系数	系数
$\Omega Y_{Director,i,T}$	0.161 ***			0.112 ***
$Board_{i,T} \times \Omega Y_{Director,i,T}$	0.044			0.077
$\Omega Y_{Fund,i,T}$		0.250 ***		0.185 ***
$Board_{i,T} \times \Omega Y_{Fund,i,T}$		0.040		-5.48×10^{-5}
$\Omega Y_{Chain,i,T}$			0.038 ***	0.034 ***
$Board_{i,T} \times \Omega Y_{Chain,i,T}$			-0.055 ***	-0.053 ***
$Board_{i,T}$	0.045 ***	0.049 ***	0.044 ***	0.041 ***
$MDSigma_{i,T}$	0.022 ***	0.022 ***	0.022 ***	0.021 ***
$MDTurn_{i,T}$	0.174 ***	0.181 ***	0.163 ***	0.164 ***
$MILLQ_{i,T}$	1.84×10^6 ***	2.17×10^6 ***	2.16×10^6 ***	2.28×10^6 ***
$MDILLQ_{i,T}$	0.002 ***	0.002 ***	0.004 ***	0.004 ***
$Dark_{i,T}$	-0.003 *	-0.004 ***	0.001	-0.0002
$MILLQ_{i,T} \times Dark_{i,T}$	-3.38×10^6 ***	-3.73×10^6 ***	-3.94×10^6 ***	-4.18×10^6 ***
$MDILLQ_{i,T} \times Dark_{i,T}$	-0.001	-0.001	-0.003 *	-0.002
$Ret_{i,T}$	-0.928 ***	-0.949 ***	-0.883 ***	-0.883 ***
$Market_{i,T}$	0.002 ***	0.002 ***	0.003 ***	0.002 ***
$Lev_{i,T}$	0.006 ***	0.006 ***	0.004 **	0.004 **
$Eps_{i,T}$	-0.002 ***	-0.003 ***	-0.003 ***	-0.003 ***
$Cash_{i,T}$	0.002 **	0.002 ***	0.002 **	0.002 **

续表

变量	独立董事比例			
	系数	系数	系数	系数
$Taxation_{i,T}$	0.016	0.017	0.022 **	0.020 **
$MB_{i,T}$	−0.024 ***	−0.024 ***	−0.023 ***	−0.022 ***
C	−0.024 ***	−0.028 ***	−0.033 ***	−0.028 ***
固定效应	是	是	是	是
R^2 值	0.31	0.30	0.32	0.33
F 统计量	528.22 ***	500.80 ***	473.06 ***	405.48 ***
FE 统计量	2.20 ***	2.15 ***	2.21 ***	2.19 ***
样本数量	85 814	85 814	73 127	73 127

注：***、** 和 * 分别表示 1%、5% 和 10% 的显著性水平。

董事会独立性与各层次股价崩盘交互项回归系数检验显示，独立董事比例与关联行业股价崩盘空间滞后项交互项回归系数显著为负，表明独立董事比例增加有助于降低 A 股上市公司受关联行业股价崩盘传染，进而表明董事会独立性有助于上市公司防御关联行业股价崩盘传染。

表 9-13 为基于 A 股牛市周期独立董事比例的公司治理防御股价崩盘传染效果检验。检验结果依然显示：A 股上市公司主要受关联公司、关联行业股价崩盘传染；独立董事比例与关联行业股价崩盘空间滞后项交互项回归系数显著为负，进一步表明董事会独立性有助于上市公司防御关联行业股价崩盘传染。

表 9-13　　　　**董事会独立性股价崩盘传染（A 股牛市样本）**

变量	董事会比例			
	系数	系数	系数	系数
$\Omega Y_{Director,i,T}$	0.163 ***			0.093 ***
$Board_{i,T} \times \Omega Y_{Director,i,T}$	−0.124 *			−0.029
$\Omega Y_{Fund,i,T}$		0.313 ***		0.265 ***
$Board_{i,T} \times \Omega Y_{Fund,i,T}$		−0.249		−0.253

续表

变量	董事会比例			
	系数	系数	系数	系数
$\Omega Y_{Chain,i,T}$			0.032 ***	0.028 ***
$Board_{i,T} \times \Omega Y_{Chain,i,T}$			− 0.055 ***	− 0.051 ***
$Board_{i,T}$	0.044 ***	0.046 ***	0.042 ***	0.041 ***
$MDSigma_{i,T}$	0.024 ***	0.024 ***	0.023 ***	0.022 ***
$MDTurn_{i,T}$	0.182 ***	0.188 ***	0.172 ***	0.173 ***
$MILLQ_{i,T}$	6.15×10^6 ***	6.69×10^6 ***	7.05×10^6 ***	6.93×10^6 ***
$MDILLQ_{i,T}$	0.0005	4.67×10^{-4}	0.001 ***	0.001 ***
$Dark_{i,T}$	− 0.009 ***	− 0.011 ***	− 0.004	− 0.004
$MILLQ_{i,T} \times Dark_{i,T}$	-1.35×10^7 ***	-1.44×10^7 ***	-1.60×10^7 ***	-1.58×10^7 ***
$MDILLQ_{i,T} \times Dark_{i,T}$	0.029 ***	0.029 ***	0.028 ***	0.028 ***
$Ret_{i,T}$	− 1.023 ***	− 1.046 ***	− 0.975 ***	− 0.974 ***
$Market_{i,T}$	0.000	2.75×10^{-4}	3.97×10^{-4}	2.77×10^{-4}
$Lev_{i,T}$	0.008 ***	0.008 ***	0.006 ***	0.006 ***
$Eps_{i,T}$	− 0.001 *	− 0.002 **	− 0.002 **	− 0.002 **
$Cash_{i,T}$	0.002 **	0.002 **	0.002 **	0.002 **
$Taxation_{i,T}$	0.035 ***	0.036 ***	0.035 ***	0.030 **
$MB_{i,T}$	− 0.028 ***	− 0.028 ***	− 0.027 ***	− 0.026 ***
C	0.002	0.002	− 0.001	4.60×10^{-4}
固定效应	是	是	是	是
R^2 值	0.36	0.36	0.37	0.37
F 统计量	313.98 ***	310.84 ***	300.52 ***	253.28 ***
FE 统计量	1.51 ***	1.47 ***	1.51 ***	1.47 ***
样本数量	43 416	43 416	43 416	35 434

注：***、** 和 * 分别表示 1%、5% 和 10% 的显著性水平。

第六节　进一步考虑治理环境影响

一、产权属性与公司治理防御

在中国特色市场经济制度背景下，国有上市公司与民营及外资上市公司在内外部治理环境方面呈现明显差异。在实际控制人方面，国有上市存在"所有者缺位"缺陷，导致国有企业内部人控制严重（陈信元和朱红军，2007），但是民营企业大股东与中小股东代理问题突出（卢锐等，2011）；在高管激励方面，国有上市公司除普通激励机制外，还存在政治晋升激励。即使同为国有企业，央企和其他国有企业又存在显著差异。在我国央企具有特殊地位，央企通常是掌握着国家经济命脉的大型国有企业（凌文，2012），相较于其他企业存在显著差异，包括规模、规范性、公司治理有效性等。相对地方国有企业而言，央企大多处于垄断行业，央企受中央政府的监管力度更大、政策约束性强。出于稳定证券市场，央企在资本市场调控中肩负着更大政策性使命（唐松等，2014），证监会将协调中央有关部门对央企施加更大影响。同时，相对于其他上市公司，央企更容易获得融资支持，进一步弱化央企进行盈余管理动机，即在同样的公司治理下，央企盈余管理边际成本大于其他企业（李延喜和陈克兢，2014）。因此，本章进一步将样本根据产权属性划分成央企公司和其他公司组。

表 9－14 为产权属性对于公司治理防御股价崩盘传染影响检验。检验结果显示，央企公司独立董事数量、高管薪酬、高管持股与关联行业股价崩盘空间滞后项交互项回归系数显著为负，表明央企公司独立董事制度、高管薪酬激励、高管股权激励有助于防御关联行业股价崩盘传染。非央企公司独立董事数量、高管薪酬与关联公司股价崩盘空间滞后项交互项回归系数显著为负，表明非央企公司独立董事制度、高管薪酬激励有助于防御关联公司股价崩盘传染。同时，非央企公司独立董事数量、独立董事比例、大股东持股、高管薪酬、高管持股与关联公司股价崩盘空间滞后项交互项回归系数显著为

负，表明非央企公司独立董事制度、董事会独立性、大股东持股、高管薪酬
激励、高管股权激励有助于防御关联行业股价崩盘传染。检验结果表明，公
司治理在非央企公司防御外部股价崩盘传染效果更明显。

表 9 – 14　　　　产权属性、公司治理与股价崩盘传染（全部样本）

变量	公司治理					
	独董数量	董事会独立性	大股东持股	股权制衡	高管薪酬	高管持股
央企公司						
$\Omega Y_{Director,i,T}$	0.123 **	0.125 **	0.134 ***	0.176 ***	0.081	0.161 ***
$\Omega Y_{Fund,i,T}$	0.177	0.202 *	−0.053	0.096	0.146	0.065
$\Omega Y_{Chain,i,T}$	0.027 ***	0.019 ***	0.017 ***	0.012 ***	0.063 **	0.015 ***
$Govern_{i,t}$	0.003 ***	0.034 ***	-2.52×10^{-4} ***	0.006 ***	0.001 ***	−0.137
$Govern_{i,t} \times \Omega Y_{Director,i,T}$	0.009	0.096	4.94×10^{-4}	−0.029	0.005	−0.193
$Govern_{i,t} \times \Omega Y_{Fund,i,T}$	−0.030	−0.404	0.002	−0.059	−0.005	−2.772
$Govern_{i,t} \times \Omega Y_{Chain,i,T}$	−0.003 *	−0.016	-6.67×10^{-5}	0.004	−0.003	−0.181 ***
其他变量	控制	控制	控制	控制	控制	控制
固定效应	是	是	是	是	是	是
F 统计量	40.35	39.66	29.04	31.84	40.05	47.91
R^2 值	0.29	0.29	0.31	0.30	0.28	0.28
其他公司						
$\Omega Y_{Director,i,T}$	0.152 ***	0.111 ***	0.140 ***	0.161 ***	0.099 ***	0.141 ***
$\Omega Y_{Fund,i,T}$	0.259 ***	0.174 ***	0.183 ***	0.216 ***	0.331 ***	0.201 ***
$\Omega Y_{Chain,i,T}$	0.032 ***	0.035 ***	0.016 ***	0.017 ***	0.040 ***	0.017 ***
$Govern_{i,t}$	0.003 ***	0.041 ***	-1.86×10^{-4} ***	0.004 ***	0.001 ***	0.015 **
$Govern_{i,t} \times \Omega Y_{Director,i,T}$	−0.003	0.072	1.32×10^{-5}	−0.027 ***	0.003	−0.042
$Govern_{i,t} \times \Omega Y_{Fund,i,T}$	−0.016	0.066	3.67×10^{-4}	−0.018	−0.009	0.009
$Govern_{i,t} \times \Omega Y_{Chain,i,T}$	−0.005 ***	−0.056 ***	-8.27×10^{-6}	−0.002 *	−0.002 ***	−0.028 ***
其他变量	控制	控制	控制	控制	控制	控制
固定效应	是	是	是	是	是	是
F 统计量	371.30	374.20	369.18	364.16	367.71	371.22
R^2 值	0.33	0.33	0.29	0.32	0.33	0.32

注：*** 、** 和 * 分别表示1%、5%和10%的显著性水平。

表 9 – 15 为基于 A 股牛市周期下产权属性对于公司治理防御股价崩盘传染影响检验。检验结果显示，央企公司股权制衡有助于防御关联公司股价崩盘传染，央企公司高管薪酬激励、高管股权激励有助于防御关联行业股价崩盘传染；非央企公司独立董事制度、大股东控制、高管薪酬激励有助于防御关联公司股价崩盘传染，非央企公司独立董事制度、董事会独立性、大股东控制、高管薪酬激励、高管股权激励有助于防御关联行业股价崩盘传染。进一步表明公司治理在非央企公司防御外部股价崩盘传染中的效果更明显。

表 9 – 15　　　　产权属性、公司治理与股价崩盘传染（A 股牛市样本）

变量	公司治理					
	独董数量	董事会独立性	大股东控制	股权制衡	高管薪酬	高管持股
央企公司						
$\Omega Y_{Director,i,T}$	0.157 **	0.081	0.067	0.112 ***	0.133	0.107 ***
$\Omega Y_{Fund,i,T}$	0.247	0.318	− 0.194	0.203	− 0.174	0.135
$\Omega Y_{Chain,i,T}$	0.015 **	0.009	0.020 ***	0.004	0.053 *	0.009 ***
$Govern_{i,t}$	0.002	0.034 ***	-3.49×10^{-4} ***	0.008 ***	0.000	0.036
$Govern_{i,t} \times \Omega Y_{Director,i,T}$	− 0.012	0.080	0.001	− 0.016	− 0.002	0.520
$Govern_{i,t} \times \Omega Y_{Fund,i,T}$	− 0.032	− 0.565	0.007 *	− 0.143	0.020	− 6.335 *
$Govern_{i,t} \times \Omega Y_{Chain,i,T}$	− 0.002	− 0.005	-2.93×10^{-4} **	0.006	− 0.003 *	− 0.177 **
其他变量	控制	控制	控制	控制	控制	控制
固定效应	是	是	是	是	是	是
F 统计量	28.67	17.30	31.09	29.99	29.62	34.16
R^2 值	0.32	0.35	0.30	0.31	0.32	0.32
其他公司						
$\Omega Y_{Director,i,T}$	0.130 ***	0.097 ***	0.089 ***	0.108 ***	0.084 *	0.086 ***
$\Omega Y_{Fund,i,T}$	0.336 ***	0.254 ***	0.175 ***	0.177 ***	0.694 ***	0.179 ***
$\Omega Y_{Chain,i,T}$	0.025 ***	0.029 ***	0.013 ***	0.011 ***	0.042 ***	0.012 ***
$Govern_{i,t}$	0.002 ***	0.041 ***	-1.73×10^{-4} ***	0.004 ***	0.001 *	0.014 **
$Govern_{i,t} \times \Omega Y_{Director,i,T}$	− 0.012 **	− 0.048	-1.01×10^{-4}	− 0.030 **	1.28×10^{-4}	− 0.125 *

变量	公司治理					
	独董数量	董事会独立性	大股东控制	股权制衡	高管薪酬	高管持股
$Govern_{i,t} \times \Omega Y_{Fund,i,T}$	-0.042^{**}	-0.214	1.98×10^{-4}	0.010	-0.034^{**}	0.126
$Govern_{i,t} \times \Omega Y_{Chain,i,T}$	-0.004^{***}	-0.054^{***}	$-8.42 \times 10^{-5}{}^{**}$	-0.001	-0.002^{***}	-0.028^{***}
其他变量	控制	控制	控制	控制	控制	控制
固定效应	是	是	是	是	是	是
F 统计量	235.33	234.76	232.33	230.06	230.49	235.09
R^2 值	0.37	0.38	0.37	0.37	0.37	0.37

注：*** 、** 和 * 分别表示 1%、5% 和 10% 的显著性水平。

二、公司规模与公司治理防御

大公司相较于普通公司具有更复杂的利益相关者群体（Brammer & Pavelin，2004），意味着大公司会受到更多外部组织关注，包括监管部门、公众组织、中介机构、媒体等关注，大公司比小公司披露的社会责任要多（Banerjee，2002），受到外部监督强度更高。例如，吕峻等（2008）研究显示我国上市公司中规模大的公司治理效果好、公司绩效高；谢文武（2011）研究显示规模大、绩效好的公司更有主动性与投资者进行信息沟通，树立公司在资本市场上的声誉。因此，本章将样本按照公司资产规模是否超过行业资产 90 分位数，划分为大规模公司和普通规模公司组。

表 9 - 16 为公司规模对于公司治理防御股价崩盘传染影响检验。检验结果显示，大规模公司高管薪酬与关联公司股价崩盘空间滞后项交互项回归系数显著为负，表明大规模公司高管薪酬激励有助于防御关联公司股价崩盘传染；大规模公司独立董事数量、独立董事比例、高管薪酬、高管持股与关联行业股价崩盘空间滞后项交互项回归系数显著为负，表明大规模公司独立董事制度、董事会独立性、高管薪酬激励、高管股权激励有助于防御关联行业股价崩盘传染。

表 9－16　　　　　　　公司规模、公司治理与股价崩盘传染（全部样本）

变量	公司治理					
	独董数量	董事会独立性	大股东控制	股权制衡	高管薪酬	高管持股
大规模公司						
$\Omega Y_{Director,i,T}$	0.177 ***	0.110 **	0.105 ***	0.143 ***	0.106 ***	0.127 ***
$\Omega Y_{Fund,i,T}$	0.269 ***	0.169 *	0.099 ***	0.139 ***	0.128 ***	0.127 ***
$\Omega Y_{Chain,i,T}$	0.024 ***	0.022 ***	0.009 **	0.010 ***	0.051 ***	0.011 ***
$Govern_{i,t}$	0.002 ***	0.040 ***	-1.39×10^{-4}	8.24×10^{-4}	0.001 ***	-0.024
$Govern_{i,t} \times \Omega Y_{Director,i,T}$	-0.012 *	0.037	3.55×10^{-4}	-0.028	0.001	-0.133 **
$Govern_{i,t} \times \Omega Y_{Fund,i,T}$	-0.036 **	-0.126	0.001	-0.014	1.63×10^{-4}	-0.063
$Govern_{i,t} \times \Omega Y_{Chain,i,T}$	-0.003 ***	-0.034 **	3.82×10^{-5}	3.20×10^{-5}	-0.003 ***	-0.037
其他变量	控制	控制	控制	控制	控制	控制
固定效应	是	是	是	是	是	是
F 统计量	87.11	93.03	91.94	91.71	92.46	86.98
R^2 值	0.33	0.33	0.32	0.32	0.33	0.32
普通规模公司						
$\Omega Y_{Company,i,T}$	0.132 ***	0.108 ***	0.145 ***	0.170 ***	0.146 ***	0.149 ***
$\Omega Y_{Director,i,T}$	0.200 ***	0.164 **	0.184 ***	0.216 ***	0.185 ***	0.206 ***
$\Omega Y_{Fund,i,T}$	0.032 ***	0.035 ***	0.016 ***	0.017 ***	0.044 ***	0.018 ***
$\Omega Y_{Chain,i,T}$	0.003 ***	0.040 ***	-2.01×10^{-4} ***	0.005 ***	0.001 ***	0.015 **
$Govern_{i,t}$	0.004	0.100	8.59×10^{-5}	-0.028 ***	7.99×10^{-5}	-0.057
$Govern_{i,t} \times \Omega Y_{Director,i,T}$	0.002	0.112	4.37×10^{-4}	-0.015	0.001	0.015
$Govern_{i,t} \times \Omega Y_{Fund,i,T}$	-0.005 ***	-0.054 ***	-6.87×10^{-6}	-0.002 *	-0.002 ***	-0.029 ***
$Govern_{i,t} \times \Omega Y_{Chain,i,T}$	控制	控制	控制	控制	控制	控制
固定效应	是	是	是	是	是	是
F 统计量	350.88	352.32	346.22	340.63	347.01	347.86
R^2 值	0.33	0.33	0.22	0.23	0.33	0.32

注：*** 、** 和 * 分别表示 1%、5% 和 10% 的显著性水平。

　　普通规模公司独立董事数量、股权制衡、高管薪酬、高管持股与关联公司股价崩盘空间滞后项交互项回归系数显著为负，表明非央企公司独立董事制度、股权制衡、高管薪酬激励、高管股权激励有助于防御关联公司股价崩盘传染。同时，普通规模公司独立董事数量、独立董事比例、高管薪酬、高管持股与关联行业股价崩盘空间滞后项交互项回归系数显著为负，表明普通规模公司独立董事制度、董事会独立性、高管薪酬激励、高管股权激励有助于防御关联行业股价崩盘传染。检验结果表明公司治理在普通规模公司防御外部股价崩盘传染效果方面更明显。

表9-17为基于A股牛市周期下公司规模对于公司治理防御股价崩盘传染影响检验。检验结果显示：大规模公司高管薪酬激励有助于防御关联公司股价崩盘传染，大规模公司独立董事、董事会独立性、高管薪酬激励有助于防御关联行业股价崩盘传染；普通规模公司独立董事制度、股权制衡、高管薪酬激励有助于防御关联公司股价崩盘传染，普通规模公司独立董事制度、董事会独立性、大股东控制、高管薪酬激励、高管股权激励有助于防御关联行业股价崩盘传染。进一步表明公司治理在普通规模公司防御外部股价崩盘传染效果更明显。

表9-17　　公司规模、公司治理与股价崩盘传染（A股牛市样本）

变量	公司治理					
	独董数量	董事会独立性	大股东控制	股权制衡	高管薪酬	高管持股
大规模公司						
$\Omega Y_{Director,i,T}$	0.161 ***	0.090	0.055	0.099 ***	0.155	0.082 ***
$\Omega Y_{Fund,i,T}$	0.279 **	0.262 *	0.083 *	0.153 ***	0.943 ***	0.136 ***
$\Omega Y_{Chain,i,T}$	0.016 ***	0.013 **	0.009 **	0.004 *	0.039 ***	0.005 ***
$Govern_{i,t}$	0.002 ***	0.043 ***	-1.30×10^{-4}	0.001	0.001 ***	-0.096 ***
$Govern_{i,t} \times \Omega Y_{Director,i,T}$	-0.019 *	-0.032	4.47×10^{-4}	-0.028	-0.005	-0.157
$Govern_{i,t} \times \Omega Y_{Fund,i,T}$	-0.036	-0.362	0.001 *	-0.017	-0.053 ***	-0.104
$Govern_{i,t} \times \Omega Y_{Chain,i,T}$	-0.003 ***	-0.023	-9.36×10^{-5}	0.002	-0.002 ***	-0.012
其他变量	控制	控制	控制	控制	控制	控制
固定效应	是	是	是	是	是	是
F 统计量	37.63	38.71	35.13	40.21	37.20	38.45
R^2 值	0.35	0.35	0.37	0.35	0.35	0.32

续表

变量	公司治理					
	独董数量	董事会独立性	大股东控制	股权制衡	高管薪酬	高管持股
普通规模公司						
$\mathit{\Omega}Y_{Director,i,T}$	0.119 ***	0.083 **	0.095 ***	0.111 ***	0.082 *	0.090 ***
$\mathit{\Omega}Y_{Fund,i,T}$	0.304 ***	0.254 **	0.203 ***	0.198 ***	0.401	0.196 ***
$\mathit{\Omega}Y_{Chain,i,T}$	0.025 ***	0.030 ***	0.014 ***	0.011 ***	0.041 ***	0.013 ***
$Govern_{i,t}$	0.002 ***	0.040 ***	-1.98×10^{-4} ***	0.004 ***	0.001 ***	0.014 **
$Govern_{i,t} \times \mathit{\Omega}Y_{Director,i,T}$	-0.008	0.004	-1.31×10^{-4}	-0.028 *	0.001	-0.135 *
$Govern_{i,t} \times \mathit{\Omega}Y_{Fund,i,T}$	-0.030	-0.169	-1.75×10^{-4}	-0.001	-0.014	0.097
$Govern_{i,t} \times \mathit{\Omega}Y_{Chain,i,T}$	-0.004 ***	-0.053 ***	-8.74×10^{-4} **	-0.001	-0.002 ***	-0.029 ***
其他变量	控制	控制	控制	控制	控制	控制
固定效应	是	是	是	是	是	是
F 统计量	228.35	227.62	225.64	223.74	222.20	228.15
R^2 值	0.37	0.37	0.37	0.37	0.37	0.37

注：***、** 和 * 分别表示1%、5%和10%的显著性水平。

三、审计监督与公司治理防御

审计监督是重要的外部监督机制，有助于对高管行为、会计信息、内部控制进行再监督。独立审计作为公司治理的外部监督主体与保证机制，能够通过缓解代理问题和降低代理成本，进而降低股价崩盘风险（田昆儒和孙瑜，2015）。学者研究发现，会计师事务所转制（耀友福等，2017）、审计行业专长（江轩宇和伊志宏，2013）、政府审计（褚剑和方军雄，2017）有助于降低股价崩盘风险。发现有助于抑制股价崩盘风险，且这种关系不受企业性质的影响。高质量外部审计监督能够凭借其专业力、执行力而对上市公司形成强有力威慑，有效抑制上市公司管理层隐匿的各类坏消息，使公司股价崩盘风险得到缓解。

审计师由于潜在诉讼压力而加大对公司掩盖负面消息的监控（DeFond et al.，2012），国际四大事务所对于揭示高管隐藏的负面消息积极性更高，因为他们是"深口袋"而面临更高的诉讼成本（Jeffrey et al., 2017）。因此，本章将样本按照公司是否接受国际四大会计师事务所审计，将样本公司划分为国际四大审计监督和非国际四大审计公司组。

表9-18为外部审计监督对于公司治理防御股价崩盘传染影响检验。检验结果显示，国际四大会计师事务所审计公司独立董事数量、大股东持股比例、高管薪酬、高管持股与关联行业股价崩盘空间滞后项交互项回归系数显著为负，表明大规模公司独立董事制度、大股东控制、高管薪酬激励、高管股权激励有助于防御关联行业股价崩盘传染。非国际四大会计师事务所审计公司独立董事数量、股权制衡度、高管薪酬、高管持股与关联公司股价崩盘空间滞后项交互项回归系数显著为负，表明非国际四大会计师事务所审计公司独立董事制度、股权制衡、高管薪酬激励、高管股权激励有助于防御关联公司股价崩盘传染。同时，非国际四大会计师事务所审计公司独立董事数量、独立董事比例、高管薪酬、高管持股与关联行业股价崩盘空间滞后项交互项回归系数显著为负，表明普通规模公司独立董事制度、董事会独立性、高管薪酬激励、高管股权激励有助于防御关联行业股价崩盘传染。检验结果表明公司治理在非国际四大事务所审计公司防御外部股价崩盘传染效果方面更明显。

表9-18　　　　外部审计监督、公司治理与股价崩盘传染（全部样本）

变量	公司治理					
	独董数量	董事会独立性	大股东控制	股权制衡	高管薪酬	高管持股
国际四大会计师事务所审计公司						
$\Omega Y_{Director,i,T}$	0.180 ***	0.196 **	0.097 ***	0.169 ***	0.093	0.140 ***
$\Omega Y_{Fund,i,T}$	0.375 ***	0.261	0.050	0.145 *	1.852 ***	0.102 *
$\Omega Y_{Chain,i,T}$	0.021 ***	0.021 **	0.010 *	0.015 ***	0.066 ***	0.014 ***
$Govern_{i,t}$	0.003 ***	0.034 ***	-1.00×10^{-4}	0.004	0.001 ***	0.121
$Govern_{i,t} \times \Omega Y_{Director,i,T}$	-0.011	-0.165	0.001 *	-0.048	0.003	-0.180 ***
$Govern_{i,t} \times \Omega Y_{Fund,i,T}$	-0.069	-0.464	0.001	-0.061	-0.113 ***	-1.519 ***
$Govern_{i,t} \times \Omega Y_{Chain,i,T}$	-0.002	-0.021	7.85×10^{-5}	-0.002	-0.003 **	-0.061 ***

续表

变量	公司治理					
	独董数量	董事会独立性	大股东控制	股权制衡	高管薪酬	高管持股
其他变量	控制	控制	控制	控制	控制	控制
固定效应	是	是	是	是	是	是
F 统计量	39.57	40.75	40.58	41.08	39.11	46.30
R^2 值	0.31	0.31	0.30	0.30	0.31	0.28
非国际四大会计师事务所审计公司						
$\Omega Y_{Director,i,T}$	0.141 ***	0.102 ***	0.092 ***	0.163 ***	0.092 ***	0.144 ***
$\Omega Y_{Fund,i,T}$	0.230 ***	0.169 ***	0.081 *	0.201 ***	0.286 ***	0.194 ***
$\Omega Y_{Chain,i,T}$	0.032 ***	0.034 ***	0.013 ***	0.016 ***	0.041 ***	0.017 ***
$Govern_{i,t}$	0.003 ***	0.040 ***	-2.05×10^{-4} ***	0.005 ***	0.001 ***	0.014 **
$Govern_{i,t} \times \Omega Y_{Director,i,T}$	4.17×10^{-4}	0.106	5.23×10^{-5}	-0.026 ***	0.004 *	-0.043
$Govern_{i,t} \times \Omega Y_{Fund,i,T}$	-0.010	0.065	0.001	-0.010	-0.006	0.029
$Govern_{i,t} \times \Omega Y_{Chain,i,T}$	-0.005 ***	-0.053 ***	4.78×10^{-5}	-0.001	-0.002 ***	-0.028 ***
其他变量	控制	控制	控制	控制	控制	控制
固定效应	是	是	是	是	是	是
F 统计量	387.27	390.74	371.21	379.07	386.02	388.04
R^2 值	0.33	0.33	0.32	0.32	0.33	0.32

注：***、**和*分别表示1%、5%和10%的显著性水平。

表 9-19 为基于 A 股牛市周期下外部审计监督对于公司治理防御股价崩盘传染影响检验。检验结果显示，国际四大会计师事务所审计公司高管薪酬激励有助于防御关联公司股价崩盘传染，国际四大会计师事务所审计公司高管薪酬激励、高管股权激励有助于防御关联行业股价崩盘传染，国际四大会计师事务所审计公司董事会独立性、大股东控制、高管股权激励有助于防御关联国家地区股价崩盘传染；非国际四大会计师事务所审计公司独立董事制度、股权制衡、高管薪酬激励、高管股权激励有助于防御关联公司股价崩盘传染，非国际四大会计师事务所审计公司独立董事制度、董事会独立性、大股东控制、高管薪酬激励、高管股权激励有助于防御关联行业股价崩盘传染。

这进一步表明公司治理在非国际四大会计师事务所审计公司防御外部股价崩盘传染效果更加明显。

表 9 – 19　　外部审计监督、公司治理与股价崩盘传染（A 股牛市样本）

变量	公司治理					
	独董数量	董事会独立性	大股东控制	股权制衡	高管薪酬	高管持股
国际四大会计师事务所审计公司						
$\Omega Y_{Director,i,T}$	0.138	0.104	0.017	0.159***	0.052	0.105***
$\Omega Y_{Fund,i,T}$	0.300	0.184	−0.024	−0.020	1.245	0.005
$\Omega Y_{Chain,i,T}$	0.012	0.014	0.005	0.004	0.087***	0.005
$Govern_{i,t}$	0.002***	0.025**	-1.76×10^{-4}	0.005**	0.001***	−0.034
$Govern_{i,t}\times\Omega Y_{Director,i,T}$	−0.008	−0.007	0.002	−0.077*	0.003	−0.142
$Govern_{i,t}\times\Omega Y_{Fund,i,T}$	−0.071	−0.505	3.43×10^{-4}	0.011	−0.079	−1.734***
$Govern_{i,t}\times\Omega Y_{Chain,i,T}$	−0.002	−0.027	-1.96×10^{-5}	-1.14×10^{-4}	−0.005***	−0.053***
其他变量	控制	控制	控制	控制	控制	控制
固定效应	是	是	是	是	是	是
F 统计量	25.53	23.98	22.54	24.09	25.88	36.47
R^2 值	0.33	0.33	0.33	0.33	0.34	0.33
非国际四大会计师事务所审计公司						
$\Omega Y_{Director,i,T}$	0.129***	0.094***	0.086**	0.102***	0.100**	0.086***
$\Omega Y_{Fund,i,T}$	0.308***	0.256***	0.133**	0.189***	0.488**	0.189***
$\Omega Y_{Chain,i,T}$	0.025***	0.028***	0.012***	0.011***	0.043***	0.012***
$Govern_{i,t}$	0.002***	0.039***	-1.92×10^{-4}***	0.004***	0.001***	0.013**
$Govern_{i,t}\times\Omega Y_{Director,i,T}$	−0.011**	−0.037	-2.39×10^{-5}	−0.022	−0.001	−0.125*
$Govern_{i,t}\times\Omega Y_{Fund,i,T}$	−0.032*	−0.196	0.002	0.004	−0.020	0.111
$Govern_{i,t}\times\Omega Y_{Chain,i,T}$	−0.004***	−0.049***	-4.19×10^{-5}	-2.49×10^{-4}	−0.002***	−0.027***
其他变量	控制	控制	控制	控制	控制	控制
固定效应	是	是	是	是	是	是
F 统计量	241.64	241.86	241.08	237.05	238.70	241.85
R^2 值	0.37	0.37	0.37	0.37	0.37	0.37

注：***、** 和 * 分别表示 1%、5% 和 10% 的显著性水平。

第十章 研究结论与启示

第一节 研究结论

股价崩盘是资本市场极端事件，在短期内股价持续暴跌，并且存在明显跨市场传染性，加剧了股价崩盘的负面影响。本书回顾了股价崩盘研究历程、经典理论，探索了股价崩盘前置形态分类和股价崩盘传染效应识别，以进一步推动股价崩盘理论研究。本书主要研究结论如下：

第一，股价崩盘前蕴含重要股价波动信息，也是股价崩盘预警关键窗口，股价崩盘研究需要走到股价崩盘前端窗口。股价崩盘近40年的研究历程中，形成了丰富的理论成果。然而，不同原因诱发的股价崩盘形态可能存在差异，一套理论难以解释所有类型崩盘事件。股价崩盘前存在着可识别的波动形态，蕴含着需要辨认的重要信息。因此，股价崩盘识别需要延伸至股价崩盘前端窗口，通过分析崩盘前股价波动形态，对股价崩盘形态进行次级分类，提高股价崩盘识别完整性。防止发生系统性金融风险是金融工作的永恒主题，而股价崩盘传染效应严重威胁资本市场发展，构成潜在系统性金融风险。因此，识别股价崩盘前置形态有助于提高股价崩盘预警有效性，服务于防范系统性金融风险的金融监管需要。本书根据股价崩盘事件前一周的特有收益率分布，构建了股价崩盘前置形态的分类模型，将股价崩盘事件进一步区分为下跌形态、平稳形态和上涨形态三大类，进一步开展了相关归因分析和风险预警，有助于指导进一步理论研究。

第二，资本市场网络成为股价崩盘传染渠道，投资者结构、理性预期会影响股价崩盘传染性。本书基于两阶段理性预期均衡分析和计算实验金融方法，探讨了股价崩盘传染机制研究，研究表明资本市场并非完全由独立交易个体组成，投资者会组合成复杂社会网络，投资者网络成为资本市场危机传染渠道，包括股价崩盘传染。由于资本市场关联网络存在，关联证券资产价格严重偏离均值，即发生暴跌时，投资者基于理性预期修正对目标证券预期，导致股价崩盘传染。另外，由于存在投资者分散式投资网络，关联证券股价暴跌通过增加投资者流动性约束成本，从而影响其对目标证券需求函数，最终导致危机发生传染。

第三，卖空限制下，分析师乐观评级会加剧公司股价崩盘风险，而放松卖空管制会缓解该现象。证券分析师是我国资本市场重要参与者，是资本市场重要信息中介，其主要职能是发布研究报告以向资本市场提供有价值的信息。然而，分析师能否有效发挥信息中介作用却存在分歧。最突出的问题是分析师信息披露不完整，并且存在明显倾向的发布乐观评级、规避负面评级的选择性偏差，其后果是增加股价崩盘风险。本书从中国资本市场试点融资融券业务出发，构建基于放松卖空管制、分析师评级与股价崩盘风险的分析框架，揭示分析师选择性乐观偏差的制度诱因与后果。研究表明，卖空管制背景下，分析师倾向于发布乐观评级、规避负面评级，其后果是加剧公司股价崩盘风险。分析师乐观评级通过增加机构投资者买入积极性、公司溢价并购行为而增加股价崩盘风险。中国融资融券业务有助于缓解分析师评级对股价崩盘风险影响。

第四，由于内部人利益不一致性，中国上市公司并购套利行为会加剧公司股价崩盘风险。近年来爆发的并购套利乱象严重威胁中国资本市场持续健康发展，构成系统性金融风险，并且背离监管者初衷和外部投资者预期。本书从内部人的并购套利动机与监管者、外部投资者的资源配置预期之间的矛盾出发，构建中国资本市场特殊并购套利分析框架。中国资本市场并购套利完全被内部人所掌控，利用内部人优势，通过高溢价并购套取上市公司价值，或者通过并购概念操纵股价并配合减持套现而实施套利。本书研究表明，中国资本市场并购套利行为最终加剧了股价崩盘风险，主要通过增加企业非效率投资水平和资产空心化水平加剧未来股价崩盘风险。

第五，股价崩盘会在供应链关系网络传染，资源依赖会增加供应链关系行业间股价崩盘传染性。本书研究发现，股价崩盘会在存在供应链关联的行业间传染，表现为供应链重要上游行业、下游行业崩盘频率会增加目标行业股价崩盘频率。本书构建的行业资源依赖传染机制分析框架显示，随着资源依赖强度增加，行业受供应链上下游行业传染强度增加，表明资源依赖是导致行业股价崩盘发生传染的内在原因之一。行业异质性与股价崩盘传染检验显示，投资者定价水平较低的行业受供应链上下游行业股价崩盘传染强度更高，成熟期行业受供应链上下游行业股价崩盘传染强度更高。

第六，股价崩盘会在基金公司共持网络传染，基金公司流动性平衡需求会增加基金公司共持公司间股价崩盘传染性。本书研究发现，股价崩盘会在基金公司共持公司间传染，表现为基金公司重仓的其他公司崩盘频率会增加目标公司股价崩盘频率。本书构建的基金公司流动性平衡传染机制分析框架显示，随着基金公司流动性平衡需求增加，公司受基金公司共持公司崩盘传染强度增加，进一步检验表明基金公司流动性平衡需求会导致基金公司减持其他共持公司股份从而导致传染，表明基金公司流动性平衡需求是导致股价崩盘发生传染的内在原因之一。

第七，股价崩盘会在高管连锁网络传染，公司委托代理问题是导致高管连锁公司间股价崩盘传染的重要内在机制。本书研究发现，股价崩盘会在高管连锁公司间传染，表现为高管连锁的其他公司崩盘频率会增加目标公司股价崩盘频率。本书构建的连锁高管委托代理传染机制分析框架显示，随着目标公司委托代理问题增加，即代理成本和信息不对称程度增加，公司受高管连锁的其他公司崩盘传染强度显著增加，表明高管连锁公司崩盘会增加投资者对于公司高管委托代理问题恐慌，从而加剧公司委托代理问题股价崩盘效应，导致崩盘发生传染。

第八，公司治理有助于防御外部股价崩盘传染。本书研究发现，高管持股比例增加有助于降低上市公司受高管连锁公司、供应链关联行业股价崩盘传染，高管薪酬激励有助于降低上市公司受基金公司共持公司、供应链关联行业股价崩盘传染。大股东持股比例有助于防御上市公司受关联行业股价崩盘传染；股权制衡度有助于防御高管连锁公司股价崩盘传染。独立董事数量增加有助于降低上市公司受高管连锁公司、基金公司共持公司、供应链关联行业股价崩盘传染；董事会独立性增加有助于防御供应链关联行业股价崩盘传染。

第二节　政策建议

本书研究的启示在于，资本市场存在显著的股价崩盘及其传染风险，因此投资者、监管层、上市公司本身要注意防范股价崩盘及其传染风险，有助于更好维护资本市场稳定。为此，本书提出以下应对股价崩盘及其传染风险对策建议。

第一，提高信息披露质量，谨防市场一致性预期风险。投资者不确定性是造成股价崩盘风险发生传染的根本原因，当存在相似性上市公司发生股价崩盘时，投资者难以识别该崩盘事件是个别风险还是整体性风险，容易引发对于资本市场整体崩盘或关联证券整体崩盘的一致性预期。市场一致性预期之所以会产生市场巨大震荡，是由于市场信息不对称程度增加，资本市场信息传递不顺畅，在特殊事件下中小投资者无法对目标证券做出正确判断，只能依赖外部非正常信息渠道。随着资本市场加速发展、信息技术升级，投资者获取信息方式和获取信息成本趋近一致，再加上分析师、专家容易借助这些渠道传播同质性信息，进一步促进投资者投资信念、风险偏好、热点关注趋同，在市场发生波动下更容易形成一致性预期，引发市场震荡和系统性风险。如果资本市场不够透明，存在各种利益集团，导致市场信息模糊不清，甚至存在刻意扭曲解读，从而加剧市场风险。

因此，提高股票价格信息质量是减少股价崩盘风险以及防御股价崩盘传染的必然要求。为减少崩盘事件引发市场一致预期产生不利影响，首先监管部门应该增加市场信息的透明度，减少信息传播过程中造成的扭曲。其次，监管部门要做好信息发布与解读，降低扭曲理解政策方向的可能性。为防范外部股价崩盘传染，上市公司需要不断提高公司信息透明度，让投资者及时掌握崩盘事件真实原因，以及了解该崩盘事件属于个别公司风险所致，还是由于行业系统性风险引发股价崩盘。避免由个别股价崩盘风险演变成行业股价崩盘风险。可采取措施包括及时发布信息公告、风险预警公告，澄清公司股价异常波动原因，最大限度降低投资者不确定性。

2008年美国发生次贷危机后，美国监管部门不断加强证券信息披露监管，特别是提高会计信息披露质量要求。由于会计信息质量不相关、不及时、不可靠等原因，导致经营风险转嫁给资本市场投资者，投资者投资风险由于低质量会计信息而造成投资决策扭曲，埋下了"股价崩盘祸根"，因此提高会计信息质量、降低管理层信息隐藏是降低股价崩盘和股价崩盘传染重要手段。金融危机显现了存在漏洞的会计信息披露制度和监管体制，不利于资本市场的良性发展，甚至引发较大范围的市场崩溃。

因此，中国资本市场还需要不断提高会计信息披露质量，降低管理层信息隐藏能力，规避资本市场中的内幕交易和欺诈行为。一是进一步完善会计准则，细化会计准则应用指引，特别是对于特殊事项处理的界定和要求。二是提高会计准则可理解性，降低某些政策定义解读带来的分歧，造成实际操作层面的随意性和选择性。三是严格会计准则使用条件，降低会计人员政策选择空间，明确会计政策选择条件。四是针对经济社会发展新事物、新现象及时修订准则，比如创新资产的确认、房地产价格变动的合理反映。

第二，完善股价异常波动监管，避免异常波动传染。股价崩盘作为异常现象，需要监管部门加强实时监管，股价崩盘传染容易引发系统性金融风险更需要监管部门加强监管。中国资本市场频繁的异常波动表明中国资本市场尚不成熟，虽然可能由于投资者不成熟、市场制度不完善所致，但也不能避免证券监管部门市场监管存在缺陷，监管、引导不及时。因此，监管部门必须深刻总结历次股价异常波动背后的原因，包括暴涨、暴跌，以及系统性崩盘事件等，及时发现监管环节存在的不足，查找原因弥补漏洞。

首先，要优化市场监管软环境，包括法律规章制度制定，保证股价异常波动监管有法可依。作为市场经济的一部分，证券监管不是随意干预市场经济，而是需要有成熟的监管法律规章，一方面明确监管部门监管权限、监管范围、监管流程，另一方面保证监管部门监管权威性。

其次，要强化股价异常波动监管执行力，保证有法必依。现实中证券监管部门制定了一些政策措施，但是由于一些原因难以全面执行，比如选择性执行、执行不到位等，因此未来要强化异常波动监管执行力，提高异常波动监管效果。除加强证券监管部门异常波动监管外，还需要培养专业能力过硬的市场监管者，加强监管力度，加强异常波动背后的违规行为惩治，向投资者传递警示信号，从源头上防止上市公司的信息披露违规行为。

第三，健全上市公司治理机制，防御股价崩盘传染。公司治理是维护股东利益的重要措施，完善的公司治理能提高企业信息透明度、纠正股价偏离，抑制管理层委托代理问题。有效的公司治理能够降低公司代理问题、提高管理层积极性，遏制管理层的坏消息隐藏行为从而降低股价崩盘风险，并且本书检验显示有效公司治理还有助于防御外部股价崩盘传染。因此，健全上市公司治理机制是防御股价崩盘传染的重要举措。

首先，独立董事制度是重要治理机制，要有助于提升董事会独立性，规避内部人控制进而防御股价崩盘传染。然而，由于中国存在较为严重的内部人控制、两职合一，实际控制人掌握很大决策权，包括独立董事人选的确定，因此独立董事实质上难以摆脱内部人影响，实质独立性有限。并且由于独立董事非常设职位，大多是外部人员兼任，导致其真正参与公司经营管理监督有限，仅仅在有限的董事会议期间出现和表决，很难真正发挥独立董事专业价值。以上都限制了独立董事制度发挥作用，需要从制度上完善独立董事制度。比如，改进独立董事任免权，要能体现中小股东、员工等的意志，避免内部人完全掌控独立董事任免。

其次，改进独立董事工作机制，必须要求独立董事对公司开展必要的调查研究，知悉员工和中小股东利益诉求，才能做到客观公正、不偏不倚。鼓励中小股东参与公司治理。股东作为公司最终所有者，其有权利参与公司治理，但是由于资本市场发展导致中小股东极度分散，参与公司治理成本过高，从而中小股东选择"用脚投票"，不能有效发挥中小股东的治理作用。因此，需要鼓励中小股东参与公司治理，并且创造中小股东参与公司治理条件。包括继续扩大累积投票制和征集投票权制度的适用范围，大力推行并简化网络投票程序。必要情况下，考虑设立中小股东利益代表人具体参与到公司治理中，可以是机构投资者、专业机构等。

最后，完善第三方公司治理评价机制。由于中小股东与管理层、大股东信息不对称，中小股东对于公司治理有效性缺乏准确认知，而且中小股东也缺乏专业知识对公司治理有效性做出评价，这就需要发展专业第三方对上市公司治理情况做出专业评价，一方面有助于中小股东掌握公司治理的有效性，降低信息不对称，另一方面是倒逼上市公司完善公司治理，引导有效公司治理。

第四，加强中小投资者教育，提高投资者风险识别能力。投资者是资本市场的重要参与者，资本市场有效性离不开有效的投资者，因此提高投资者素质是完善资本市场的必要条件，是提高资本市场应对异常风险的必然要求。本书分析显示，投资者行为是导致股价崩盘风险发生传染的重要机制，包括投资者的主观异质信念和客观流动性等，如果投资者有足够能力判别风险本质，区别个别崩盘事件和系统性崩盘事件，从而可以防止由于个别崩盘事件引发系统性崩盘。资本市场信息不对称一方面是外部机制造成的，另一方面是由于投资者信息挖掘和信息分析能力造成的。比如上市公司按照既定会计准则披露的财务报告，由于投资者缺乏必要的财务知识，无法对财务报告作出正确判断，从而导致双方信息不对称。因此，提高投资者素质还可以降低资本市场信息不对称性，增加内部人操纵成本，倒逼整个资本市场良性发展。外资持股之所以可以提高上市公司股票价格的信息含量、降低其股价崩盘风险，最根本的原因是外资投资者拥有理性的投资理念，且能更好地挖掘上市公司的基本信息，能在更大程度上起到监督作用。

虽然近年来中国资本市场取得长足发展，成为全球第二大资本市场，但是投资者素质与快速发展的中国资本市场还存在不对称性，比如中国投资者更关注短线投机，忽视公司长期价值判断，喜欢跟踪热点等，缺乏成熟的投资习惯和投资理念。并且中国资本市场机构投资者规模远不及发达资本市场，中小投资者更依赖自我投资，对机构投资者专业性信赖程度不足。一方面是机构投资者本身的专业水平有待提高，另一方面是中国机构投资者存在内部交易行为，忽视基金持有者利益保护。因此，证券主管部门要加大投资者教育，包括专业知识和投资心理等教育，通过宣传、培训等方式提高投资者素质，规范机构投资者运行，发挥机构投资者专业价值，从总体上提升投资者素质。

第五，加强金融机构监管合作，谨防外汇市场风险传染。中国资本市场面临复杂的金融环境，一方面外部风险复杂多变，另一方面内部需要深化改革，单纯依靠政府、证监会难以实现金融发展目标，需要加强同金融机构监管的合作，提升整个资本市场防范风险能力。比如，在国内经济转型升级背景下，传统产业发展滞后甚至产能过剩，实体企业存在严重的信贷危机，信贷市场风险势必会传导至股票市场，导致股票市场发生连锁反应，甚至发生系统性崩盘危机。因此，证券监管部门需要联合银监会、保监会等加强对上市公司债务风险进行联合监管，将债券违约事件做到可预测、可控制，让市场及时对上市公司债务风险做出反应，避免突发的违约事件造成市场恐慌而引发股价崩盘风险。

参 考 文 献

［1］曹丰，鲁冰，李争光，等．股价崩盘风险文献述评与未来研究展望［J］．财务研究，2016（2）：61－67．

［2］曹廷求，张光利．自愿性信息披露与股价崩盘风险：基于电话会议的研究［J］．经济研究，2020，55（11）：191－207．

［3］褚剑，方军雄．公司股价崩盘风险影响审计费用吗？［J］．外国经济与管理，2017，39（9）：83－97．

［4］褚剑，方军雄．客户集中度与股价崩盘风险：火上浇油还是扬汤止沸［J］．经济理论与经济管理，2016，36（7）：44－57．

［5］褚剑，方军雄．中国式融资融券制度安排与股价崩盘风险的恶化［J］．经济研究，2016（5）：143－158．

［6］丁慧，吕长江，陈运佳．投资者信息能力：意见分歧与股价崩盘风险——来自社交媒体"上证 e 互动"的证据［J］．管理世界，2018，34（9）：161－171．

［7］董红晔．财务背景独立董事的地理邻近性与股价崩盘风险［J］．山西财经大学学报，2016，38（3）：113－124．

［8］窦超，原亚男，白学锦．上市公司"存贷双高"异象与股价崩盘风险［J］．中国工业经济，2022（4）：174－192．

［9］傅超，王文姣，何娜．客户与审计师匹配关系、监督治理与股价崩盘风险［J］．管理科学，2020，33（4）：67－81．

［10］何孝星，叶展．股权激励、代理冲突与股价崩盘风险——基于中国

资本市场的经验证据 [J]. 吉林大学社会科学学报, 2017 (5): 15-25.

[11] 侯建荣, 黄丹, 顾锋. 基于分形时变维数变化的股价突变动力学特征研究 [J]. 中国管理科学, 2008, 10 (S2): 50-52.

[12] 黄金波, 陈伶茜, 丁杰. 企业社会责任、媒体报道与股价崩盘风险 [J]. 中国管理科学, 2022, 30 (3): 1-12.

[13] 黄政, 吴国萍. 内部控制质量与股价崩盘风险: 影响效果及路径检验 [J]. 审计研究, 2017 (4): 48-55.

[14] 江轩宇, 许年行. 企业过度投资与股价崩盘风险 [J]. 金融研究, 2015 (8): 141-158.

[15] 江轩宇, 伊志宏. 审计行业专长与股价崩盘风险 [J]. 中国会计评论, 2013 (2): 133-150.

[16] 姜付秀, 蔡欣妮, 朱冰. 多个大股东与股价崩盘风险 [J]. 会计研究, 2018 (1): 68-74.

[17] 蒋德权, 姚振晔, 陈冬华. 财务总监地位与企业股价崩盘风险 [J]. 管理世界, 2018, 34 (3): 153-166.

[18] 李炳念, 王小雪, 章辉. 债市信用评级为何加剧股价崩盘风险——基于过度杠杆冲击视角的解释 [J]. 南开经济研究, 2022 (6): 147-163.

[19] 李伟, 张敏, 韩晓梅. 股价崩盘风险与审计调整 [J]. 审计研究, 2020 (6): 106-113.

[20] 李文贵, 路军. 网络平台互动与股价崩盘风险: "沟通易" 还是 "操纵易" [J]. 中国工业经济, 2022 (7): 178-196.

[21] 李小荣, 刘行. CEO vs CFO: 性别与股价崩盘风险 [J]. 世界经济, 2012 (12): 102-129.

[22] 李小荣, 张瑞君, 董红晔. 债务诉讼与股价崩盘风险 [J]. 中国会计评论, 2014, 12 (2): 133-158.

[23] 梁权熙, 曾海舰. 独立董事制度改革、独立董事的独立性与股价崩盘风险 [J]. 管理世界, 2016, 270 (3): 144-159.

[24] 梁上坤，徐灿宇，王瑞华. 董事会断裂带与公司股价崩盘风险 [J]. 中国工业经济，2020 (3)：155 – 173.

[25] 林乐，郑登津. 退市监管与股价崩盘风险 [J]. 中国工业经济，2016 (12)：58 – 74.

[26] 刘圣尧，李怡宗，杨云红. 中国股市的崩盘系统性风险与投资者行为偏好 [J]. 金融研究，2016 (2)：55 – 70.

[27] 孟庆斌，侯德帅，汪叔夜. 融券卖空与股价崩盘风险——基于中国股票市场的经验证据 [J]. 管理世界，2018，34 (4)：40 – 54.

[28] 彭旋，王雄元. 客户股价崩盘风险对供应商具有传染效应吗？[J]. 财经研究，2018，44 (2)：141 – 153.

[29] 史永，李思昊. 披露关键审计事项对公司股价崩盘风险的影响研究 [J]. 中国软科学，2020 (6)：136 – 144.

[30] 宋献中，胡珺，李四海. 社会责任信息披露与股价崩盘风险——基于信息效应与声誉保险效应的路径分析 [J]. 金融研究，2017 (4)：161 – 175.

[31] 苏坤. 政治关联对公司股价崩盘风险的影响 [J]. 管理评论，2021，33 (7)：54 – 67.

[32] 汤泰劼，马新啸，宋献中. 财务报告重述与金融市场稳定——基于股价崩盘风险的视角 [J]. 会计研究，2021 (11)：31 – 43.

[33] 滕飞，辛宇，舒倩，徐莉萍. 股价崩盘风险时的政府"扶持之手"——基于政府补助及产权性质视角的考察 [J]. 会计研究，2020 (6)：49 – 60.

[34] 王彩萍，黄建烨，黄志宏，姜彦君. 国有资本参股与民营企业金融风险防范——股价崩盘风险视角的实证研究 [J]. 经济管理，2022，44 (8)：60 – 75.

[35] 王化成，曹丰，叶康涛. 监督还是掏空：大股东持股比例与股价崩盘风险 [J]. 管理世界，2015 (2)：45 – 57.

[36] 王鹏，黄迅. 基于 Twin-SVM 的多分形金融市场风险的智能预警研

究［J］. 统计研究，2018，44（8）：60 – 75.

［37］汶海，高皓，陈思岑，肖金利. 行政审计监管与股价崩盘风险——来自证监会随机抽查制度的证据［J］. 系统工程理论与实践，2020，40（11）：2769 – 2783.

［38］吴战篪，李晓龙. 内部人抛售、信息环境与股价崩盘［J］. 会计研究，2015（6）：48 – 55.

［39］谢陈昕，叶德珠，叶显. 企业竞争文化与股价崩盘风险［J］. 管理工程学报，2022，36（1）：111 – 123.

［40］熊家财. 审计行业专长与股价崩盘风险——基于信息不对称与异质信念视角的检验［J］. 审计与经济研究，2015（6）：47 – 57.

［41］徐飞，花冯涛，李强谊. 投资者理性预期、流动性约束与股价崩盘传染研究［J］. 金融研究，2019（6）：169 – 187.

［42］徐飞，唐建新，程利敏. 国际贸易网络与股价崩盘传染：竞争性货币贬值视角［J］. 国际金融研究，2018（12）：84 – 93.

［43］徐飞，薛金霞. 内部控制评价、审计师监督与股价崩盘风险——"治理观"抑或"机会观"［J］. 审计与经济研究，2021，36（4）：33 – 45.

［44］徐飞. 放松卖空管制、分析师评级与股价崩盘风险——基于机构持股与溢价并购的机制检验［J］. 安徽师范大学学报（人文社会科学版），2021，49（4）：106 – 121.

［45］徐飞. 投资者行为、资源依赖与供应链股价崩盘传染研究［J］. 安徽师范大学学报（人文社会科学版），2018，46（4）：122 – 133.

［46］徐细雄，李万利，陈西婵. 儒家文化与股价崩盘风险［J］. 会计研究，2020（4）：143 – 150.

［47］许年行，江轩宇，伊志宏，等. 分析师利益冲突、乐观偏差与股价崩盘风险［J］. 经济研究. 2012（7）：127 – 140.

［48］许年行，于上尧，伊志宏. 机构投资者羊群行为与股价崩盘风险［J］. 管理世界，2013（7）：31 – 43.

[49] 薛爽, 王浩宇. 会计师事务所职业责任保险与股价崩盘风险 [J]. 审计研究, 2022 (3): 58 – 68.

[50] 杨棉之, 刘洋. 盈余质量、外部监督与股价崩盘风险——来自中国上市公司的经验证据 [J]. 财贸研究, 2016 (5): 147 – 156.

[51] 杨棉之, 赵鑫, 张伟华. 机构投资者异质性、卖空机制与股价崩盘风险——来自中国上市公司的经验证据 [J]. 会计研究, 2020 (7): 167 – 180.

[52] 杨松令, 张秋月, 刘梦伟, 石倩倩. 控股股东股权质押"同群效应"与股价崩盘风险 [J]. 经济管理, 2020, 42 (12): 94 – 112.

[53] 耀友福, 胡宁, 周兰. 审计师变更、事务所转制与股价崩盘风险 [J]. 审计研究, 2017 (3): 97 – 104.

[54] 叶康涛, 曹丰, 王化成. 内部控制信息披露能够降低股价崩盘风险吗? [J]. 金融研究, 2015 (2): 192 – 206.

[55] 叶康涛, 刘芳, 李帆. 股指成份股调整与股价崩盘风险: 基于一项准自然实验的证据 [J]. 金融研究, 2018 (3): 172 – 189.

[56] 游家兴, 于明洋, 伍翕婷. 地方政府施政风格与经济高质量发展——基于股价崩盘风险的研究视角 [J]. 经济学 (季刊), 2022, 22 (2): 485 – 504.

[57] 于雅萍, 姜英兵, 王丽娟. 员工股权激励能够降低股价崩盘风险吗? [J]. 系统工程理论与实践, 2020, 40 (11): 2784 – 2797.

[58] 袁振超, 代冰彬. 会计信息可比性与股价崩盘风险 [J]. 财务研究, 2017 (3): 65 – 75.

[59] 曾爱民, 魏志华. 宗教传统影响股价崩盘风险吗? ——基于"信息披露"和"管理自律"的双重视角 [J]. 经济管理, 2017 (11): 136 – 150.

[60] 张宏亮, 王靖宇. 公司层面的投资者保护能降低股价崩盘风险吗? [J]. 会计研究, 2018 (10): 80 – 87.

[61] 张俊生, 汤晓建, 李广众. 预防性监管能够抑制股价崩盘风险吗? ——基于交易所年报问询函的研究 [J]. 管理科学学报, 2018 (10): 112 – 126.

［62］赵璨, 陈仕华, 曹伟. "互联网 +"信息披露: 实质性陈述还是策略性炒作——基于股价崩盘风险的证据［J］. 中国工业经济, 2020 (3): 174 – 192.

［63］赵静, 黄敬昌, 刘峰. 高铁开通与股价崩盘风险［J］. 管理世界, 2018, 34 (1): 157 – 168, 192.

［64］钟凯, 李昕宇, 王化成. 融资融券非对称性与股价崩盘风险——基于风险对冲视角的分析［J］. 管理评论, 2022, 34 (5): 13 – 24.

［65］周孝华, 宋坤, 杨秀苔. 股票价格持续大幅波动前后多重分形谱的异常及分析［J］. 管理工程学报, 2006, 20 (2): 92 – 96.

［66］Amihud Y, Mendelson H, Wood R A. Liquidity and the 1987 stock market crash［J］. Journal of Protfolio Managenment, 1990, 16 (3): 65 – 69.

［67］An H, Zhang T. Stock price synchronicity, crash risk, and institutional investors［J］. Journal of Corporate Finance, 2013, 21 (1): 1 – 15.

［68］Andrew C, Joh L. Business as usual, market crashes, and wisdom after the fact［J］. The American Economic Review, 1994, 84 (3): 548 – 565.

［69］Bae J C, Yang X, Kim M I. Esg and stock price crash risk: role of financial constraints［J］. Asia-Pacific Journal of Financial Studies, 2021, 50 (5): 556 – 581.

［70］Bao D, Fung S Y K, Su L. Can shareholders be at rest after adopting clawback provisions? evidence from stock price crash risk［J］. Contemporary Accounting Research, 2018, 35 (3): 1578 – 1615.

［71］Barberis N, Shleifer A, Wurgler J. Comovement［J］. Journal of Financial Economics, 2005, 75 (2): 283 – 317.

［72］Barro R J, Ursua J F. Stock-market crashes and depressions［J］. Research in Economics, 2017, 71 (3): 384 – 398.

［73］Bates D S. The crash of '87: was it expected? the evidence from options markets［J］. The Journal of Finance, 1991, 46 (3): 1009 – 1044.

［74］Bates D S. US stock market crash risk, 1926 – 2010［J］. Journal of

Financial Economics, 2012, 105 (2): 229 – 259.

[75] Bauer A M, Fang X, Pittman J A. The importance of IRS enforcement to stock price crash risk: the role of CEO power and incentives [J]. The Accounting Review, 2021, 96 (4): 81 – 109.

[76] Ben-Nasr H, Ghouma H. Employee welfare and stock price crash risk [J]. Journal of Corporate Finance, 2018 (48): 700 – 725.

[77] Benzoni L, Collin-Dufresne P, Goldstein R S. Explaining asset pricing puzzles associated with the 1987 market crash [J]. Journal of Financial Economics, 2011, 101 (3): 552 – 573.

[78] Black F, Cox J C. Valuing corporate securities: some effects of bond indenture provisions [J]. The Journal of Finance, 1976, 31 (2): 351 – 367.

[79] Black F. Stuedies of stock price volatility changes [J]. In Proceedings of the 1976 Meetings of the American Statistical Association, Business and Economics Section, 1976: 177 – 181.

[80] Blanchard O J, Watson M W. Bubbles, rational expectations and financial markets [R]. Nber Working Papers, 1982.

[81] Bowen R M, Johnson M F, Shevlin T. Informational efficiency and the information content of earnings during the market crash of October 1987 [J]. Journal of Accounting and Economics, 1989, 11 (2 – 3): 225 – 254.

[82] Callen J L, Fang X. Religion and stock price crash risk [J]. Journal of Financial & Quantitative Analysis, 2015, 50 (12): 169 – 195.

[83] Campbell J Y, Hentschel L. No news is good news: an asymmetric model of changing volatility in stock returns [J]. Journal of financial Economics, 1992, 31 (3): 281 – 318.

[84] Cha B, Oh S. The relationship between developed equity markets and the Pacific Basin's emerging equity markets [J]. International Review of Economics & Finance, 2000, 9 (4): 299 – 322.

［85］ Chen D, Kim J B, Li O Z, et al. China's closed pyramidal managerial labor market and the stock price crash risk ［J］. The Accounting Review, 2018, 93 （3）: 105 – 131.

［86］ Chen J, Hong H G, Stein J C. Forecasting crashes: trading volume, past returns, and conditional skewness in stock prices ［J］. Journal of Financial Economics, 2001, 61 （3）: 345 – 381.

［87］ Chen Y, Xie Y, You H, et al. Does crackdown on corruption reduce stock price crash risk? Evidence from China ［J］. Journal of Corporate Finance, 2018: 125 – 141.

［88］ Cheng F, Wang C, Chiao C, et al. Retail attention, retail trades, and stock price crash risk ［J］. Emerging Markets Review, 2021, 49: 100821.

［89］ Defond M L, Hung M, Li S, et al. Does mandatory IFRS adoption affect crash risk? ［J］. The Accounting Review, 2015, 90 （1）: 265 – 299.

［90］ Feng J, Goodell J W, Shen D. ESG rating and stock price crash risk: evidence from China ［J］. Finance Research Letters, 2022, 46: 102476.

［91］ Gennotte G, Leland H. Market liquidity, hedging, and crashes ［J］. American Economic Review, 1990, 80 （5）: 999 – 1021.

［92］ Habib A, Hasan M M, Jiang H, et al. Stock price crash risk: review of the empirical literature ［J］. Accounting and Finance, 2018: 211 – 251.

［93］ Hasan M M, Taylor G, Richardson G. Brand capital and stock price crash risk ［J］. Management Science, 2021 （12）: 4197.

［94］ He F, Feng Y, Hao J. Information disclosure source, investors' searching and stock price crash risk ［J］. Economics Letters, 2022, 210: 110202.

［95］ Hong H A, Kim J, Welker M. Divergence of cash flow and voting rights, opacity, and stock price crash risk: international evidence ［J］. Journal of Accounting Research, 2017, 55 （5）: 1167 – 1212.

［96］ Hong H G, Stein J C. Differences of opinion, short-sales constraints and market crashes [J]. Review of Financial Studies, 2003, 16 (2): 487 – 525.

[97] Hsu C, Wang R, Whipple B C. Non-GAAP earnings and stock price crash risk [J]. Journal of Accounting and Economics, 2021: 101473.

[98] Hu J, Li S, Taboada A G, et al. Corporate board reforms around the world and stock price crash risk [J]. Journal of Corporate Finance, 2020, 62: 101557.

[99] Huang J, Wang J. Liquidity and market crashes [J]. The Review of Financial Studies, 2009, 22 (7): 2607 – 2643.

[100] Huang S, Liu H. Impact of COVID-19 on stock price crash risk: evidence from Chinese energy firms [J]. Energy Economics, 2021, 101: 105431.

[101] Hutton A P, Marcus A J, Tehranian H. Opaque financial reports, R2, and crash risk [J]. Journal of financial Economics, 2009, 94 (1): 67 – 86.

[102] Jayech S. The contagion channels of July-August-2011 stock market crash: a Dag-copula based approach [J]. European Journal of Operational Research, 2016, 249 (2): 631 – 646.

[103] Jebran K, Chen S, Zhang R. Board social capital and stock price crash risk [J]. Review of Quantitative Finance and Accounting, 2022, 58 (2): 499 – 540.

[104] Jensen M C, Meckling W H. Theory of the firm: managerial behavior, agency costs and ownership structure [J]. Social Science Electronic Publishing, 1976, 3 (4): 305 – 360.

[105] Ji Q, Quan X, Yin H, et al. Gambling preferences and stock price crash risk: evidence from China [J]. Journal of Banking & Finance, 2021, 128: 106158.

[106] Jia N. Corporate innovation strategy and stock price crash risk [J]. Journal of Corporate Finance, 2018 (53): 155 – 173.

[107] Jin L, Myers S C. R2 Around the world: new theory and new tests [J]. Journal of Financial Economics, 2006, 79 (2): 257 – 292.

[108] Khurana I K, Pereira R, Zhang E X, et al. Is Real earnings smoothing harmful? evidence from firm-specific stock price crash risk [J]. Contemporary Accounting Research, 2018, 35 (1): 558 – 587.

[109] Kim J B, Li L, Lu L Y, et al. Financial statement comparability and expected crash risk [J]. Journal of Accounting and Economics, 2016, 61 (2 – 3): 294 – 312.

[110] Kim J B, Li Y, Zhang L. Corporate tax avoidance and stock price crash risk: firm-level analysis [J]. Journal of Financial Economics, 2011, 100 (3): 639 – 662.

[111] Kim J B, Lu L Y, Yu Y. Analyst coverage and expected crash risk: evidence from exogenous changes in analyst coverage [J]. The Accounting Review, 2019, 94 (4): 345 – 364.

[112] Kim J B, Wang Z, Zhang L. CEO overconfidence and stock price crash risk [J]. Contemporary Accounting Research, 2016, 33 (4): 1720 – 1749.

[113] Kim J B, Zhang L. Financial reporting opacity and expected crash risk: evidence from implied volatility smirks [J]. Contemporary Accounting Research, 2014, 31 (3): 851 – 875.

[114] Kim Y, Li H, Li S. Corporate social responsibility and stock price crash risk [J]. Journal of Banking & Finance, 2014, 43 (1): 1 – 13.

[115] Kodres L E, Pritsker M. A rational expectations model of financial contagion [J]. The Journal of Finance, 2002, 57 (2): 769 – 799.

[116] Lee S M, Jiraporn P, Song H. Customer concentration and stock price crash risk [J]. Journal of Business Research, 2020, 110: 327 – 346.

[117] Leland G G. Market liquidity, hedging and crashes [J]. The American Economic Review, 1989, 80 (5): 999 – 1021.

[118] Li S, Zhan X. Product market threats and stock crash risk [J]. Management Science, 2019, 65 (9): 4011 – 4031.

[119] Li W, Cai G. Religion and stock price crash risk: evidence from China [J]. China Journal of Accounting Research, 2016, 9 (3): 235 – 250.

[120] Los C A, Yalamova R M. Multi-Fractal Spectral analysis of the 1987 stock market crash [J]. SSRN Working Papaers, 2004.

[121] Marin J M, Olivier J P. The dog that did not bark: insider trading and crashes [J]. The Journal of Finance, 2008, 63 (5): 2429 – 2476.

[122] Piotroski J D, Wong T J, Zhang T, et al. Political incentives to suppress negative information: evidence from chinese listed firms [J]. Journal of Accounting Research, 2015, 53 (2): 405 – 459.

[123] Richardson G, Obaydin I, Liu C. The effect of accounting fraud on future stock price crash risk [J]. Economic Modelling, 2022: 106072.

[124] Robin A, Zhang H. Do industry-specialist auditors influence stock price crash risk? [J]. Auditing-a Journal of Practice & Theory, 2015, 34 (3): 47 – 79.

[125] Seyhun H N. Overreaction or fundamentals: some lessons from insiders' response to the market crash of 1987 [J]. The Journal of Finance, 1990, 45 (5): 1363 – 1388.

[126] She'ri S, Nikbakht M. The impact of accounting information on firms' stock returns in the stock market crash [J]. Journal of Accounting Research, 2012, 1 (4): 37 – 53.

[127] Shiller R J. Investor behavior in the october 1987 stock market crash: survey evidence [R]. NBER Working Papers, 1987.

[128] Shiller R J. Market volatility and investor behavior [J]. American Economic Review, 1990, 80 (2): 58 – 62.

[129] Siokis F M. Multifractal analysis of stock exchange crashes [J]. Physica A: Statistical Mechanics and its Applications, 2013, 392 (5): 1164 – 1171.

[130] Xiao J, Chen X, Li Y, et al. Oil price uncertainty and stock price crash risk: evidence from China [J]. Energy Economics, 2022, 112: 106118.

［131］Xiaolei L, Jiajie X, Ninghua Z. Trading restriction as a channel of financial contagion—evidence from china's stock market ［R］. PKU Working Papers, 2017.

［132］Yang J, Bessler D A. Contagion around the october 1987 stock market crash ［J］. European Journal of Operational Research, 2008, 184 (1): 291 –310.

［133］Yuan K. Asymmetric price movements and borrowing constraints: a rational expectations equilibrium model of crises, contagion, and confusion ［J］. The Journal of Finance, 2005, 60 (1): 379 –411.

［134］Zaman R, Atawnah N, Haseeb M, et al. Does corporate eco-innovation affect stock price crash risk? ［J］. The British Accounting Review, 2021, 53 (5): 101031.

［135］Zeira J. Informational overshooting, booms, and crashes ［J］. Journal of Monetary Economics, 1999, 43 (1): 237 –257.

［136］Zhu W. Accruals and price crashes ［J］. Review of Accounting Studies, 2016, 21 (2): 349 –399.